理論と実践の統一

牧野紀之●編著

論創社

まえがき

いわゆるマルクス主義の運動ないし自称科学的社会主義の運動ほど非科学的な思想運動はなかったのではないだろうか。それは宗教の運動よりもかえって非科学的だったのではないだろうか。キリスト教よりも仏教よりも、又戦後の日本では大きな勢力となった創価学会の運動よりも。これが私の印象であり、問題意識です。

それは、共産主義政党が政権を握った国では自由主義国よりも「全体としては」独裁的であり、言論の自由がないという点に一番好く現れていると思います。政権を握っていない日本の共産党でも「自己批判」の強要や査問などという非民主的な事が行われてきました。そして、その査問が怖いので、自己批判という名の土下座をさせられるのが嫌なので、共産党員は自由に考え物を言うことができなかったようです。そして、その雰囲気は党員だけでなく、共産党の周りにいる人々をも支配することになりました。

本書で取り上げました人々の多くは、観念論の立場に立つ人に対して「政治から逃げている」と批判していますが、それは実際には当たらないという以前に、そのように言う自称マルクス主義者自身も共産党を冷静に客観的に認識論的に検討し、自分はいかなる理由に基づいて共産党に対してどういう態度を取るのかという問題（これも政治の一種）から逃げ回ってきたと思います。共産党に対してどういう態度を取るのかという問題は実際には、マルクス主義に関わる人なら誰でもが心の中で第一に考えている根本問題なのですが、それを公然と理論的に論じることを避けてきたと思います。それは当人の姿勢の問題でもありますが、同時に共産主義運動を支配してきた雰囲気の結果でもあったと思います。その結果、「全てを疑う」という哲学の大前提が成立しないことになりました。スターリンに対する「個人崇拝」（実際には、スターリン信仰）はその最大の悪い例ですが、それ以外にもそういう無批判的「信仰」は規模こそ大小さまざまであれ、運動の至る所に見られたと思います。

他者批判は立派だが、自己批判は全然ない。その典型として古在由重氏の『現代哲学』を挙げることができます。これは二十世紀の観念論哲学の内在的批判としてはとても立派なものですが、そこで批判の尺度として前提されていたミーチン主義哲学には全く無批判です。又、氏は認識論をやると言っていますが、その認識論には新しい点は何もありません。つまり、哲学史家ではあっても哲学者ではなかったのです。文献を読んで検討することはできても、現実を哲学することはできなかったのです。日本のマルクス主義哲学者の代表者の一人である古在氏の在り方はマルクス主義哲学者全体を表していました。

なぜ哲学が生まれなかったのでしょうか。なぜ現実を哲学することができなかったのでしょうか。その一つの原因及び結果として、「問題意識とは疑問文に定式化されたものだけを言う」ということがこれまでに一度も誰によっても確認されなかったということを挙げたいと思います。「問題意識」という言葉は何百万回と口にされたにもかかわらず、それがきちんと定義されなかったのです。これをどう評したら好いのでしょうか。

同時に、同じように奇妙な事実として、議論のルールの認識論的研究がなかったことに気づきます。ソ連におけるほどひどくないにしても、論争が政治闘争の別名であったという側面もありましたが、それは今は論じないとして、例えば大学の哲学の授業やゼミについても、それをどのように進めるのが認識論的に正しいのかという問題は、ついぞ提起されなかったと思います。議論における書き言葉と話し言葉の意義と限界などは薬にしたくとも少しも論じられなかったと思います。そして、実際には、どこの議論でも、口がうまくて押しの強い人が勝ち、黙らされた人は不満を内攻させ、黙って聞いていた人が後でしたり顔で何かを語るという、およそ哲学とは無縁な事が起きていたのです。

しかし、最大の欠陥はヘーゲルの論理学の現実的意味を探るという努力が少なく、それを集団でやっていこうという動きが出なかったことだと思います。翻訳についても使えるものとしてはようやく少し前に寺沢恒信氏のものが出ただけです。しかも『弁証法的論理学試論』を発表している人なのに自分の本との比較は全然なく、訳注は文の流れを追うことがほとんどで現実を読み取ることは少ないです。又、最後の方は注がありません。それを元にして皆で議論を進めようなどという動きは全然ないようです。ましてその討論のルールなどは誰も言いません。

その結果、「認識論」という言葉は沢山口にされたにもかかわらず実際の認識論はほとんどなく、「意識から独立した客観的実在」の承認とやらの退屈な繰り返しに終始することになったのだと思います。これが科学的社会主義の実情であり、唯物論哲学の実情です。

前著『マルクスの〈空想的〉社会主義』（論創社）に書きましたように、私は今では社会主義者ではありません。しかし、公正な社会を求める気持ちにはいささかの変化もなく、そのために残りの人生を捧げたいと思っています。

以上の根本前提に立って、人間の行動の根本を理解するための一つの重要な問題である理論と実践の関係はいかなるものであるかという問題をテーマにして、今回色々と考えてみました。これまでの方々の論文を読みながら考えた事と私自身の考えをまとめたものとです。

書名は初めは「資料集・理論と実践の統一」としようかと思いましたが、批評や感想を沢山書きましたので変えました。

私がかつて発表しました「理論と実践の統一」についても今の考えを注として入れたほかに、小さな節に分けて題を付けました。その時、その題はみな疑問文にしました。これは「問題意識とは疑問文に定式化されたものだけを言う」ということを実例で示そうと思ったからです。

「付録二」として映画『追憶』についてメルマガ「教育の広場」に書いた文章を再録しました。それはこういう具体的な行動と発言を題材にして考え話し合うことがお互いの思索を深めるのに役立つと思ったからです。幸い、かつて「チンピラ左翼」だったという人からの反響も既に寄せられています。

「付録二」を入れましたのは、こういう歴史を概略でも知らないと、過去の、特に戦前の先輩たちの仕事の評価を間違える可能性があると思ったからです。

私の見解への質問や意見は独自に発表して下さっても結構ですが、私に直接伝えて下さっても結構です。それはなるべくメール（fwks7659@mb.infoweb.ne.jp）でお願いします。その場合、その意見は、私のメルマガなどに発表されるものと思っておいて下さい。私はこのメルマガに寄せられた批判的な意見については、その言葉がかなり不適当と思われるものでも、又内容的にきわめてお粗末なものでも、原則として何らかのお返事と共に発表してきました。今後もそうするつもりです。

これまで鶏鳴運動を共に担ってくれた仲間たちがいなかったならば、私の学問も生活もなかっただろうと考えると、鶏鳴の仲間たち、雑誌『鶏鳴』の読者の皆さんに心から感謝しなければならないと思います。

論創社の森下紀夫さんとの出会いがなかったならば、本書がこのような形で世に出ることはなかっただろうと思います。幸せな出会いだったと感謝しています。編集者として赤塚成人さんのような有能で誠実な方に出会えたことも幸運なことだったと感謝しています。

最後に、妻と三人の子供たち及び弟たちの理解と協力がなかったならば、今日の私自身は存在さえしていなかっただろうと思うと、それは言葉で言い表せるものではないにしても、やはりここに記して感謝しなければなりません。

編著者　牧野紀之

二〇〇五年二月二〇日

理論と実践の統一　目次

毛沢東「実践論」（牧野紀之訳）　77

松村一人「ヘーゲルの絶対的理念にかんする批判的考察」

理論と実践の統一

序論　オルグの根拠としての理論と実践の統一

社会主義運動において理論と実践の統一ということが問題になったのは実際にはどういう場合だったでしょうか。それは、自分が政治運動に関わるか、あるいは共産党に入るかといった決断の場合だったと思います。その時、自分の背中を押した理屈の一つが、しかも大きな力を持った理屈の一つがこれだったのだと思います。古在由重氏はこう書いています。

――一九三〇年の春、一人のわかい学生がわたしをたずねてきた。かれは意外にも共産主義者であり、共産党の困難な活動についてわたしにかたった。わたしのまちかまえていた機会は、もうきたのだろうか。

「先生、共産党の活動を援助してくれますか？」

「どんな援助がわたしにできるか、わからないけれど」

「なんでもいい、先生にできることを」

「わたしも理論と実践との一致ということを知っている。ことわる理由がどこにある？」

（臆病というほかに、とわたしは心のなかでつけくわえた）。

眼のまえの、その一人の若者のなかに、はつらつとした唯物論のいきた姿をわたしはみた。これからのわたしの全生涯への展望が、このとき、はっきり一つの焦点をむすんだ。（「唯物論者になるまで」一九六〇年。『著作集』勁草書房第四巻に所収）

これは戦後に回想して書いていますから、少し純化されているでしょうが、大体の思考過程は実際にもこの通りだったと思います。

戦後の人である安東仁兵衛氏はこう書いています。


――入党〔一九四八年一月〕するまでの私は主体性論に徹底的にこだわっており、必然性の認識、法則に解消されない人間の自由の問題について、あるいは存在と意識の問題について、（旧制）水戸高の哲学の教師（というよりも人生の師たる）梅本克己の許《もと》に通ってはもっぱらダべっていた。講演で水戸に招んだ真下信一の奨めでリュックを背負い、一高の哲研（哲学研究会）の部屋を訪ねてタイプ印刷のドイツ語版『ドイツ・イデオロギー』を持ち帰り（その時、部屋で応対したのが不破哲三こと上田健二郎であった）、辞書を片手に輪読を試みたりもしたが、結局は論理的には未解決のまま、「プディングの味は食べてみなければ分からない」ということから党に入ることとした。実践過程での解決を期待してのことである。（『戦

後日本共産党私記』文春文庫）

これは「理論と実践の統一」という言葉は使っていませんが、それの主たる解釈の一つである「まず行動ありき」という考えです。この「プディングの味は食べてみなければ分からない」という言葉も好く使われたものです。

一九六〇年代後半に新左翼の立場で学生運動をしていた竹内洋治氏が、私の論文「理論と実践の統一」（本書所収のものの元のもの）を読んで寄せて下さった手記の中に次の文章があります。

——私が鶏鳴双書から学んだのは、とにかく自分で考えよということであった。というより、五年程前そう決意した自分を更に明確な言葉で励ましてくれた、といった方がよいだろう。次に双書のなかで自分に突き刺さった箇所を抜き書きしながら、自分と、左翼のみならず集団一般の病理について考えてみたい。

「ヘーゲル哲学と生活の知恵」のなかにこんな箇所がある。「それでは人間はいかにして真理になれるのか。ヘーゲルは答える。徹底的に客観的であることによってである。自分以外の事物や人々を客観的に考察し、自分をも客観的に考察することによってである。なぜなら、このような客観的な考察から、初めて、真に主体的な決意と行動が生まれるからである。」

昔、ガキ学生だったころ、新左翼の中で、「俺は、面白いから運動をやるんだ」という言葉が、一種、すえたような匂いと実存的な陶酔をともなって、言われていたことがある。これは、世界（客観）をこう見るから、俺はこうするという立場なり考え方に対するニヒリスティックな拒絶であった。この発想の帰結がどこへ行ったかは、六十年代後半から七十年代前半を見れば、よく分かる。また、私自身も、一時期、この魔術にひっかかったことを告白してもよい。

しかし、今ここで問題にしたいのは、この思考拒絶の思考の底に流れている問題である。それは、結局、価値は「好みの問題さ」という発想である。これは、何も新左翼に限らず、私達自身の生きている社会の諸々の現象の中に流れている発想であり、また学問の世界でいえば、今世紀に入って大きな潮流をなしている新カント潮流の「価値と事実の峻別」という理論にもつながる問題である。これに対する〔鶏鳴〕双書の解答は「価値判断は主観的か」に示されているといってよい。私は、この論文に最も刺激を受けたと思う。私自身、もっと考え、勉強して、これに対する解答を書きたいと思っている。それ位、大きな問題だと思う。

次に、『哲学夜話』のなかの「理論と実践の統一」に、「コドモの三段論法は、大前提・理論と実践は統一すべし。小前提・狭義の政治だけが実践である。結論・狭義の政治（＝政治ごっこ）をやれ」とあり、そして「私もこのハシカにかかりました。問題はこのハシカをどう克服していくかということで、たいていの人は世の中の大勢に負けて、自分もその実践とやらをしなくなるのです。それに対して、上の三段論法のどこがどう間違っているかを一つ一つ反省して、ヘーゲル研究まで行った人だけが本当のものを掴むことになるのです」とある。

私自身もひどいハシカにかかった。そしてこの病気の特徴は、患者の心に猛烈な劣等感とその裏返しである義務感をひきおこすことである。もう少し具体的に言えば、勉強しているより、ビラ一枚張る方がエラク感じ、そしてビラ一枚張ると何か仕事をしたように感じて安心するという症状である。この症状と先程の価値の主観性が結びつくと、自立的な思考の完全喪失という事態が生じて、一巻の終わりとなるのである。

そして、更に思考の自立性を集団の中で失うのは、思想の持っている個別的性格を見失うからである。集団の持っている信仰的性質と言っていいかもしれない。ある個人が、Aという主義を奉じている集団に入ると、そのままでA主義者に丸ごとなったかのような錯覚を起こすのである。本当は、思想は、個を通過することによって（教養、陶冶によって）しか成立しない面を絶対に持っているのに。（雑誌『鶏鳴』第四一号、一九八一年四月発行に掲載）

このように「理論と実践の統一」は自分をオルグする理屈として使われたのですが、それは又、他者に対して自分たちの運動への参加ないし協力を促す理屈としても使われたと思います。特にマルクス主義に同調しながら「実践」に踏み切らない人達に対して、「実践」をしている人達からこの理屈が投げつけられたのだと思います。いや、言葉は使われなくても、この「統一」はそのように理解され誰も疑いませんでしたから、当然の真理として相手を圧迫したと思います。これは左翼運動と多少とも関わった事のある人なら誰にでも思い当たる節があると思います。

そのようにこの「理論と実践の統一」は自分に対しても他者に対しても運動へとオルグする理屈として使われたのです。しかも、そのオルグの安易な手段として使われたのだと思います。その時、その言葉の意味が道徳的に理解されていることには誰も気づきませんでした。それの本当の意味を研究しようとした人は一人もいなかったのです。こうして科学的社会主義が道徳的社会主義に変質したのです。レーニンの言う通り、「革命的理論なくして革命的運動なし」だったのです。

思うに、思想運動にとって組織活動（オルグ、伝道、宣教、折伏等）は本質的な事柄です。それは商売における販売や営業と同じだと思います。勢力拡大運動をしない思想運動はあり得ません。それは販売や営業のない商売があり得ないのと同じです。オルグと営業を比較しますと、いずれも、自分たちの運動（自社）と他の運動（同業他社）で大衆（客）の取り合いをするということですから、きれいに一致します。それは敵（政権を保持している勢力）との戦いそのものではなく、その一貫としての第三者への働きかけだと思います。少し違うかもしれない点は、会社の場合には敵（同業他社かライバル会社）との戦いと販売とはほとんど同じかもしれないという事です。

従って、思想の違いは前提した上で考えるならば、運動による違いはどういう組織活動をするかの違いだけだと思います。売っている商品の違いを前提すれば商売のやり方の違いは営業や宣伝のやり方の違いでしかないのと同じです。換言するならば、その勢力拡大運動や布教の仕方にその思想運動の本質が出るのだと思います。商売でもその営業や宣伝の仕方にその会社の性格が出るのと同じだと思います。

そして、社会主義運動でその組織活動に使われた大きな武器の一つが「理論と実践の統一」という理屈であり、個人的に働きかけるという方法だったのです。

たしかにこの理屈は主としてインテリ層の間で使われただけで労働者の間では必ずしも使われなかったようです。徳永直の『太陽のない街』と中野重治の『むらぎも』を比較するとその対照に驚きます。前者は、一九二六年の一月から三月まで、東京の今の文京区にあった共同印刷での大争議を、それに労働者として参加した徳永直が描いたものです（この争議はこの小説によって後世にも残ることになりました。同じ頃あった浜松日本楽器の大争議は誰も何の記録も残さなかったので今では知る人も少ないようです）。出てくる人物はほとんど労働者です。そしてそこには「理論と実践」といった言葉は出てきません。それに反して中野の自伝的な小説は同じ頃の東大の新人会の人々を描いたものです（そこにもこの争議を応援するといったような事が出てきます）。そして、それとの関連ではないのですが、次のような会話が記されています。

――そりゃむろん研究は大切サ。だけどほんといえア実践のほうが根本的だよ。

――だからサ、おれ自身明快じゃないけどサ、いまや実践の時であるなんてのは、そんなことという連中にはサ、おれア、実践の時でなかった時ってのが、いつかあったのかってきいてやりたいよ。

こういった事実から、「理論と実践の統一」で頭を悩ませたのはインテリ層の話で、労働者の間ではなかったと推測できます。しかし、ともかく、左翼インテリはこれで動いたのです。ですから、これをどう解釈してどう動いたのかは検討する必要があるのです。

上に確認しましたようにこれは運動への参加者を増やす手段として役立ちました。しかし、同時にそれは間違った理解でしたから真の議論と思索を妨げることになり、運動の理論的低下をも結果したと思います。理論家の方にはこれに気づいて論文を書いた人はいないようですが、生活感覚のある主婦などには疑問を持った人もいたようです。私がまだ『しんぶん赤旗』を読んでいた頃ですから、一九六〇年代の後半だったと思います。或る主婦党員が「カンパもするし、動員にも出ていくけれど、オルグだけは嫌だ」と言っていたそうです。その人を「説得した」という男性党員の得意気な手記が載っていました。そして、その後この件に関する討論は全然ありませんでした。

なぜこういう事になるのでしょうか。それはオルグとは何か、正しいオルグとはどういうオルグなのかといった原理的な事が、特に認識論の問題として研究されず議論されないからだと思います。会社では、特に進んだ会社では、営業のやり方、宣伝のやり方を常に（心理学などを使うことが多いようですが）研究していると思います。この点でも社会主義は資本主義に負けたようです。

この問題の理論的検討は今でも必要だと思います。なぜなら、理論と実践の関係の問題は社会主義運動だけでなく、人間の行動といつでもどこでも関係しているからです。それなのに正しい考え方はどこにも見られないからです。

失敗学を提唱した畑村洋太郎氏は「『偽ベテラン』と『本当のベテラン』の違い」として次のように言っています。

——私はこの章で、体感が大切だと再三述べてきましたが、ここで間違えやすいのは、いくら体感が大切だからといって、すべて経験第一になってしまってはいけないということです。経験頼みですべてを学ぶやり方には、これはこれでまた問題があるからです。

世の中でベテランと呼ばれる人の中には、経験を盾に「オレはこいつのことをすべて知っているんだ」と豪語する人もいます。経験によって理解していることそのものはすばらしいことですが、残念なことにこういう経験第一の態度では、経験を創造に生かすもう一ランク上のステップにまではなかなか進むことはできません。

世の中には、「ベテラン」と呼ばれる人がたくさんいますが、厳密にいえば、体験をベースにしながらも、さまざまな知識も貪欲に吸収している「本当のベテラン」と、経験だけはたくさんしてもなにひとつ知識化できないでいる「偽ベテラン」の二種類に分類されます。後者は失敗の種を大きく成長させる張本人になることも多く、自分が対応できない問題が生じたときには、これを無視し、対策をとらず、見て見ぬふりをするなどして結果的に大きな失敗の発生に加担していることもしばしばあります。それでいて組織の長をつとめていたり、ふだんは横柄にふるまっていることも多いので、こういう偽ベテランは組織にとってもかなりやっかいな存在です。

本当のベテランは、自分の関わるものごとを真に理解（理科系の仕事だと真の科学的理解）している人といいかえられます。こういう本当のプロと呼ばれる人の仕事には、どんな世界でも深い理解に基づいた緻密さを感じることができます。（『失敗学のすすめ』講談社）

こういう考え方に止まっていては理論とは言えないのです。これくらいなら何も氏に聞かなくても広く知られていることです。知りたいのは、特定の現実を前にした時、そこに欠けているものは経験なのか理論なのかを考える手掛かりなのです。私のよく出す例に、学校のお粗末授業の責任として、「先生にも問題があるが生徒にも問題がある」という考えがあります。この考えでは、ではどうしたらいいのか、指針が出てきません。これに対する私の答えは、「授業は先生の実力と熱意で八割決まる」「サーブ権は先生にある」というものです。この考えで行きますと、まず先生の実力と熱意、授業の工夫を調べて、先生がその八割の責任を果たしているかを調べるのです。その後に初めて生徒の態度を問題にすることになります。

このように「理論と実践の統一」についても現実の問題を考える指針となるような理論でなければならないと思います。こう考えればこの問題が今でも、いや今後一層重要になってくる事が分かると思います。社会主義は事実上終わったとしても、公正な社会を目指す努力はますます必要であり、そのための理論が必要だからです。

我々はどのようなオルグをするべきでしょうか。既に答えを出した人もいます。宇井純氏は「一人でもやるというのが住民運動だ」と言っています（小田実氏は「一人でもやる、一人でもやめる」と言っているようです）。これを実行した人がいるようです。内房の谷津干潟のごみを二〇年間黙々と拾いつづけた人がいるそうです。気違い扱いされたそうです。しかし、遂に周囲の人が協力を始めたそうです。これが本当のオルグだと思います。

「プディングの味は食べてみなければ分からない」とか「最初に行為ありき」といった言葉が相対的なものであり、条件的なものであることも気づかれてきていると思います。最近或るテレビ番組で紹介された酪農家は皆が拡大路線を取り始めた時に立ち止まって、「これ以上大きくするのを止めよう」と決心し、初心に帰って理想の酪農を目指したそうです。今では高い利益率で余裕のある経営をしているそうです。そして、困っている企業経営者に対して、「立ち止まって考えてみたらどうですか」と提案しています。イギリス人は「歩きながら考える」のだということも昔から言われてきました。

「歩いてみてから考える」のだけが歩き方ではないのです。「理論と実践の統一」とは元々そういう事を意味してはいないのです。言行の一致という道徳は大切ですが、大人なら「嘘も方便」くらいは知っているでしょう。いや、それ以上に、「理論と実践の統一」というのは認識論の問題であって、道徳ではないのです。

公正な社会とはどういう社会なのか、それを実現するためにどのようにしていったらいいのか、立ち止まって考えてみませんか。先輩たちのしてきた事のどこがどう間違っていたのか、どこをどう受け継ぐのか、丁寧に考えてみませんか。

ヘーゲル「法の哲学」(牧野紀之訳)(1)

(1) 底本にはグロックナー版を使いました。原文が隔字体などで強調されている語句に傍点を打ったりするのが邦訳の常識になっていますが、私は文章自体でどこに力点があるかを示すのが文章道だと考えていますので、よほどの事がない限り力点のある語句に何らかの外的形式を付けてそれを示すということをしません。又、原文ではダッシュになっている所を改行で表したり、昔は一つの段落が長かったので、途中で内容に応じて改行したりするのも私のいつものやり方です。訳文を参照したのは邦訳では、藤野渉・赤沢正敏訳(中央公論社)と高峰一愚訳(論創社)の二つです。英訳は T. M. Knox のもの(Oxford University press)です。

第一節〔法哲学の対象〕

法哲学の対象は法の理念である。つまり、法の概念及びその概念の実現過程である。(1)

(1) ヘーゲルの言う理念とは概念とその実現過程のことだと分かります。

注釈〔哲学は理念を扱う、つまり対象の概念とその自己実現過程である〕

哲学というのは〔一般に〕理念を扱うものであって、普通に「単なる観念」と言われているものを扱うのではない。哲学はむしろそういう単なる観念の一面性[1]と非真理性を明らかにして、〔私ヘーゲルの言う〕概念（普通に「概念」と言われるものは抽象的な〔一面的な〕悟性概念にすぎない）こそが現実性〔真理性〕を持ち、従って自己実現の力を持っていることを示すものである。この〔真の〕概念によらずして出てきた実在は一過性の存在でしかない。それは外的偶然[2]とか個人的考えとかであり、前者は本質を表さない現象か真ならざるもの〔仮象〕であり、後者は錯覚などである。[3]〔従ってそこには萌芽形態と自己実現過程と完成形態とがあるのであり〕概念〔萌芽形態〕がその自己実現の過程と結果において持つ形も、単なる概念〔萌芽形態〕とは違うがやはり理念の本質的な契機であり、その概念を認識するために必要不可欠な契機である。

（1）ヘーゲルでは「一面的」と「抽象的」とは同義です。なぜなら、事物（真理）は「対立物の統一」であり、それが「具体的」ということだからです。だから、ここでも「一面性」を言い換えて「非真理性」と持ってきたのです。

（2）「外的偶然」と言うけれど、「内的偶然」はあるのでしょうか。あります。どんな現出存在（ヘーゲルの Existenz ）でも最初は「偶然」として現れますが、理念の顕現過程の一環であることが判明した時、それは「内的偶然」となります。逆にそうでない事が判明したものは「外的偶然」です。お断りしておきますが、「根拠」があるだけでは「内的偶然」とは言えません。どんなものでも出てきた以上〔現出存在である以上〕は「根拠」は持っています。ヘーゲルは「根拠の立場は偶然性の立場だ」と言っています。

(3)ここに並べられた六個の語句はたんに並列されているのでしょうか。私は、「一過性の存在」を総称として理解し、その客観的なあり方が「外的偶然」で、主観的な現れが「個人的考え」なのだと理解しました。前者を評価した言葉が「本質を表さない現象」と「真ならざるもの」で、後者を評価した言葉が「錯覚」だと思います。原文には「等々」を意味する文字が最後に付いています。これは評価の言葉はこれらのほかにいくらでも挙げられるということだと思います。私の解釈が正しいか否かはともかく、原文で並べられているからといってそのまま並べて訳出するのではなく、内容的な関係を考えるべきだと思います。

付録〔概念とその定在の統一〕

概念とそれの現出存在[1]とは二つの側面ですが、別物であると同時に単一でもあります。ちょうど心と体のようなものです。肉体と心は別々の名前を持っていますが同じ生命です。体のない心などというもの[2]は生命なきものですし、逆〔心のない体〕もそうです。概念の定在は概念の肉体ですから、肉体は自分を生み出した心に従うのです〔顕現した姿は萌芽の現れなのです〕。

胚芽〔種子〕には成長した樹木とその力の全てが含まれています。ただ、胚芽はまだ樹木そのものにはなっていないだけです。樹木は胚芽の単純な姿に完全に合致しています。もし肉体が心に合致しなかったとしたら、それは奇形です。定在と概念の一体性〔統一〕、肉体と心の一体性こそが理念です。それは調和しているという以上に、完全な相互浸透です。何らかの形で理念ではないもの〔概念と完全に一致しない定在〕は生きていることはできません〔ですから、存在している物や事はどれも何％かは自分の概念と一致しているのですから、その一致の程度、何％一致しているかが問題なのです。完全に一致した事物を理念と言います。あるいは理念はその一致に向かって前進する運動そのもののことだと言ってもいいでしょう〕。法の理念は自由です。〔それは自由の自己実現運動ですから〕それを真に理解するには法の概念とその定在〔その実現過程及び実現した姿〕とを認識しなければなりません。

（１）注釈では「（自己）実現過程」とか「形態化された姿」と言っていたものをここでは「現出存在」と言っています。こういう言い換えを手掛かりにすることはヘーゲル解釈の有力な方法だと思います。なお、「現出存在」（と私が訳したヘーゲルの Existenz ）について、藤野・赤沢訳はおかしな説明をしていますが、あれで何か分かるでしょうか。そこでは「普通のドイツ語では Existenz と Dasein が同じだから、どちらも実存在と訳す」などと言っています。ヘーゲルでの用語法が問題なのです。ハイデッガーの用語法ではありません。ヘーゲルでは Dasein と Existenz は違います。それについては拙訳『小論理学』

（鶏鳴出版）の該当箇所を見てください。

（2）Eine Seele の Eine が関口存男《つぎお》氏の言う「仮構の不定冠詞」です。

第二節〔法哲学は哲学の一部である〕

法哲学は哲学の一部である。（1）従って、〔それは哲学なのだから〕理念を概念から展開しなければならない（理念こそが対象の理性なのだからである）。（2）逆に言うならば〔展開と言うと哲学が能動的に対象をひねくり回すと受け取られるかもしれないので、正確に言い換えると〕、事柄自身が自分で内在的に展開するのを傍観（3）しなければならない。〔次に、それが哲学の〕「一部」だという点から出てくることは、それは既に定められた出発点を持っている〔のであって、出発点を自分で決めることはできない（4）〕ということである。その出発点は〔哲学体系の上で〕先行する概念の結果でありそれの真理である。そして、それが先行者の結果だということ自体が法哲学の出発点たる概念の〔真理性の〕証明なのである。従って、法の概念の生成は法哲学の中には属さない事であり、その概念の演繹〔その真理性の証明（5）〕はここ法哲学では前提されている事であり、所与の事柄として受け取らなければならないのである。（6）

（1）ヘーゲルの全哲学体系は論理学と自然哲学と精神哲学（主観的精神、客観的精神、絶対的精神）の三部からなっています。法哲学は哲学体系の第三部（精神哲学）の第二段階（客観的精神）に当たります。

（2）ここの関係文は als welche die Vernunft eines Gegenstandes ist となっていて、welche die Vernunft eines Gegenstandes ist とはなっていません。als welche と単なる welche ではどう違うのでしょうか。「理由や原因を付記する関係文には普通は何ら接続詞を用いないが、昔は als welcher という言い方もした」（関口存男『初版ドイツ語文法教程』一一八頁以下）。

（3）「傍観」という言葉を聞くと「精神現象学」を思い出します。その対象たる「意識」は自分で自分を吟味して前進していくのだから哲学者はそれをただ傍観していればよい、という有名な方法です。

（4）Aが内在的に展開してBになった時、BをAの真理というのがヘーゲルの用語法です。ですから、結果と真理とは同義なのです。

（5）真理性の証明を演繹と呼ぶのはカントの純粋理性批判以来ではあるまいか。もっとも言葉自体としても演繹とはそういう意味を持っていると思いますが。大切な点は、カントは真理性の問題を真か偽かと二者択一的に考えていましたが、ヘーゲルは「どの程度真理か」というように、真理性を「真理性の程度」と考えていたということです。存在するものは、先にも少し触れましたように、何％かは概念に一致しておりその限りで真理なのです。問題はただ「どの程度真理か」だけなのです。ヘーゲルはそれを個々の概念について考えたのです。「概念の真理性」を問題にしたのです。哲学体系で後の概念は先の概念から出てきたわけで、換言するならば先の概念を克服（普通には「止揚」とか「棄揚」と訳す単語を私は克服と訳したい）していますが、その分だけ真理性が高いというのがヘーゲルの考えです。ヘーゲルの論理学を読んでいますと「一層規定された」という言葉が出てきますが、それも「前の概念を克服して規定が豊富になった」ということであり、同じ意味です。

（6）本書は「理論と実践の統一」をテーマ（対象）としています。そして、それを哲学的に（弁証法的に）理解しようとしています。ですから、「理論と実践の統一」を一つの特殊例としてヘーゲルがここで説明している哲学的方法を考えてみましょう。こういう風に考えることで議論が具体的になるし、「能力としての弁証法」が身についてもくるのだと思います。さて、「理論と実践の統一」を哲学体系の一部とすると、その先行者は何でしょうか。「対立物の統一」だと思います。「対立物の統一」が具体化して人間の生活の中に現れた姿（の根本）が「理論と実践の統一」だと思います。従って、それを哲学するということは、それが内在的に展開していくのを傍観することですが、その主要点は、「理論と実践の統一」の具体的な様相を確認すること、「理論と実践の分裂」（言行の不一致を含む）の発生する必然性を根拠づけかつその諸相において展開すること、そしてその結果として次の段階を導き出すことだと思います。では、その「次の段階」とは何でしょうか。「批判と自己批判の統一」（一般には「批判と自己批判」と定式化されていますが間違いです）だと思います。

付録〔哲学的方法と形式的方法と直接知の方法〕

哲学〔体系〕は円環を成しています。[1] それは始まらなければならない以上、ある種の「最初のもの」を持ってはいますし、それは〔最初であるが故にその前のものから媒介されているはずはありませんから〕無媒介なものであり、何かの結果ではありませんから証明されていないものです。しかし、直ちに〔分かることは〕哲学の始まりは相対的なもの〔始まりと言ってもそれは相対的な始まり〕で〔あるということで〕す。なぜなら、それはもう一つの端（終点）において結果として現れなければならないからです。〔そのようなわけで〕それ〔哲学体系の諸概念〕は宙に浮いている繋がり〔鎖〕ではなく、無媒介に始まるものでもなく、自分の中で円環を形成するものなのです。

（1）この最初の文の後にあるコロン（意味は、即ち）はこの段落の最後の文 Sie ist eine Folge の前まで掛かっています。このように記号とか言葉で「即ち」とか「次の通り」とか「これだけではない」とある場合、その記号なり言葉が内容的にどこまでかかっているかを見極めることが大切です。ここは簡単ですが、込み入った文章になると、その記号なり言葉なりが入っている文だけにかけて理解する訳者も少なくありません。どこまで掛かっているかを判断するに際して形式的な手掛かりは一切ありません。ただ内容だけから判断するしかありません。

哲学的でなく形式的な方法による学問では、ともかく学問の外面的な形を整える必要があるということで、まず定義をしなければならないと考えられています。（中略）[1]

（1）ここでは実証法学では定義などと係わることはできないといった脇道にそれた事が論じられていますので、割愛しました。

しかし、定義をするとなると、その方法としてはまず語源から導き出す方法[1]がありますが、一般に使われている方法は、〔人間の定義をするとすると〕その特殊な事例を捨象〔して一般的な特徴を抽出〕するという方法[2]ですが、その時には人間についての感情や表象が前提されています。そして、その定義がそこで前提されている表象と一致すれば「正しい」[3]とされるのです。

（1）語源というのはその単語を作った人達の考えですから、参考意見にはなりますが、定義の「証明」にはなりません。

（2）多くの特殊な事例から抽象する方法では、それらの事例に顕在化していない特徴は見逃されますし、複数の特徴がある場合どれを本質的な特徴と判断していいのか分かりません。本質が二つも三つもあるとはいえないでしょう。

（3）ヘーゲルは「正しいこと」（正しさ）と「真なること」（真理）とを区別します。これについては拙稿「ヘーゲル哲学と生活の知恵」(『生活のなかの哲学』に所収)を参照して下さい。

このやり方では学問の唯一の本質が見逃されています、つまり内容面では事柄(ここでは法)の絶対的必然性[1]が、形式面では概念の本性が見逃されています。〔実際には〕哲学的な認識ではむしろ概念の〔生成の〕必然性こそが主要関心事なのであり、その〔運動の〕歩みがその概念の証明であり演繹となるのです。その歩みは生成した結果[2]なのだからです。

(1) ここは die Notwendigkeit der Sache an und für sich selbst を訳したものですが、英訳も the absolute necessity of the thing としています。絶対的必然性と相対的必然性の違いについては拙稿「弁証法の弁証法的理解」(拙訳『西洋哲学史要』未知谷に所収)を参照して下さい。

(2) ここで「歩み」と「結果」とを過程と結果と取ると、始まりと合わせて、ヘーゲルの方法の始原と進展と終局の三つに対応します。しかし、ここでは先の第一節の注釈の最後の方で「概念がその自己実現の過程と結果において持つ形も」と言っていますように、過程と結果の対比は問題ではなく、始まりと過程+結果とが対比されているようです。

このように概念の内容はそれだけで必然的なのですから、通俗的表象の中にその概念に対応するものを探したり、言葉〔語源〕の中にそれを探したりすることは第二の〔非本質的な〕仕事でしかないのです。これをしてみますと、その真なる姿で理解された概念自体と表象的に理解されている概念とは〔内容的には〕一致することも一致しないこともありますが、形式的には絶対に一致しません。[1] たしかにその表象が内容的に間違いでない場合には、その〔真なる〕概念が表象の中に含まれているのを示し、いやそれどころか本質的にその表象の中に現存しているのを示すことができます、つまりその表象は概念の形式に高めることができます。しかし、その時でも表象は絶対的に必然的で真なる概念の尺度や基準になることはできないのであり、表象のどこが正しくどこが間違っているかはやはり概念から導いてこなければならず、概念を基準にしてしか認識できないのです[2]〔つまり両者は形式的には絶対に一致しないのです〕。

（1）ここでの sondern muß es auch der Form nach sein の es は「述語の es」です。前の文の述語 verschieden von einander を受けています。なお、「形式的にも両者は異なる」というのは作られ方が違うということです。

（2）ここの Wenn から始まる二つの文は、認容文の中に譲歩の構文がある〔認容文の後半部が譲歩の構文になっている〕という形の二重構造になっていると思います。最初の文の冒頭の Wenn は少し後の auch と一緒になって Wenn .. auch で認容文の前半部〔たとえ何々だとしても〕を作っているのだと思います。その後に続く kann wohl der Begriff の wohl と二つ目の文の冒頭の Aber とが対になって譲歩の構文〔確かにAだが、しかし

Bである〕になっているのだと思います。そしてこの譲歩の構文全体が最初の認容文の前半部を受ける後半部になっているのだと思います。

しかし最近は、定義や推論や証明とかいった形式的な事柄に拘泥する認識方法はだいたい姿を消したので〔それはこれ以上論ずる必要はないので〕すが、今度はそれに代わって一層質《たち》の悪いやり方が現れました。それは理念を、つまりここでの場合なら法の理念と法の一層具体的な規定の理念を「意識の事実」として媒介なしに〔いきなり〕取り上げて、それは意識の事実なのだと主張し、自然的なものとその高まった感情こそが、人間の心情とその興奮した状態こそが法の源泉なのだと主張するのです。たしかにこの方法はもっとも手軽な方法ではありますが、それは同時にもっとも非哲学的な方法だと言わなければなりません。この見方のその他の側面についてはここでは述べません。この見方は認識論に係わるだけでなく行為にも直接係わるものだからです。

〔これらの二つの見方を比較してみますと〕最初の形式的な方法では〔間違っているとはいえ〕定義をするという点で概念の形式〔だけ〕は尊重していますし、証明ということで認識の必然性という形式を認めています。しかるに、この直接的意識とか感情といった〔ものを手段とする〕やり方では知の主観性と偶然性と恣意とが原理にまで祭り上げられているのです。

〔ではそのいずれとも違う〕哲学の科学的〔哲学的〕な方法とは何か〔を説明しろという声が聞

こえてきますが、それはここでは説明できません。それ〕は〔論理学の中で展開してありますので〕ここでは前提することになります。

第三節（略）

第四節〔法の地盤〕

法の地盤は一般的には精神だ〔と言うことができる〕が、一層詳しく言うと、それは意志である。これが法の出発点である。しかるに、意志は自由なものだから、法の実体を成すものも自由であり、法の使命も自由である。法体系は実現した自由の国である。[1] それは精神が自分[2]自身から外へと出てきた世界であり、言わば第二の自然である。

（1）法体系とは法律の体系のことなのか。そうだとすると、それは必ずしも「実現した自由の国」とは言えないと思う。法体系が自由、平等、博愛の精神に実際に貫かれていたとしても、それはせいぜい「理論として実現した自由の国」でしかないであろう。地上に建設された「自由の国」は又別なのだと思います。

（2）ここは aus ihm selbst となっていますが、aus sich selbst が本当ではないかと思います。しかし、関口存男氏は次のように書いています。「Er fehlt sich selbst.（又は、こんな時には er fehlt ihm selbst と言うことも許される。再帰代名詞として ihm や ihn を絶対に使わないと考えるととんでもない誤りで、ドイツ哲学では、どの人の文を見ても sich の代わりに ihm や ihn がどんどん使われています）」（『関口存男著作集、別巻・ドイツ語論集』三修社、二八四頁）。

注釈(1)〔意志の自由を哲学的に理解する方法〕

意志の自由に関しては先に〔第二節で触れた〕認識方法を思い出しておくのも悪くない。つまり〔形式的な方法では〕まず意志の表象を前提し、そこから意志の定義を取り出そうとする。次にかつての経験的心理学のやり方で、通常の意識の感覚や現象〔後悔とか罪(2)〔の意識〕とかいったもの〕から「意志は自由である」という「証明」とやらを導き出す。それは自由な意志からしか説明できないと言う(3)わけである。

（1）ここに私が「注釈」とした部分はグロックナー版では「付録」の最後に付けられています。ズーアカンプ版は付録の後に「注釈」として編集しているようです。本文の後に付けている編集もあります。私はこれに従い、「注釈」としてここに置きました。

（2）ここの als welche については第二節本文への訳注（2）を参照。

（3）この関係文の終わりの方は sollen erklären lassen となっています。sich erklären lassenが可能を含む受け身表現であることは説明しなくてもよいでしょう。sollen の位置について説明しておきますと、これは変則的定形後置の一種です。本来の変則的定形後置とは例えば次のような場合です。

○ Ich weiss, dass er gestern einen Brief hat schreiben wollen.

× Ich weiss, dass er gestern einen Brief schreiben wollen hat.

一般化して言いますと、「従属文（定形後置文）で文末の動詞群の中に不定形の形をした過去分詞があると、その次にくる助動詞 habenの定形は必ずその動詞群の前に位置する」ということです。しかし、これ以外にも文末の動詞群の配語法で定形が動詞群の前に位置する場合はかなりあります。ここの sollen も定形ですが完全な後置ではなく、変則的な後置になっています。詳しくは関口存男著『新ドイツ語文法教程』（三省堂）§231。これを「定形中置」と言う人もいます。なおこの sollen の意味は「他者の考えの伝達」（一種の間接話法）です。ヘーゲルの考えではなくて、形式的な方法を実行していた人々の主張だからです。

これより更に手っとり早い方法は、意志の自由は意識の事実として与えられているのだから、それを認めれば好いのだと言う考えである〔これが直接知のやり方である〕。

〔私ヘーゲルの方法を繰り返すと次の通りである。〕全体の関連そのものが、意志は自由であるとか、意志とは何か自由とは何かといったことの演繹なのであり、既に〔第二節で〕述べたように、それ以外ではありえないのである。これらの前提の主要点は次の通りである。精神はまずは知性である。知性はその発展過程の中で感情から始まって表象を通って思考へと進むのであり、その結果精神は意志、つまり実践的精神一般となる。(1) つまり知性のすぐ次の真理が意志なのである。この主要点は私の「哲学の百科辞典」の中に書いておいたし、いつか更に詳しく展開する機会があればいいと考えている。それは、それによって精神の本性についての一層根源的な認識に寄与したいからである。そこでも指摘しておいた事だが、哲学の分野の中で一般には心理学と呼ばれている精神哲学ほど粗末に扱われて情けない状態にあるものはめったにないからである。

(1) これは精神哲学の第一編の主観的精神の筋をごく大雑把に辿ったものです。ここのグロックナー版の原文の中には die Bestimmungen, durch welchen という部分がありますが、これはもちろん durch welche が正しい。誤植でしょう。その後の版では是正されています。

しかし、この序論〔法哲学への序論〕のこの節やその他の節に出てくる意志概念の諸契機は以上の前提〔諸規定〕の結果なの〔だから、本当はそのように理解しなければならないの〕だが、表象的理解のためには各自の自己意識〔各自の経験〕を手掛かりにしても悪くはない。誰でも意識の中でどんな事でも物でも捨象する能力〔それを無いものと考える能力〕を持っているし、又どんな内容でも自分の中にあるものとして考える能力も持っている。その他の規定についてもその実例を自分の自己意識の中に持っているだろう[1]。

（1）ヘーゲル自身ももちろん自分の経験を材料にしてそこから自分の哲学（概念）を作ったのです。しかし、結果として出てきた学問はたしかにヘーゲルの言うように、表象的に考えた人の学問とは全然違っています。その違いはどこから出てきたのでしょうか。本書に集めた諸論文を比較してみても、私の「理論と実践の統一」とそれ以外の諸論文とでは一読して考え方に根本的な違いがあることに気づくと思います。両者の違いはどこから出てきたのでしょうか。これが問題です。

付録〔意志と思考〕

〔自由は意志の実体である〕[1]　意志の自由を説明するには物理的自然を参照するに優る方法はありません。それはこういう事です[2]。自由が意志の根本規定だというのは、重力が物体の根本規定なのと同じことなのです[3]。物質は重い〔重さを持つ〕、と言うと、この述語〔重い〕は偶然的なものだと考えるかもしれませんが、そうではありません。物質界の物で重くないものはありませんが、物質はむしろ重力そのものなのです。重力は物体の実体を成すものであり、物体そのものなのです。自由と意志の関係も同じです。自由なもの、それが意志なのです。自由なき意志というのは空語です。意志という主体を持たない自由もやはり実在しません。

（1）この付録には段落毎の内容見出しを付けてみました。

（2）ここの nämlich（つまり）もこれを含む文だけでなく、この段落の最後（「意志という主体を持たない自由もやはり実在しません」）までかかっていると思います。

（3）ここの原文では述語がそれぞれ、eine Grundbestimmung des Willens, eine Grundbestimmung der Körper となっています。この冠詞の使い方には説明が必要でしょう。藤野・赤沢訳は「自由は、重さが物体の一根本規定であるのとまったく同様に、意志の根本規定」としています。つまり、一方には「一」を付け、他方には付けていません。高峰訳は「自由が意志の根本規定であることは、重さが物体の根本規定であることと同様である」としています。高峰訳の方が正しいと思います。「一根本規定」と言うと、ほかにも根本規定があるのかという疑問が出てきます。そうではないと思います。

普通の述語文では、例えば Ich habe den Sohn eines Kaufmanns geheiratet（私は商人の息子と結婚した）のように、付置される名詞に紹介導入の不定冠詞をかぶせ、それに規定されている名詞の方には初めて出てきたにしても定冠詞をかぶせるのが普通です。しかし、この述語の部分を合成名詞にすると Ich habe einen Kaufmannssohn geheiratet となります（関口存男著『冠詞』第一巻、三修社、一〇四頁以下）。それと同じように考えて、ここの不定冠詞は Grundbestimmung des Willens, Grundbestimmung der Körper の全体にかかると考えたらどうでしょうか。つまり Der Mensch ist ein Tier（人間は動物である）と言って人間の実体を表現するのと同じなのです。少し変なのは der Körper が複数形になっていて des Körpers となっていない点ですが、これもありなのでしょう。

〔意志と思考の関係〕　しかるに[1]、意志と思考の関係については〔それは精神の内部の区別なので〕以下の点を指摘したいと思います。人間とは思考一般であり、人間は思考によって動物から区別されます。ですから[2]、人間は一面では思考するものであり、他面では意志するものであるとか、人間は一つのポケットの中に思考能力を持ち、他のポケットの中に意志能力を持つ、という風に考えてはなりません。それは無内容な〔根拠のない〕考えです。思考と意志の違いは単に〔思考の〕理論的な振る舞いと実践的な振る舞いの違いでしかありません。それは二つの能力ではなくて、意志が思考の特殊なあり方だということです。定在の中に自分を定立しようとする思考、それが意志なのです。それは、自分に定在を与えようとする衝動としての思考なのです[3]。

（1）この aber は、譲歩の構文というほどではないが、気持ちの上では前の段落の nämlich（つまり）に対応していると思います。この点からもこの「つまり」は前の段落の最後までかかっていると判断します。

（2）ここは aber となっていますが、「しかし」と逆接に訳してつながるでしょうか。

（3）思考を主として考えるのがヘーゲルです。労働の契機として目的意識性（思考）や言語を考える唯物論は意志を基礎にして考えるのではないでしょうか。

〔思考とは何か〕　思考と意志のこういう違いは又次のように言う(1)こともできるでしょう。或る対象を私が思考することで、私はその対象を観念にします。〔逆に言うならば、その時〕私はその対象から感性的なものを取り除きます。つまり、私はその対象を本質的かつ完全に(2)「私のもの」にするのです。即ち、思考の中でこそ私は私の許《もと》にいるの〔自由〕であり、概念的理解こそが対象を徹底的に貫徹するものだということです。その時、その対象は私に対立する部分を少しも持っておらず、その対象独自のもので私に対立していたものを私ははぎ取ったのです。アダムはイヴに、「お前は私の肉の肉であり、私の骨の骨である」と言いました(3)が、精神は〔自分の思考した対象に対して〕「これは私の精神の精神である」と言うのです。その時、疎遠な物は消滅しているのです。観念にはどれにも普遍化の働きがあります。普遍化作用は思考の本性だからです。或る物を普遍的なものにするということは即ちそれを思考するということです。私〔自我〕とは思考作用のことであり、それは又普遍そのものでもあります。私が「私」と言う時、その「私」の中には〔私の〕性格とか〔身長や体重その他の〕自然的な要素とか知識とか年齢とかの特殊性は含まれていません(4)。〔その意味で〕その「私」は空虚で点のようなもので単純ですが、その単純性の中で能動的でもあるのです。〔という事はこういう事です、〕私の前には多彩な世界が広がっています。私はその世界に対峙して立ちます。そして〔思考します。その時〕この〔思考という〕振る舞いを通してこの対立を克服し、世界の内容を私のものに変えるのです。私は世界を体験的に知った時、世界の中で我が家にいるように感じますし、世界を概念的に理解した場合には一層強くそう感じます。以上が理論的な態度です。

(1)この「次のように」は「意志とは何か」という題を付けた次の段落の終わりまでかかっていると思います。あるいはこの付録の最後まで掛かっていると取ることもできると思います。

(2)この unmittelbar は「直ちに」ですが、その「直ちに」とはこの場合どういうことでしょうか。食べ物に譬えるとすると、レンジに入れてチンしてから食べる物は「間接的に」食べ物になるのですが、チンしなくてもすぐに食べられるのは「直ちに」食べ物になっている、と言えると思います。ここの「直ちに」もそういう事だと思いますので、「完全に」と訳しました。

(3)聖書の創世記の第二章二三節。ここの Bein は普通は「脚」ですが、南ドイツなどでは「骨」という意味でも使うようで、聖書の訳ではそう訳されています。

(4)この「能動性」は次の実践的態度の能動性とは違って「観念内での能動性」です。認識の実践的性格と言ってもいいと思います。

〔意志とは何か〕　それに対して実践的態度は思考と自我の真っ只中から始まります。それは第一に分離を作り出すものですから、まずは理論的態度とは正反対のものです。私が実践的であり、能動的である時、つまり行動する時、私は私を規定します。しかるに私を規定するということは或る区別を立てることにほかなりません〔だから、分離を作り出すと言ったのです〕。しかし、ここで私の立てる区別の両項（1）は共に私のものです。その二つの規定は私に属します。又、私が活動して達した目標も私のものです。たとえこれらの規定と区別を私が外に出したとしても、つまりいわゆる外界に置いたとしても、それらはやはり私のものであることに変わりありません。それは私の活動の結果であり、私が作ったものであり、私の精神の痕跡を留《とど》めています。以上が理論的態度と実践的態度の区別です。次に〔再度〕両者の関係を指摘して終わりとします。

（1）ここは diese Unterschiede（これらの区別）となっていますが、具体的にはまずは、自分（主体）と対象（労働について言うならば、労働対象と労働手段）の「二つの」項のことだと思います。進んではその対象の中に更なる区別が立てられるでしょうが。

〔思考と意志の関係・再論〕　理論的なものは本質的に実践的なものの中に含まれています。この考えは両者は別のものであるという考えに反しますが、なぜそう言うかといいますと、知性を抜きにして意志を考えることはできないからです。〔両者を分けて考える〕普通の考えとは逆に、(1)意志は理論的なものを自分の中に含んでいます。それは、意志は自分を規定する〔何か具体的な事を意志する〕からです。この規定〔意志した具体的な事柄〕はさしあたっては内なるもの〔心の中だけにあるもの〕です。〔しかし〕私は意志した事を思い浮かべます。その時それは私の対象になっています〔つまり、意志の内容を思考することで対象化するのです。このように意志は思考を含んでいるからこそ意志なのです〕。〔それに反して〕動物は本能に従って行動しますし、内なるものに突き動かされます。その意味で動物も実践的ですが、動物には意志がありません。なぜなら、動物は自分の〔内なる〕欲求を思い浮かべることがないからです〔だから、動物は自分の欲望を自分の意志で抑制することができません。本能で制御されるだけです。例えば、ある種の肉食獣は妊娠中の獲物を捕まえないとか〕。〔そのように思考がなければ意志はないのですが、逆に〕同じように、意志がなければ理論的に振る舞うこともできません。つまり思考できません。というのは、思考することで人間は能動的だからです。観念の内容が存在という形を採る〔外界に生み出される。例えば建物ができる〕ことはたしかにありますが、この存在〔という形〕は人間の活動で媒介された〔作られた〕ものなのです。そのような訳で、思考と意志の区別は切り離せないものであり、両者は同一のものなのです。どんな思考行為、どんな意志行為の中にも両方の契機があるのです(2)。

(1) この辺は「というのは」とか「それに反して」といった論理的な関係を示す語句の使い方が分かりにくくなっています。まず確認するべきことは、ここでは「理論的なものの中に実践的なものが含まれている」という考え（ヘーゲルの考え。Aとします）と「両者は別である」という考え（普通の考え。Bとします）が問題になっているということです。叙述の展開は、まずAを言って、それがBに反している、と言います。その次の「というのは」は「知性がなければ意志を持てない」というのですから、内容的にはA系統の考えなのに、「AはBに反する」という言説で紹介したBの理由のように書かれているのです。そして、次に「それに反して」としてAの主張を又出すのです。私の解釈は訳文の通りです。

これまでの訳を見てみます。藤野・赤沢訳「理論的なものは本質的には実践的なもののうちにふくまれている。すなわち、両者が別々であるという表象とは反対なのである。というのは、知性なしにどんな意志をももつことはできないからである。／反対に、意志のほうは理論的なものをおのれのうちにふくんでいる」。高峰訳「理論的なものは本質的に実践的なもののうちに含まれている。このことは、両者がはなればなれのものであるとする考えに反する。がんらいわれわれはいかなる意志をも知性なしにこれを持つことはできないからである。逆に、意志は理論的なものを自己のうちに含んでいる」。

（2）このように理論と実践は事実一致しているのです。人間の生活ないし行動という一つの事柄の根本的な二契機でしかないのです。では両者の論理的な関係はどうなるのか。これが問題です。理論を根源的として両者の統一を考えるのが観念論であり、実践を根源的として考えるのが唯物論だと思います。これは人間が生成した時、労働（実践）と目的意識性（理論、知性）と言語（理論の物質的担い手）とは同時に生まれたのですが、そのどれを「論理的な基礎」と考えるかで、ホモ・ファベル（工作人）説、ホモ・サピエンス（知性人）説、ホモ・ロクエンス（言語人）説が分かれるようなものだと思います。

ルッポル「レーニン主義と哲学」（広島定吉訳）[1]

（1）訳者である広島定吉氏の「序」によると、ルッポルの本書は最初、一九二七年にロシア語で出版されました。ロシア語での題名は伏せ字になっているので分かりません。副題は「哲学と革命との関係の問題について」となっています。一九二九年にそのドイツ語訳が出ました。広島氏はこの独訳から重訳しています（白揚社刊、一九三〇年）。この邦訳の「序」には一九二九年一二月二一日の日付が添えられています。ここではその第一章の「一、理論と実践との統一」だけを読みます。

編著者より

ソ連でスターリンの独裁体制の確立した年を私（牧野）は一九二九年と見ています。哲学界では一九三〇～三一年に「哲学論争」と呼ばれるものがあって、スターリンの意を受けたミーチンが先頭に立ってスターリン体制を最後的に確立しました。ミーチンたちの作った『弁証法的唯物論』の出たのは（多分）一九三三年で、その邦訳（広島定吉氏による）の序文の日付は一九三四年一〇月となっています。これ以降のいわゆる「弁証法的唯物論」の教科書類は、その纏め方も内容も、その大枠をこのミーチンの本に依っています。私が「ミーチン主義」と名付ける所以です。これの前と後とでその纏め方がいかに変わったか、それの前は自由だったので本によって様々だった、といったことを知るために、ルッポルのこの本の目次を次に記しておきます。念のためにミーチンの監修したコムアカデミア哲学研究所の共同著作たる『弁証法的唯物論』（広島定吉訳、ナウカ社）の目次も記しておきます。なお、本書にこのミーチンの本の該当箇所を資料として収めなかったのは伏せ字が多くて資料にならないからです。内容的にはイワーノフその他のもので十分でしょう。

尚、旧仮名遣いを新仮名遣いに改めました。訳語が現代のものと違う場合は必要に応じて角かっこで現代の用語を示しておきました。漢字を変えた所もあります。日本語としておかしい所はそのままにしました。

ルッポル「レーニン主義と哲学」（広島定吉訳）

〔『レーニン主義と哲学』の〕目次

第四章　社会的方法論の問題
一、史的唯物論と社会学
二、史的唯物論の抽象の具体性
三、社会現象の形式と内容との特性
四、階級の範疇、諸階級の運動
五、社会的方法論における党派性の契機
六、社会的方法論における行動の契機

第五章　プロレタリアート独裁の問題
一、レーニンとマルクスおよびエンゲルスの国家論
二、プロレタリア国家の歴史的地位
三、階級闘争の新たな形態における継続としてのプロレタリアート独裁
四、ブルジョア国家とプロレタリア国家
五、プロレタリア国家と強権
六、政権獲得の問題
七、プロレタリア国家の組織問題、民主的中央集権主義〔民主集中制〕、サヴェート〔ソヴィエト〕選挙権
八、プロレタリア国家の組織問題、国家権力の機関としてのサヴェート

〔ミーチン『弁証法的唯物論』の〕目次

二、機械的唯物論
三、主観的観念論、マッハ主義、直観主義
四、カントの二元論と現代のカント主義
五、ヘーゲルの絶対的客観的観念論と現代の新ヘーゲル主義
六、フォイエルバッハの唯物論哲学
七、マルクスおよびエンゲルスの哲学的見解の発展と弁証法的唯物論への移行

第三章 弁証法的唯物論
一、哲学科学〔哲学〕としての唯物弁証法
二、世界の物質性と物質の存在形式
三、物質と意識、唯物論的・弁証法的反映論
四、客観的真理、絶対的真理、相対的真理
五、認識の基準としての社会的実践、哲学の党派性
六、論理学および認識論としての弁証法

第四章 唯物弁証法の法則
一、対立〔対立物〕の統一の法則
二、量の質への並びにその逆の転化の法則
三、否定の否定の法則

〔第一章序論の〕一、理論と実践との統一

若きマルクスの言葉に云う、「哲学がプロレタリアートのうちにその物質的武器を見いだす如く、プロレタリアートは哲学のうちにその精神的武器を見いだす[1]」と。この言葉は論理的意義のみならず、また歴史的意義をも有している。この言葉を理解するためには、前世紀〔十九世紀〕四十年代のドイツの精神に遡って考える必要がある。当時、青年ヘーゲル学徒であったマルクスとエンゲルスとの哲学は、ますますその革命的共産主義的傾向を現していたのである。しかし、今日では哲学上の諸傾向と諸潮流とは極めて種々雑多であるために、哲学の概念を一層厳密に規定するか、またはその際、特定の哲学傾向に留意するかしなければ、このテーゼは確かに余りに一般的すぎる。即ち、精神的活動の形式としての哲学と、プロレタリアートの運動としての共産主義とは、相互に何の関係もないように見える。すべての「哲学者」が、社会主義者、共産主義者では決してない如く、また、すべての社会主義者、すべての共産主義者が必ずしも哲学者であるわけではなく、あるいはまたほんの一通りでも哲学の教育を受けているにも及ばない。

（1）〔原注〕マルクス『ヘーゲル法哲学批判』

しかし、我々が形式に一定の具体的内容を盛り、哲学「一般」、哲学の抽象的一般的概念の代わりに、マルクス主義哲学、弁証法的唯物論を置くや否や、問題の立て方は変わってくる。実践において社会主義者であり、共産主義者である者は、もしその人が自己の論旨に徹底していて、科学的社会主義、科学的共産主義の立場に立とうとするならば、理論上ではただ弁証法的唯物論者、即ちマルクス主義者たりうるのみである。(1)

(1) この訳者は「~たりうるのみ」という訳をこの辺でよく使っていますが、これは要するに一つの可能性しかないということですから、「~せざるをえない」「~とならざるをえない」「必ず~となる」と訳した方が分かりやすかったでしょう。尚、弁証法的唯物論者とマルクス主義者とを等置してよいかは問題です。ここには、そもそも人を個人名を冠した主義者と呼ぶための基準は何か、或る人をマルクス主義者とする基準は何かの問題があります。かつて私が東京都立大学の大学院に在学していた頃、この問題に気づき、「或る人がマルクス主義者か否かを判定する基準は何か」という問題を出したところ、寺沢恒信氏も許萬元氏も仲本章夫氏もその他の仲間も誰も答えられませんでした。考えたこともなかったようでした。自称マルクス主義哲学学徒の思索はかくも現実から離れているのです。

このことは、理論的欲求を有していて、これを満足させ得る地位にあり、その上哲学的素養を具えている社会主義者や共産主義者の場合だと一層明白となり、むしろ心からそうあるべき義務を感じてくると言いたいくらいである。かかる共産主義者は、彼がその世界観においてはっきりした立場を取ろうとするならば、ただ弁証法的唯物論者たり得るのみであり、逆にまた、弁証法的唯物論者は彼の世界観を徹底的に発展させれば、科学的社会主義に行かざるをえない。実際にはしばしばこのテーゼの例外が表れることもあるが、それはもう一つの命題――即ち、人々はその世界観において必ずしも論旨に徹底してはいないということを証明するにすぎない。(1) 科学的社会主義と弁証法的唯物論とは離すべからざる関係にあり、(2) そしてこの関係は、曰くマルクス主義の一語を以て言い表される。それ故に、本書において先ず第一に強調したいことは、レーニンの見解の峻厳なる首尾一貫性、正統性、組織性である。弁証法的唯物論と科学的共産主義とは、レーニンの理論と実践において、それがその本質通りにあるところのものとなった。即ち、(3) 二つの自立的な独立した領域ではなく、引き離し得ない、分離すべからざる具体的統一となった。

(1) というより、「完全に首尾一貫した思想」を持っている人の方が稀でしょう。いや、そういう人はいないでしょう。矛盾した多くの思想や性格を生きているのが人間なのだと思います。だからこそ、個人を○○主義者とする基準が問題になるのです。弁証法的唯物論は、ルッポルを含めて、こういう人間の複雑な側面を度外視して、単純に考えてきたのではないでしょうか。

（2）社会主義者の間では、弁証法的唯物論と史的唯物論は必然的に結びつき、そこから必ず科学的社会主義思想も結果するというのは公理の如く思われていましたが、そして私もそう思っていましたが、これが間違いでした。実際、これを証明した人はいないし、ルッポルもここで少しも証明していません。私は拙著『マルクスの〈空想的〉社会主義』（論創社）の中で、唯物史観は正しいが、そこから必ずしも科学的社会主義思想は出てこないということを証明しました。

（3）レーニンももちろんそのような完全に首尾一貫した人ではありませんでした。これくらいの事はまともに反省してみれば簡単に分かる事ですが、それを考えさせない所に共産党という組織ないし運動の欠陥が好く出ていると思います。なぜこうなるかと考えてみますと、その一因として、何かの事で大きな成功を収めた人は回りから過大に評価されるし、本人も思い上がる傾向があるということだと思います。そう考えると、これは何も共産党だけの話ではなく、どこにでもある事であり、人間の本性に深く根ざした事ですらあると思います。場合によって違うのはその過大評価がどれくらいかという程度の違いでしかなく、それが権力とどれくらい結びつくかの程度の違いでしかないと思います。最近のＮＨＫの元プロデューサーの不祥事も本人がやり手でそれなりの実績を挙げた事が始まりで、それがＮＨＫの内部権力（会長など）と結びついて大きくなったのだと思います。本人が国家権力を握るとそれが最大になります。毛沢東などがその例です。レーニンはそれほどひどくなかったと思います。カストロなどは権力の腐敗を防いでいるようで、それが本当なら稀な例外だと思います。

ルッポル「レーニン主義と哲学」(広島定吉訳)

レーニンは哲学上の数多くの論篇や学術論文や専門著書を書かなかった。(1)というのは、彼は永久に専ら書物の中にのみ埋まり、その中に自分の小天地を見出す書斎学者ではなかったからである。しかし、彼は単に実際家に止まらず、また理論家でもあった(2)のだから、彼はここでも理論と実践との統一の問題を解決して、(3)しかもその為に理論のためのみの理論家とはならなかった。マルクスの場合と同じく、(4)レーニンにあっても、実践は理論的に把握されたが、しかし理論は実践のために作り出された。かくて理論は革命家の日常使用から遠ざけられるようなことはなく、それは無用の厄介物として投げ捨てられず、日常の革命的活動に適用され、その規準となったことも稀ではなかった。

(1)「書物の中にのみ埋まり、その中に自分の天地を見出す書斎学者」の見いだす天地は必ず「小」天地になるのか、それともやり方次第では「大」天地を見いだすことも可能なのか、これを理論的に明らかにするべきだと思います。又、ソ連の哲学者とされていた人々はルッポルを含めて、哲学論文を書くことが仕事で、そのほかに「ソ連共産党万歳」と叫んでいた程度だと思いますが、そういう生き方も書斎学者ではないのでしょうか。

(2)この言い方から推察すると、ルッポルは実際家には「単なる実際家」と「理論家でもある実際家」とがあると考えているようです。両者を区別する基準は何でしょうか。
(3)「理論と実践との統一の問題」とはどういう問題なのか、明確な疑問文に定式化しないのでは理論家とは言えません。又、レーニンはこの問題を全然解決していませんし、そもそもこの問題がどういう問題なのかすら意識していませんでした。拙稿「理論と実践の統一」(本書に所収)で挙げた諸問題のどれも意識しておらず、まして解決していません。その生き方で実際に「解決」していると言うなら、その拙稿の中で述べていますように、人間は誰でもこの統一を「解決」し実行しています。
(4)マルクスも「本食い虫になること」を理想としていましたし、実際に特に後半生はそういう生活でした。

自然発生的な実践だけでは、自然成長性だけでは、それがいかに革命的であっても、心の底からの情熱と真の感激に駆られた場合でさえ、プロレタリアートの歴史的使命を果たすには十分でない。自然発生的な革命の焔は、現実が革命的昂揚のための豊穣な培養地であるように見える時でも、速やかに消え去るものである。この革命的昂揚の火が消え失せず、一つ一つの瞬間的な火花から真に一個の火焔が発するためには、もろろん、火床の外に、その火に或る程度の持続性を与える力が必要である。それ自身この火床から発するこの力は、一切の火花を滔々たる革命の流れに合一しなければならない。

自然発生的な昂揚に方向と持続性とを与えるこの力が理論である。確かに、この理論は抽象的または思弁的であってはならない。そうでなければ、それはその反対のものに、つまり空虚で役に立たず、事件の後を追う哲学議論に変わってしまう。ここではただ特定の具体的状態の下における理論のみが問題になりうるのである。例えば、一方には前世紀の九十年代のロシアがあり、他方には、自ら社会主義者だと名乗る知識階級の層がある場合に、後者が自ら付けたその名前に値せんとするには、彼らは、美しき魂の告白と同じ程度に主観的である彼らの幻覚を捨てなければならない。彼らは「ロシアの望ましき発達の中でなく、その現実的な発達の中に、可能なる社会経済的諸関係の中でなく、その現実的な諸関係の中に支持点を求め」なければならない。

「この場合、彼らの理論的活動は、ロシアにおける経済的矛盾のあらゆる形態の具体的研究、これらの形態の相互連関およびその発展の経過の研究の上に向けられなければならない。それは、この矛盾が政治史に依って、法秩序の特殊性に依って、固定した理論的偏見に依って覆い隠されている至る所で、その矛盾を暴露しなければならない。それは、我が国の現実に関する完全な形像を、生産諸関係の特定の体制として与え、この体制の下における労働者の搾取の必然性を証明し、経済的発達によって打開されるこの制度からの出口を指し示さなければならない。[1][2]」

（1）（原注）レーニン「『人民の友』とは何か」、「マルクス主義の建設」

ルッポル「レーニン主義と哲学」（広島定吉訳）

（2）では社会主義建設における理論の役割は何か、共産党の変質や幹部の堕落を暴き出す理論はどのようなものか、ここまで反省しなければ意味がないでしょう。これを避けている、あるいはこれに気づいていない所にルッポルの低さが好く出ていると思います。

理論的活動のかくの如き具体的な立場は、ただマルクス主義にのみ通じている。(1)そうしてレーニンが格別詳しい規定なしに理論と言う時は、常にこういう理論を指しているのである。(2)一つ一つの革命的昂揚に持続性と方向と連関とを与えるものは、こういう理論である。

（1）どういう運動の場合でも、あるいは個人的行動や企業的行動の場合でも、空論を弄ぶ人はいます。又、主観的には具体的だと思っていても客観的には抽象的な理論をしていることもあります。マルクス自身、その『資本論』での推論に多くの単純化、抽象化、飛躍があったと思います。前掲拙著『マルクスの〈空想的〉社会主義』参照。

（2）理論と実践の統一を問題にしたりする場合には、一般概念（例えば理論とか実践という概念）で特殊概念（ここでルッポルが言うところのレーニンの理論概念とか社会主義運動という意味での実践概念）を表す用語法に気をつける、あるいはそれを避けることは学問にとっての常識だと思います。

既に以上に述べたところから、マルクス主義理論はガラス張りにして書架に飾って置かれる宝物でないことは明らかである。かつてレーニンが理論的研究の「必要と重要性とその素晴らしい影響範囲」とを強調した時、彼はそれによって「この理論的研究は実践的活動よりも先になされるべきで」あるとか、況んや「実践的活動は理論的研究が済むまで延ばされるべきである」などと言わんとしたのではなかった。彼は、「理論的研究は実践的活動が提供する問題に答えを与えるのみである」[1]と書いている。マルクス主義者は、資本主義諸国にあって、しばしば純理論的研究に限るべき必要に迫られる。しかし、そうすべき機会が来るや否や、彼は直ちに実践的活動に移らなければならない[2]。

（1）このレーニンの言葉はどこにあるのか出典を示してほしいものです。それはともかく、この命題は事実そうなっているというのでしょうか、それともそうするべきだというのでしょうか。ルッポルは考えもしないで後者に取っているようですが、唯物論的にはこれは事実命題です。又、理論と実践の先後関係（論理的なそれ、時間的なそれ）について言うならば、理論は実践の後から生まれますがさらに進んで今度は実践を追い越していくものです。どの程度理論が実践に遅れるか、又実践に先んじるかは個人差もあります。

（2）理論は実践の反省形態ですから、純理論的研究などというものはありません。研究の内部でも、ある方法を意識的に適用して研究を進めると、それは方法（理論）の応用（実践）となります。又、選挙で投票するのもあるいは棄権するのも一つの政治行動であり実践の一種です。選挙のない場合なら独裁者の方針に対して積極的には協力しないというのも一つの実践です。政治ごっこだけが実践ではありません。

それ故に必要なことは、自然発生的な「実践」のみならず、「意識的に」かつ理論的に練り上げられた実践である。単に理論のみならず、実践に移される理論である。実践を先にすることではなく（この場合には、理論は後から、どこか裏庭あたりで、選ばれた者のためにのみ研究される）、また理論を先にすることでもない（この場合には、実践はほとんどあっても無くてもよい位の付加物視される）、常住不断に理論と実践との統一が必要である。(1)

(1) ルッポル自身の場合にはこの「常住不断の理論と実践との統一」がどういう風に行われているか、公生活の場合を数例でいいから示してほしいものです。研究の仕方、授業のやり方、政治（共産党）との関わり方、仲間との討論のやり方など。

この理論と実践との統一には、レーニンの社会的方法論を取り扱う際に尚特別に立ち返ることにする。ここでは、レーニンが一八九四年の最初の著作から始まって、一九二二年の最後の著作の一つに至るまで、ほとんど来る年も来る年も行ってきた、マルクス主義者の理論的活動のための宣伝をもう一度力をこめて力説しておこう。

「革命的理論なくして、また何らの革命運動もあり得ない」と、レーニンは一九〇二年に〔その『何をなすべきか』の中で〕書いている。レーニンの意見に従えば、当時のロシアのマルクス主義者にとっては、特殊な事情の結果として理論的活動は尚必要であった。第一に、社会民主党は漸く成立しかけたばかりであった。「それは、革命運動を正しい道からそらせようとした革命的イデオロギーのその他の傾向をまだまだ片づけてはいなかった」。第二に、当時のロシアのマルクス主義者たちは、社会民主主義運動の国際的性質のために、その他の資本主義諸国の経験を学ばなければならなかった。そうしてドイツでは既に修正主義的潮流が目立って来ていたのだから、ロシアのマルクス主義者たちは、「これらの経験に対して批判的態度を取り、それを独立に検討するようにし」なければならなかった。また第三には、絶対主義的ツァーリズムの広漠たる農民国における切迫した活動範囲は、既に必然的に、堅く結合した、堅固な革命的理論に対する特別の欲求を生んだ。

理論に対する関係の問題は一九〇二年においてかくの如くであった。それは、一九〇七年における反動の波の始まりと、それに続くイデオロギー的混乱の数年間とにおいて、理論の防堤が差し迫って必要であった時にも、同じく焦眉の問題であり、また革命的昂揚の数年間、最後にまた政権獲得の瞬間、およびその後においても同様にそうであった。(1)

(1) それなら、レーニン亡き後である本書執筆当時の一九二七年、ルッポルがレーニンと同じようにやっているのでしょうか。それを具体的に書くべきでしょう。

これらの時期の各々において、マルクス主義の理論にほかならぬ革命的理論の必要はどうであったかと言えば、革命的実践にとって、その議論の立て方はそれぞれに異なっていたかもしれない。それは、時の「政治的情勢」、その特性に懸かっていたが、原則的テーゼはいつも同一であった。即ち、「前衛の任務は、最も進んだ理論に導かれる党のみが果たしうる」。

このレーニンの思想をもっと拡大して、革命的理論を巧みに行使する者のみが、党の内部にあって前衛たるの役割を果たしうると、言うことが出来る。そして、レーニンは党の前衛であり、理論の武器を巧みに行使した闘士であった。

マルクス主義的方法、唯物弁証法はレーニンには「導きの糸」として役立った。レーニンは弁証法に通じていた。彼は弁証法的方法を完全に駆使していた。彼は弁証法的方法の必要を理解していて、現実が彼に困難な問題を課した時にはそれを応用した。

弁証法を「学習」しうるものと信じたり、弁証法的論理は、それを学習した者には「開けゴマ」に変わり、魔法の杖となり、あるいは生活のあらゆる出来事のために適当な条項を開けば、これに応じた仕様書が探し出せるような表になるなどと信じるのは、もちろん間違ったことである。[1] 反対に、弁証法こそ、問題の解答に着手される以前に、与えられた一切の関係の全面的研究を要求する。弁証法的方法を「学習」するだけでは足りない。人はそれを自由に行使するように修業しなければならない。そして、レーニンはそれを自由に行使して、これを巧みに実践に応用することを理解していた。

(1) 司馬遼太郎はその『坂の上の雲』(文春文庫)第三巻の一七頁に次のように書いてい

ます。「〔秋山〕真之の海軍大学校における戦術講義は、不朽といわれるほどの名講義だったらしい。どういう原典もつかわなかった。かれ自身が組織して体系化した海軍軍学を教えただけでなく、それをどのようにして組織しえたかという秘訣をくりかえしおしえた。『あらゆる戦術書を読み、万巻の戦史を読めば、諸原理、諸原則はおのずからひきだされてくる。みなが個々に自分の戦術をうちたてよ。戦術は借りものではいざというときに応用がきかない』と言い、試験をして学生の回答がかれの意見とちがっていても悪い点はつけなかった」。

ルッポル「レーニン主義と哲学」（広島定吉訳）

繰り返して言うが、レーニンは決して純理論に逃避しなかった。彼はその理論的テーゼを臨機に規定した。即ち、眼前に生起する、ほとんど常に党にとって必要な事柄に応じて、何らかの問題と関連させて規定したのである。(1) そして、これらの問題は理論の助けを借りなければ解決されず、その解答は理論的基礎に依らなければ明瞭に説明され得ないものであった。

（1）換言すれば、問題をきちんとした疑問文に定式化したということです。しかし、それをこう取れなかったルッポルもその他のレーニン信者たちも「理論と実践の統一」に含まれる諸問題を疑問文に定式化できず、結局「実践に役立つ理論」を少しも作れなかったのです。

一例を挙げよう。レーニンは、いついかなる機会に、次の弁証法の二三の原理の簡単正確な規定を引用したか？

「弁証法的論理は我々がさらに前進することを要求する。対象を真実に認知するためには、そのもののあらゆる方面、あらゆる連結並びに媒介が把握され、探究されなければならない。(1) 我々はこのことを決して完全には達成しないであろうが、しかし全面性の要求は我々が誤謬と硬化とに陥ることを防ぐ。これが第一である。第二に、弁証法的論理は、我々が対象をその発展において、その『自己運動』（ヘーゲルがしばしば言っているように）において、その変動において捉えることを要求する。～第三に、人間の実践全体は、真理の規準として並びに対象と人間が必要とするものとの間の連結を実践的に規定するためにも、対象の完全な「定義」の中に取り入れられなければならない。第四に、弁証法的論理は、抽象的真理というもの(2) は存在せず、死んだプレハーノフがヘーゲルと共に言っていた通り、真理は常に具体的であるということを教える。」

（1）「～しなければならない」と言うだけで、それの実現する必然性のないものをヘーゲルは「単なる当為」として低く見ました。レーニンはこれを知らないようです。ルッポルもこれを知らないようです。そして、実際には、レーニン主義という言葉を隠れ蓑にして暴力を使って権力を狙うスターリンにしてやられました。

（2）「真理は常に具体的である」とヘーゲルが言う時の意味は、「真理は一つの命題で表現することはできない」ということであり、「真理は最低でも対立する二つの命題でしか表現できない」という意味です。現下の場合について言うならば、「理論と実践は一致している」という命題は常に「理論と実践は分裂している」という命題と同時に理解しなければならない、ということです。次にあるようにルッポルも普通の自称マルクス主義者も「真理は具体的な状況に左右される」と理解しているようですが、間違いです。

この引用は例えば「ヘーゲル哲学の記述」とか、一つの哲学的著書というようなものから取ったのではなく、一九二一年に労働組合の役割に関する討論の時にレーニンが書いた、極めて論戦的な小冊子『再び労働組合について』から取ったものである。その時、レーニンは当時の具体的諸条件から出発して、その諸条件を以上に述べた弁証法の諸原理の光に照らして観察した上、彼は次の結論に到達した。

「労働組合は『一方では学校であり、〜他方では他の或る物』であるのではない。この論争において、トロツキーの提出した問題の場合には、労働組合はすべての関係において一つの学校である、これは組織の学校であり、共存の学校であり、自己の利害を認知する学校であり、経営の学校であり、管理の学校である。」

かくの如き当面の問題の解決は、弁証法の原理の一つ（レーニンはここでそれを挙げていないが）、即ち所謂「可能性の必然性への転化」の原理の輝ける例示である。

ルッポル「レーニン主義と哲学」（広島定吉訳）

労働組合は抽象的に取れば、「学校」として、「装置」として、「勤労者の組織」として、「産業別による組織」等々として可能である。しかし、特定の情勢にあっては、唯一のものを除きすべての可能性は落ち去り、それによってまた残された一つの可能性は必然性となる。

この「可能性の必然性への転化」は、弁証法においては、所謂「量の質への転化」に劣らず本質的なものであるが、レーニンとその他のロシアの社会民主主義者たちは、その当時、この原理をロシアにおける資本主義の発展のうちに認めたのである。ナロードニキの抽象的な形而上学的問題提起は、たかだか次の如き答えしか与えなかった。即ち、ロシアに資本主義が起こることは可能であるが、しかしそれが起こらぬことも可能である、と。レーニン並びにマルクス主義者たちの具体的な弁証法的問題提起は、この問題を既に予め解決していた。即ち、これこれの徴候が存在すれば、すべての可能性は落ち去り、そしてロシアは必然的に資本主義の道をたどるであろう、と。問題をかく解いたことは、レーニン並びにマルクス主義者たちに直ちに新たな任務を課した。(1)

（1）可能性と必然性についての弁証法的考察はこれでは不十分です。私見は拙稿「素質・能力・実績」（『生活のなかの哲学』に所収）及び「弁証法の弁証法的理解」（波多野精一著牧野訳『西洋哲学史要』未知谷に所収）に書いておきました。

毛沢東「実践論」（牧野紀之訳）

〔刊行者の「まえがき[1]」〕

我が党内〔中国共産党内〕にはかつて教条主義者のグループとでも言うべきものがありました。彼らは永い間、中国の革命運動の経験を軽蔑し、「マルクス主義は教条ではなくて行動への指針である[2]」という真理に反抗しました。マルクス主義の著作からいろいろな言葉や文をバラバラに引いてきて、そういった言葉で人々を萎縮させようとしたのです。又、経験主義者のグループとでも言うべきものもありました。この人達は永い間、自分自身の断片的な経験にしがみつくばかりで、革命運動にとっての理論の意義を理解せず、革命運動全体の状況を認識しませんでした。この人達はたしかに〔主観的には〕努力したのですが、〔客観的には〕盲目的に働いていたわけです。

　この二つのグループの間違った考え方は、特に教条主義者たちの間違った考え方は一九三一から三四年にかけて我が国の革命運動に多大の損害を与えました。しかし、教条主義者はマルクス主義の装いをしていましたので、それに惑わされた同志も少なくなかったのです。

　そこで毛沢東同志は論文「実践論」を書いて、マルクス主義の認識論の立場から党内の教条主義と経験主義という二つの主観主義的な間違いを（特に教条主義の間違いを）明らかにしようとしたのです。

この論文では教条主義の正体を明らかにすることに重点が置かれていますので、そして、教条主義は実践を軽視する主観主義ですので、本書は「実践論」と名付けられました。[3] ここに展開されています毛沢東同志の考え方は〔元は〕延安にある抗日軍事政治アカデミーで講義されたものです。

（1）これは本論文を刊行した中国共産党の中央毛沢東選集出版委員会が付けたもののようです。ここには共産党というものの権威主義的ないし宗教団体的性格がよく出ていると思います。「これは一つの考えだから、読者は自分で理論と実践の関係について自分の経験と研究に基づいて自主的に批判的に読み、自分の考えを発展させ、場合によってはそれを発表して下さい。著者の考えに対する批判的な意見でももちろん結構です。それによって本テーマについての理解を深めていきましょう」という呼びかけみたいなものが全然ないし、そういう態度も雰囲気もないのです。ここにある雰囲気は「この論文は絶対的真理だからしっかり理解して覚えて行動しろ」ということで、まさに毛沢東の考えを教条とする教条主義になっています。教条主義反対という名の教条主義です。

因みに、レーニンはその『唯物論と経験批判論』への「第二版への序文」に次のように書いています。「私は、本書が、マッハ主義者たちとの論争とは独立に、マルクス主義の哲学並びに～の参考書として、いくらか役にたつであろうことを希望する」。レーニンの場合は、本人がこうまで述べているのに、他者（共産党）がこれを崇め奉るように指導したのです。又、進んで崇め奉った哲学教授もたくさんいます。

毛沢東の述べ方自身も、元は「講義」したものという点に不十分さが出ています。そこでは、聴講生たちの話し合いもレポートもそれらをまとめた教科通信もなかったのでしょう。その話し合いの中で出てきた問題で毛沢東の考えが深まったといった叙述が全然ありません。かつて小学校教師をしていた毛沢東は、話はうまいようですが、本当の意味での教師ではないようです。「聴講生」の方も又、党の最高幹部という地位にある「講師」の話を一言一句聞き漏らすことなく拝聴して覚えるという態度を採ったのでしょう。

そもそも、この論文を発表した目的は何だったのでしょうか。表面的には、党内の主観主義的な間違った考え方を是正して、革命運動を前進させるということでしょう。しかし、本当の目的は毛沢東が党内での権力基盤を確立し強固にすることだったと思います。

多くの独裁的指導者がこの方法を採りました。つまり実質的に組織内のトップについた指導者がその組織内権力を強めるために、自分こそがその団体の思想を最も好く体現していると組織内大衆に思い込ませるのです。

スターリンがそうでした。スターリンがソ連共産党の書記長になったのは一九二二年四月のことです。レーニンはその少し前一九二一年末ころから健康を損ねて仕事が出来なくなりつつあったのですが、深謀遠慮のスターリンは着々と地歩を築き、チャンスを窺っていました。書記長に着いたスターリンはレーニンの死んだ一九二四年一月のすぐ後、その四月から五月にかけて「レーニン主義の基礎について」を発表しました。これによって、自分こそレーニンの思想の忠実な後継者であるという看板を掲げたのです。

もちろんそれはあくまでも看板で、実際の権力基盤の強固策はライバル達の追落としであり、でっち上げによる逮捕などでした。あるいはやくざ者などを買収してのテロまでしたようです。一九二六年の初めには「レーニン主義の諸問題によせて」を発表して「理論的看板」を更に飾りたてました。スターリンが権力を完全に掌握したのは一九二八年頃と言われています。

池田大作氏も同じやり方をしました。氏が創価学会の第三代会長になったのは一九六〇年五月です。第二代会長の戸田城聖氏が死んで約二年後のことでした。池田氏三五歳の時でした。最初学会の内部での権力基盤が弱かったのは当然ですが、深謀遠慮の氏は一九六五年に「人間革命」の筆を取りました。これで、「自分こそが第二代会長の思想を本当に受け継ぐ者である」と主張し、そういう評価の定着を図ったのです。もちろんこの場合も実際の権力基盤の強固策はライバルの追落としであり、子分の取り立てでした。ここでは幸い、人殺しや不当逮捕はなかったようですが。

毛沢東が中国共産党の実権を握ったのは一九三五年一月の遵義《じゅんぎ》会議でのことでした（党

の成立は一九二一年)。それはその前年の一九三四年一〇月に始まったかの有名な「長征」の途中でのことでした。ここで党内権力を握った毛沢東は根拠地延安に落ち着いて(一九三七年一月)しばらくした後、延安でこの講義をしました。それを一九三七年七月に小冊子にして出版し、続いて同八月に小冊子「矛盾論」を出版したのです。

組織内で権力を握った者が自分の権力基盤を固めるために表では思想的正しさを主張し、裏では権謀術数を弄してライバルを切ることを知っている人なら、毛沢東の本論文の本当の目的が何であるかは簡単に推察できるでしょう。

こういう底意のある著作を見分ける方法は簡単です。それはまず自分の考えを述べる態度が「自分の思想を率直に述べてその価値の決定は将来の発展に委ねるという普通の哲学者」(エンゲルス)の態度を取っていないということです。従って又、自分に対する批判や反論、修正意見などを歓迎するという態度を取らず、実際にそれの発表を歓迎し促していないということです。

この基準で考えれば、スターリンの態度も池田大作氏の態度も毛沢東の態度もそういう「普通の哲学者」の態度でないことは明らかでしょう。スターリンと毛沢東は既に亡く、権威も落ち、本も読まれなく(出ていなく)なりました。池田氏はまだ生きていますが、いずれ同じ運命をたどることでしょう。

本質的な事は以上のようにここで確認しましたので、今後はこの毛沢東の思想の内容上の個々の問題点の内の本書のテーマと深く関係することだけに絞って考えていこうと思います。

（2）これがこの刊行者による注解の立場だと思います。しかし、このように重要な言葉については、その出典を明記するべきだと思います。私も少し探したのですが、まだ見つけていません。しかし、多分、エンゲルスの著作のどこかにあったような気がしています。言葉だけでこの文の意味を考えます。そもそも主語が本当に「マルクス主義は」だったのか、「理論というものは」だったのかも分かりません。

述語は「教条」と「行動への指針」とを対にした上で、「教条」を否定して「行動への指針」を肯定しています。この二つはいかなる意味で対になるのでしょうか。対になるためには両者に共通の前提が必要です。例えば「男と女」なら人間という共通の前提があります。「理論と実践」なら「人間の凡ての活動」という前提があります。しかし、「教条」と「行動への指針」との共通の前提は何でしょうか。分かりません。逆に、これが対にされているということから、書いている人は「教条」を「行動への指針として使われない命題」という意味に使っているのだろうと推測します。ということは、そういうものが存在するということを前提しているのです。しかし、本当に「行動への指針として使われない命題」などというものがあるのでしょうか。

いや、その前に「行動への指針」という句は何の対なのでしょうか。「理論内の何かへの指針ではなく」という意味でしょうか、はっきりしません。多分、そうでしょう。つまり、或る教条（一般的命題）を理論的な事柄に適用して何かを考えるのは「行動への指針」として使ったことにならず、教条主義になるのです。つまり、この筆者は「理論」と「実践」の両概念を対概念として捕らえておらず、「理論」を「実践の反省形態」と捕らえておらず、「実践」を「理論の適用形態」と捕らえておらず、理論とは何か、行動とは何かを絶対的に捕らえているようです。弁証法の「べ」の字も分かっていないようです。

（3）この「教条主義は実践を軽視する主観主義」という指摘にこの筆者の立場が好く出ていると思います。教条主義というのは実践を軽視する思想のことではありません。本論文の主たる批判対象である「教条主義者たち」は実際に中国共産党の種々の指導的立場にあって「行動」をし、「行動」を指導したのです。そもそも実践していない人などというものはいません。どういう理論に基づいてどういう実践をするかの違いがあるだけです。教条主義は実践を軽視するのではなくて、一般理論を適用する際にその適用対象の特殊事情を十分に調査し考慮しないやり方のことです。これは後で又論じるとしまして、その前に、もっと根本的な事を一つ確認しておきましょう。

注（2）と合わせて考えますと、筆者の立場は典型的な左翼小児病患者の「理論と実践の統一」論です。それは次の三段論法にまとめられます。

大前提・理論と実践の統一とは、両者は統一するべきだという当為命題である。

小前提・実践とは政治ごっこのことである。
結論・マルクス主義を口にする者（ひいてはすべての人間）は、年がら年中「実践、実践」と言って政治ごっこをしていなければならない。

序論にも引用しましたが、中野重治さんはその自伝的小説「むらぎも」の中で昭和初期の東大新人会の人々の様子を描いています。その中にこんな発言が出てきます。「そりゃむろん研究は大切サ。だけどほんといえア実践のほうが根本的だよ」。又、それに疑問を持つ人もいたようです。「だからサ、おれ自身明快じゃないけどサ、いまや実践の時であるなんてのは、そんなことという連中にはサ、おれア、実践の時でなかった時ってのが、いつかあったのかってきいてやりたいよ」。後者は中野さんの漠然とした「感じ」だったのでしょうが、中野さんはそれを理論化することはできなかったようです。

この問題は本書全編のテーマですから、ここではこれくらいにしておきましょう。ここでは、教条主義と経験主義の本当の違いについて確認しておきましょう。

これは「一般理論（方法）を個別的な事柄に適用する際、一般理論の理解がどの程度正確か、個別的な事柄の調査が十分か」という問題に於ける正反対の間違いのことです。個別的な事情を十分に調査せず、一般理論を機械的に適用するのが教条主義です。逆に、個別的な事情にとらわれて、その中に一般理論を理解しようとせず、又理解できないのが経験主義です。

ここではまず「方法とは何か」が前提されています。これが哲学辞典などでも正確には書かれていないのですが、私は「『経済学批判の序言』への注解」の中で次のように纏めました(『マルクスの〈空想的〉社会主義』二七九頁以下)。

——ここに方法(方法論ではない)というものの性格がよく出ている。それは何よりもまず第一に、それ以前の研究の成果であり理論である。第二に、しかし、それが一般化されて捉えられているが故に、その後の研究の導きの糸になる。第三に、それはあくまでも「導きの糸」であって、証明手段ではない。いくつかの社会を研究した結果、「経済的関係が国家のあり方を規定する」という一般的結論が得られると、それ以後は、何か或る社会を研究しようとする時に、国家や法律をそれ自体として調べて事足れりとしないで、その社会の経済関係を研究するように自覚的に自分を統制するようになる、ということである。だからといって、その社会の国家形態や法体系はその経済関係の故にそうなったのだと断定するのではなく、「事実調査に基づいて」経済関係がこうだから法律がこうなっていると証明するのが科学である。この「事実調査に基づいて」ということが省かれたり不十分だったりすると公式主義・図式主義・教条主義になるのである。だから、或る方法を使うということと図式主義との差は現実には紙一重であり、方法の中には図式主義の「契機」が含まれている、と言える。方法と図式主義とのこの近い関係を自覚しないでただ図式主義反対を口にしている人に限って図式主義に陥っている所以がここにある。これは信仰と科学との親近性を理解しない自称唯物論者が、宗教反対を口にしながら実際には自分自身が唯物論を信仰して生きているのと似ている（拙稿「宗教と信仰」参照）。

エンゲルスは後年シュミットへの手紙の中で「唯物史観は、歴史を研究しない口実として唯物史観を使うような味方をたくさん持っている」と書いている。こういう事はどういう「方法」についても原理的にはありうることである。それはその方法自身の欠陥ではなくして、その方法を受け継いで適用する人の問題である。

なお、最初に書いたが、方法の意味で多くの日本人は方法論という言葉を使うが、これは間違いである。方法論とは方法についての理論であるか、方法について議論することである。それは方法そのものではない。哲学の名の下に哲学史を語って平気でいられる日本人らしい間違いである。あるいは、方向の代わりに方向性と言う人が多いように、ぼかす言い方を好む日本人ないし日本語の特徴なのかもしれない。しかし、学問の場ではこういうあいまいな用語法は避けるべきだと思う。——

ついでに「適用」について、左翼の人々の間で無反省に使われている間違った用語（ないし考え方）について一言しておきます。それは「科学的社会主義の理論（一般に、或る理論や方法）の『創造的適用』」という言い方です。これについてはヘーゲルの次の言葉を紹介しておきましょう。「適用、それはもはや思弁的思考でも概念の展開でもなく、悟性の包摂である」(『法の哲学』第三節)。

つまり、適用は創造的ではありえないのです(拙著『ヘーゲルと共に』鶏鳴出版、二四二頁)。創造的か否の問題になるのは適用の際ではなくて継承の際です。人間は誰でも前代までに築かれた遺産(ここで考えているのは精神的遺産)を継承して、その上に立って新たに自分のものを付け加えていくことで人類と社会の発展に寄与できるのですが、前代までに築かれた理論を後代の人々が受け継ぐ際に「創造的に継承する」態度と、その反対の「惰性的に継承する」態度とがあります。後者の継承をすると、適用が機械的になり、教条主義になるのだと思います。では、前者の継承をし、創造的に主体的に継承するにはどうしたら好いか、これが問題です。拙著『先生を選べ』(鶏鳴出版)で詳しく考えてみましたのでそれを参照して下さい。

この「刊行者のまえがき」の筆者はこのようにきわめて間違った解説をしています。なぜでしょうか。その一因はこの筆者の経験主義にあります。この「理論と実践の統一」の問題は弁証法の基本法則の一つである「対立物の闘争と統一の法則」の一特殊形態です。それなのに、この筆者は(いや、この問題を論じるすべての人々も)それに気づいていません。つまり、一般理論(「対立物の闘争と統一」の法則)の理解が不十分で、特殊な場合(「理論と実践の統一」の問題)を自分の経験の範囲だけで理解して考えてしまったのです。

〔第一節　序論・理論は実践から切り離しては理解できない(1)〕

〔一、認識は社会的実践から影響を受ける〕

マルクス以前の唯物論は〔個々人の(2)〕認識〔とはどういうものかという〕問題を考察するにあたって、人間たちは社会の中で生活しているということを無視して、従って又人間たちの社会は発展するものだ〔から、その人がどういう発展段階の社会に生きているのか〕ということを無視してきました。そのために、マルクス以前の唯物論は〔個々人の〕認識が社会の実践活動に左右されるものだということを理解できませんでしたし、従って又〔個々人の〕認識が〔社会全体及びその人の従事している〕生産活動と階級闘争と深い関係にあるということを理解できませんでした(3)。

（1）原文はひと続きの論文となっていて章節に分かれていませんが、内容を考えて、又理解と読解の便を考えて、三つの節に分けました。これはこれまでにも多くの訳者がしてきたことです。その各節の中を更に分けて番号を振り内容上の題を付けたのは私だけかもしれません。
(2)ここで単に「認識」と言われているものは「個人の認識」のことだと思います。しかし、本当の認識論にとっては「集団の認識」「集団としての認識」もとても大切なものだと思います。複数の人々が、組織を成しているか否かはともかく、何らかのテーマについて話し合う場合でも、それはその集団を一つの主体と見て、「集団的認識」と言うことが出来ると思います。まして、組織を成していたりして、組織としての何らかの行動を決定して実行しなければならないような場合は完全にそうだと思います。読者の皆さんも自分の属する会社や役所やその他の組織や集団の意思決定と行動がどう行われているかを反省してみれば簡単に理解できると思います。
しかし、これまでにこういう「集団の認識」についての理論は、心理学や経営技術論では論じられたのかもしれませんが、「真理とは何か」「人間は真理を知りうるのか」「どういう過程をへてそれに達するのか」「真偽を判定する基準は何か」「誰が判定するのか」といった認識論の立場からの研究や議論はほとんどなかったと思います。少なくとも私は知りません。しかし、一般的に言ってもそれは極めて重要ですし、ましてや社会運動とか政党などでは決定的に重要だと思います。それなのに、社会主義運動の中ではこの問題は議論されませんでした。民主集中制の問題はこれに関係するのですが、それはもっぱら組織論として議論され、認識論としては考えられなかったと思います。毛沢東もこの問題に気づいていないと思います。もちろん中国共産党の指導者としてその指導権を確保し強化するためには、実際にはこの「集団的認識」の性質について鋭い感覚を持ち、考えもしたのでしょうが、それを理論化することはなかったようです。底意のあった毛沢東にとっては、本当の集団的認識論は却って不都合だったのでしょう。それはともかく、ここで論じられているのはもっぱら「個人認識論」だということをはっきりさせておくことは本書を読むに当たって重要な事だと思います。

なお、単なる集団や組織より更に大きな人間集団や社会全体となると、「集団的認識」と言うより社会的意識の問題になります。この点については唯物史観は「人間たちの社会的なあり方（生産関係）がその人たちの社会的意識を決める」という大命題を建てています。逆に言うと、唯物史観のこの根本命題はこういう大きな枠組みの中での一種の認識論として、社会認識論として理解する必要があると思います。このいうテーマなら、唯物史観以外にも大衆社会論なども扱っていると言えるでしょう。

（3）「認識が社会の実践活動に左右される」と言う時、又「認識が生産活動と階級闘争と深い関係にある」と言う時、それは右のように最も大きな枠組みでしか考えられていませんでした。現実には、個人の認識は地位のかなり保障された公務員かそれとも私企業の社員かとか、その他の組織でも上司のあり方がどうかとかいった多くの中間段階の人間関係のあり方で左右されます。共産党という組織自身、査問とか自己批判の強要とかで、党員の認識は大きく制約されました。こういう中間段階の組織なり人間関係の重要性を見落としていることは毛沢東の大きな欠点だと思います。

〔二、認識の発生と発展の根源は生産活動にある〕

〔そのようなマルクス以前の唯物論者とは反対に〕マルクス主義者は、人々の生産活動こそが人間の全実践活動[1]の中で最も重要なものであり、その他の全活動に影響を与えている、と考えます。即ち、人間の認識は主として物質的生産活動に依存しているのです。その生産活動の中で人々は段々と自然の現象や性質や法則性を理解し、人間と自然の関係を理解し、又同時に、人間相互の関係がどうなっているか[2]を程度の差こそあれ理解するようになるのです。〔逆に言えば〕これらの認識は生産活動から離れては獲得できなかったものなのです。

（1）この「全実践活動」の中にはいわゆる「理論活動」も入ると思います。つまりこの「実践」は最広義の実践概念だと思います。だからこそ、この句を言い換えて、次の「その他の全活動に影響を与える」と言えたのです。逆に言うならば、人間の生活そのものを「実践」と捕らえ、活動と捕らえる見方です。

（2）ここで「人間相互の関係」とありますから、集団的認識論も視野に入っているようにも思えますが、それは言葉としては確かに入っていますが、実際に毛沢東が考えていたのは、社会的関係、生産関係のことだと思います。一歩を譲っても社会的意識（社会関係についての意識）でしかないと思います。つまり、これまでの認識論では個々人の認識と社会ないし階級の認識（意識）は考慮されましたが、その中間の集団の認識は無視されたのです。我々の生活ではこの中間にある大小の集団のあり方が幸福を左右するものであり、政党の成否を決める大きな要素もこれであるというのに。

〔ではこの生産活動はどういうものかということをごく一般的に確認しておきますと〕無階級社会では個人は社会の一員として他の成員と共に働き、他の成員と共にあれこれの生産関係を受け入れ、生産活動をして、自分たちの物質的生活の諸問題の解決に寄与するのです。階級社会でも、社会の成員はそれぞれの階級に属していますし、従ってやり方は〔個人の属する階級によって〕違いますが、やはりあれこれの生産関係を受け入れ、生産活動をし、自分たちの物質的生活の諸問題の解決に寄与するのです。

〔生産活動とは概略このようなものですが〕これが人間の認識の〔発生と〕発展の主たる源泉なの〔だというのがマルクス主義者の考えなの〕です。

〔三、**認識に最も深い影響を与えるのは階級闘争である**〕

〔しかし〕人間の社会的実践〔社会の中で行う活動〕は何も〔狭義の〕生産活動に限られるものではありません。その外にもまだ多くの活動形態があります。例えば、階級闘争、政治生活、学問的活動、芸術上の活動などです。(1) 要するに、社会的人間〔社会を成している人間たち〕は社会のあらゆる分野に関わるのです。従って、人間の認識には物質生活での様々な人間関係だけでなく、政治生活や芸術生活(これらは物質生活と固く結びついています)での人間関係からもいろいろと影響を受けるのです。(2)〔しかし〕これらの凡ての社会的実践活動の中で人間の認識の発展〔あり方〕にもっとも根深い影響を与えるものは階級闘争なのです。〔ということは〕階級社会では個人は例外なくどれかの階級に属していますから、階級の刻印を押されていない思想などというものはない〔ということになる〕のです。

(1) ここを見れば最広義の実践概念は学問も理論も空想すらも含み、人間の全活動を含むものだ、ということが分かると思います。

(2) ここは他の訳書は「人間の認識は〜を含む」としていますが、そしてドイツ語版でもそう取ることも可能ですが、文脈から見て私はこのように理解しました。

〔四、認識は一歩一歩高まる。全面的で歴史的な認識が科学である〕

マルクス主義者の考えでは、人間社会の生産活動は一歩一歩高まっていくものであり、従って〔それに制約される〕人間の認識も、自然についての認識も社会についての認識も一歩一歩高まっていくものなのです。つまり、認識は物事の表面から深いところへと進むものであり、一面的な認識から多面的な認識へと発展していくものなのです。長い歴史の経過を見渡してみますと、〔初めは〕社会の歴史についての理解は一面的なものとならざるをえませんでした。それは搾取者階級の偏見が歴史認識を歪めたからという面もありますが、〔それ以上に〕生産がまだ十分な広がりを持っていなかったために人々の視野がどうしても狭かったからでもありました。巨大な生産力（大工業）と共に近代プロレタリアートが登場するに及んで初めて、人々は社会の発展を全面的かつ歴史的に[1]理解できるようになり、その認識は科学と呼べるもの[2]になったのです。そして、この科学が〔具体的には〕マルクス主義なのです〔これをなし遂げたのがマルクスなのです〕。

（1）全面的と歴史的とは、空間的と時間的との対比になっているのだと思います。ここで「歴史的」理解とは何かについて毛沢東は説明していませんが、発展的理解のことだと思います。では、歴史の発展的理解とはどういうものか。ヘーゲルはこれを「概念的把握」と言い換えています。それはどういうものか。拙稿「『パンテオンの人人』の論理」（前掲『マルクスの〈空想的〉社会主義』所収）をご覧ください。

（2）ここを「科学と呼べるもの」と訳したのはドイツ語版では不定冠詞が付いているからです。これは有名なエンゲルスの『空想から科学へ』の中の「社会主義は科学と呼べるものになった」という句を思い出させます。これについては前掲『マルクスの〈空想的〉社会主義』の一一六頁にも書きました。

さて、ここには二つの問題があると思います。一つは、毛沢東がここで「科学」という言葉をどう理解していたか、です。ヘーゲルはレーニンの『哲学ノート』を中国語訳で読んだだけの毛沢東（新島淳良さんから生前に伺った所によりますと、毛沢東の延安での居室か何かには、ヘーゲルの「大論理学」の中国語訳があったということですが、読んだかどうかもわかりませんし、たとえ読んだとしてもとても理解はできなかったでしょう）には、ヘーゲル的な狭義の科学概念、つまりマルクスとエンゲルスが自分の社会主義思想を「科学」と考えた時の科学概念（つまりヘーゲル的哲学概念）は念頭になかったでしょう。せいぜい、「科学とは事実の説明である」ということを無自覚的に「感じ」ていた程度だと思います。

これと関連することですが、第二の問題は次の通りです。認識が一歩一歩高まっていき、一面的な認識から全面的な認識へと進んでいくということは、完全に一面的な認識から完全に全面的な認識に「一気に」高まるのではないということです。それは相対的に一面的な認識から相対的に多面的な認識に徐々に高まるということです。それに、完全に全面的な認識などというものは到達目標ではあっても実際には達成できるものではありません。そうだとすると、「どの程度」多面的になり「どの程度」歴史的になったらその認識は科学と言えるのか、という基準と判定の問題が出てきます。毛沢東はこの問題に気づいていないようです。実際、ヘーゲルの歴史哲学は「全面的で歴史的（発展的理解）」でした。それなのにこれを「科学」としないで、マルクスの学問にして初めて科学だとする根拠はどこにあるのでしょうか。毛沢東のここの言い方では、何か、マルクス主義は完全に全面的で完全に歴史的な学問であるかのようです。そして、事実、自称マルクス主義者は無意識的、半意識的にそういう錯覚を持っていることが多い（あるいは、多かった）と思います。これが、自称マルクス主義者がとかく教条主義に陥りがちなことの一因だと思います。

本論文の訳全体で、又本書全体で強調していくつもりですが、真と偽の違い、正と誤の違いは多くの場合、程度の差でしかないのです。教条主義と経験主義と「正しい適用」との違いも、結局は、方法の適用において一般理論を「どの程度」正確に理解しているか、特殊事情を「どの程度」詳しく調べたかの違いでしかないのです。従って、それは個々の場合の判定の問題になり、誰が判定するのかという問題になってくるのです。そして、共産党やその系統の組織では、権力を握っている人が独断的に判定するだけで、それをチェックする機構が組織的に整備されていないのです。つまり、理論の未熟さと組織のお粗末さが一体となって全体主義の運動に転落していったのだと思います。

〔五、真偽の判定基準は実践である〕

マルクス主義者の考えでは、外界の認識が真理であるか否か〔を判定する〕の基準は社会的実践以外にはありません。実際、人はその社会的実践過程の中で（物質的生産活動とか階級闘争とか科学の実験(1)とかの中で）期待通りの結果を得た時に初めて、自分の認識の正しかったことを確証するのです。人は仕事で成功し、期待通りの結果を得たいと思うならば、自分の考えを外界の客観的法則性に合わせなければなりません。そうしなければ失敗するだけです。失敗した人はその失敗から教訓を引き出して、自分の考えを外界の法則性に合わせることで、失敗を成功に変えることが出来るのです。この真理を表現した格言があります。「失敗は成功の母」というものです。あるいは「損によって利口になる」というのもあります。[2]

弁証法的唯物論の認識論は実践を第一位に置きます。その認識論によると、人間の認識を実践から切り離して考えることはできません。ですから、それは、実践の意義を認めず認識を実践から切り離す考えは凡てこれを間違いとして退けます。[3]レーニンはこう言っています。「実践は（理論的）認識より高い。それは普遍性という価値を持っているだけでなく、直接的現実という価値をも持っている[4]」と。マルクス主義の哲学である弁証法的唯物論には二つの特徴があります。第一は、その階級的性格です。それはプロレタリアートに奉仕するものであることを隠さず表明しています。第二は、実践との関係を認めることです。それは、理論は実践に依存する、実践こそが理論の基礎であり、理論は実践に奉仕すると主張します。何らかの認識や理論が真か否かを決めるのは主観的な感覚ではなくして、社会的実践の客観的な結果なのです。真理の基準は社会的実践以外ではありえません。実践という観点が弁証法的唯物論の認識論の第一の観点であり、根本的な観点なのです。[5]

（1）実践の最広義の概念は人間の凡ての活動でした。一つ狭くした概念がこれだと思います。つまり、社会生活を物質的生産生活と精神的生産生活に分けて、前者に属する活動を実践とするものです。すると、科学実験は理論研究の一環だからどちらになるのか判定が難しいですが、まあ、物体的なものを扱うからでしょう、エンゲルスも「実践（生産と実験）」と言っています。階級闘争も本来のそれは政治の世界に属するものですから、精神的生産活動のものであり、判定に苦しむところです。しかし、左翼小児病患者はこれを「実践」としないと困るでしょうし、毛沢東の考えている階級闘争は工場内での経済闘争も含んでいるのでしょうから、それなら物質的生産活動の一環です。狭義の政治闘争となると、物質的生産活動ではありません。

（2）「損によって利口になる」という格言は日本語には無いと思います。私は知りません。ドイツ語にはあるのかもしれません。中国語から訳した訳書には「溝に落ちればそれだけ利口になる」としていますから、中国にはこういう格言があるのでしょう。日本語でこれに似た格言（?）を探すと、私には「負けて覚える相撲かな」くらいしか出てきません。それはともかく、ここにある実践は最も広い意味のそれでしょう。つまり、何らかの理論なり考えの適用形態にあるものは凡て実践とする用語法です。

（3）ここで言っていることは、理論と実践は切り離しがたく結びついているということを「事実」とした上、それを認めない理論を「間違い」として退けるということです。「理論と実践とは結び付けるべきだ」という道徳ないし「当為」命題ではありません。

(4)(原注) レーニン「ヘーゲルの『大論理学』の摘要」。(松村訳岩波文庫『哲学ノート』上巻、二〇七頁)。

(5) 私の持っているドイツ語版ではここまでの三つの段落がひとまとまりになっています。しかし、この訳は三つに分けました。二番目の段落は、認識と実践の結びつきを一般的に述べたもので、真理の基準の話まで進展してきたこの段階でそこに戻る必要はなかったと思います。ここで不必要な事を繰り返したために、最も重要な事を忘れてしまいました。あるいは毛沢東はそれを知らなかったのかもしれません。それは「理論の真理性を計る基準は実践である」という命題はいかなる意味で又、どの範囲で正しいと言えるのかという問題に触れなかったことです。まず、エンゲルスとレーニンの言葉を引用しましょう。

エンゲルスは『空想から科学へ』の「英語版への序文」の中で不可知論に反対して次のように言っています。「或る事物を使って或る目的を狙って狙い通りになったのなら、この事は『この限界内ではありますが』事物とその性質についての人間の知覚が人間の外に自立している現実と一致していることの何よりの証拠です」(前掲『マルクスの〈空想的〉社会主義』二一三~四頁)。

レーニンもその『唯物論と経験批判論』の第二章第六節で「認識における実践の基準」を論じて次のように言っています。「実践という基準は、事柄の本質から言って、人間の何らかの観念を『完全には』確証も論破もすることは決してできない」。

つまり、理論の真偽を計る基準が実践だとしても、その基準性は一〇〇％ではないということです。なぜなのでしょうか。すぐにも考えられる理由は、現実の実践なり行動には非常に多くの要素がからんでいますから、或る実践で或る結果が出た時、その結果が何を証明するものなのか、判定が難しいということがあります。例えば、毛沢東の指導する中国共産党が日本帝国主義を打ち破って民族独立を達成し政権を握った時、それは毛沢東の全理論の正しさを証明したでしょうか。否。では、それは、多くのマルクス主義者によって信じられたように、科学的社会主義理論の正しさを証明したでしょうか。否。

ロシア（ソ連）でロシア社会民主党（後のソ連共産党）が民衆の支持を得たのは、戦争（第一次世界大戦）に反対したからであり、地主の大土地所有に反対したからであって、社会主義が支持されたからではありません。それなのに、政権獲得後は、農民の土地所有を否定する形で農業集団化を強引に押し進めたのです。

中国でも共産党が民衆の支持を得たのは、日本帝国主義と最も徹底的に戦ったからであり、民衆から略奪をしなかったからであり、解放区で土地改革をしたからです。社会主義が支持されたのではありません。それなのに政権獲得後はこれまた農業集団化ということをしたのです。

そのように現実の歴史には多大の要素がからんでいますから、どの結果が何を証明するかは簡単には判断できないのです。ですから、仮説実験授業の板倉聖宣《きよのぶ》氏などは、真偽を決めるのは実験であると主張しているのです。実験ならば、やり方を工夫することで特定の要素の働きを確認することができるからです。

ですから、そのような実験の出来る事柄ならば、或る理論（ないし個別的な仮説）の真偽を確かめることはできるでしょうが、社会的な理論の場合には、それほど厳密な実験をすることはできないと思います。ソ連や中国の社会主義建設は失敗しましたが、この経験だけで社会主義理論のどこに間違いがあったのかを「完全に」判断することはできないと思います。私は自説を出してはいますが、それも確定的な理論として出しているわけではありません。一つの仮説程度のものです。

もちろんだからと言って、「実践という基準」を否定して好いということにはなりません。エンゲルスはこう言っています。「意識とか思考とかを自然主義的に所与のものとして、元から存在や自然に対立したものとして捉えると、意識と自然がかくも一致し、思考と存在がかくも一致し、思考法則と自然法則とがかくも一致するのは極めて奇妙なことに見える。しかし、更に進んで、では思考とは何か、意識とは何かと問い、思考や意識はどこから来たのかと問うならば、それは人間の脳の産物であり、人間自身が自然の産物であり、環境的自然の中で自然と共に発展してきたのだということが分かる。そう考えるならば、人間の脳の生み出したものは究極的には自然の産物なのだから、他の自然と矛盾せず、それと一致するというのは自明の事だと分かるのです」（『反デューリング論』第三章）。

つまり、思考が「全体としては」「究極的には」存在と一致しなかったならば、人間はここまで生きて発展してくることはできなかっただろう、ということです。本当にその通りだと思います。

しかし、その「全体としては」正しかった認識にも「部分を見ますと」あまりにも沢山の間違いが含まれていました。そして、特定の時代に生きて特定の目的を追求する集団ではその間違いを減らし、小さくしていくことが根本的に重要だと思います。それなのに、社会主義運動では、先に引用しましたエンゲルスの言葉もレーニンの言葉もほとんど意識されませんでした。それどころか、簡単に「我々の綱領の正しさが実践で証明された」という言葉が繰り返されました。

レーニンがエンゲルスに基づいてまとめた「相対的真理と絶対的真理の関係」という事はたしかに言葉としては繰り返されましたが、具体的な「党の方針」の理解とか適用でそれがどういう意味を持っているのかは全然考慮されず議論されませんでした。その集大成が実にこの「理論と実践の統一」についての諸理論のお粗末さだと思います。

〈第二節　実践から認識へ〉

〔一、問題の再確認〕

さて、人間の認識は実践から出てくると言いましたが、それはどのような仕方で出てくるのでしょうか。又、逆に認識は実践に奉仕すると言いますが、それはどのような形で奉仕するのでしょうか。これを理解するためには認識の発展過程を詳しく見てみなければなりません。

〔二、認識の第一段階は感性的認識の段階である〕

人間がその実践活動の中でまず最初に見るのは事物の現象だけです。つまり事物のいろいろな個別的な面とか事物相互の外面的な関係とかです。一例を挙げましょう。外部から延安に調査にやってくる人々がここ延安で最初の数日に見るものは土地や道路や建物やの様子です。彼らは又ここで多くの人と接触し、歓迎会とか夜の催物とか大衆集会とかに参加し、演説を聞いたり記録文書を読んだりします。これらは全て事物の現象であり、個別的な側面であり、外面的な関係です。ですからこれを感性的認識の段階と言うのです。つまり、感覚と印象の段階です。というのは、延安での様々な事物が彼らの感覚器官に働きかけて感覚を呼び起こし、それによって彼らの頭の中にいろいろな印象が生まれ、これらの印象に外面的なおおよその関係が付けられるからです。これが認識の第一の段階です(1)。この段階ではまだ事物の内奥に関わる概念は作れませんし、首尾一貫した論理的な推論で結論を引き出すこともできません。

（1）唯物論で「認識は感覚から始まる」と言う時、その「感覚の段階にある認識」とはどういうものか。これを毛沢東は「個別的な面の認識、外面的な関係の認識」と言い、

「現象の認識」と言っています。これを考えるためには、まず、ここで認識の発展を語る場合、人類の認識の歴史的な発展を言っているのか、個人の誕生以降の一生涯での認識の発展を言っているのか、個人なり集団なりが未知の事柄に出会った時のその個別的な事柄についての認識の発展を言っているのか、これを考える必要があると思います。唯物論で「認識は感覚から始まる」と言う時、それは基本的には第一の事、つまり人類全体の認識の発展を考えているのです。つまり、誰にも感覚されなかった事柄は誰の知性によっても認識されない、ということです。アリストテレスが言ったとされている「感覚の中になかったものは知性の中にない」というのもその意味だと思います。唯物論はデカルトなどの「生得観念」説を認めないのです。個人については、最初に感覚した人から何らかの形で伝達されるという形で、自分では感覚していない事柄でも知性的に理解することができるからです。

個人の一生涯での認識の発展については、拙稿「恋人の会話」（拙訳『精神現象学』未知谷に所収）にまとめました。

ここで例に上がっている事から判断すると、毛沢東は第三の問題、個人なり集団なりが未知の個別的な事柄をどう認識していくかという問題を念頭に置いているようです。たしかにこれはとても重要な問題ですし、我々が生活していて処理しなければならない「認識の発展」はほとんどこれだと思います。しかし、この場合に問題になってくる最大の問題は、それ以前にその個人なり集団なりがどういう経験と理論を持っているか、どういう方法を持ってその新しい事柄を認識するかということだと思います。まさに、「実践論」全体のテーマである、「方法の正しい適用」と教条主義と経験主義の違いの問題だと思います。そして、ここで毛沢東の言っている「感性的認識」はむしろ「知性的認識」の低い段階の悟性的認識だと思います。つまり、個別的で外面的な認識です。

なお、思考の唯物論的理解には、その起源が感覚にあること（第一点）のほかに、内容的にそれは現実の反映であること（第二点）、それは脳に担われていること（第三点）、言語と結びついていること（第四点）、があります。思考の実践的、変革的、社会的性格についてはいずれ適当な箇所で述べたいと思います。

〔三、第二段階は論理的認識の段階である〕

このようにその実践活動の中で人間に感覚や印象を与える事物は、社会的実践を続けていくと、同じ事物と繰り返し接することになります。すると人間の頭の中で認識の転換（飛躍）が起きます。そして概念が生まれます。しかるに概念というのはもはや事物の現象を反映するものではありません。それは事物の個別的な側面や事物間の外面的な関係を反映するものではありません。それは事物の本質を捉え、事物の全体を見て事物間の内面的な関係を捉えるものです。つまり、概念と感覚との間には量的な違いがあるだけでなく質的な違いもあるのです。この方向を進んで判断を作り推論を行いますと、首尾一貫した結論を引き出すことができるのです。

『三国志演義』には「眉を寄せるといい考えが浮かぶ」という言葉がありますし、普段の生活でも我々は「ちょっと考えさせてくれ」と言います。これは何を意味しているかと言いますと、それは頭の中で概念を操作して判断を作り結論を引き出そうとしているのです。ですから、先に例として挙げました調査団の人々が一通り資料や材料を集めそれを元にして「考えた」後には、「共産党の行っている抗日民族統一戦線政策は首尾一貫しており、誠実であり、真面目なものだ」という結論を引き出すことができるのです。そして更に、もしこの人が祖国を救うためにこの統一戦線のために働きたいと正直に思うならば、この判断を下した後に、更に一歩を進めて「抗日民族統一戦線は成功するだろう」と結論することができるのです(1)。

(1) このように自分の正当性を強調することがこの「実践論」の本当の目的であって、これは普通の論文で一般理論の説明のために使う例証とは違います。もし後者なら、「～という結論を引き出すことも出来ますし、その反対の結論を引き出す人もいるでしょう」と言わなければなりません。これが哲学であり、認識論です。そして、ここからその違いはなぜ出てくるのかという問題意識が生まれるのです。

認識の本来の課題は、感覚から思考へと進んで、客観的に存在する事物の内なる矛盾や事物の法則性やあれこれの過程の内面的な関連やを一歩一歩明らかにすることです。つまり論理的な認識に到達することです。繰り返しますと、論理的認識と感性的認識の違いは、感性的認識は事物の個別的な側面や現象や事物間の外面的な関連を捉えるだけですが、論理的認識はそこから大きく一歩を進めて事物の全体や本質や事物相互の内面的な関連へと突き進み、外界の内なる矛盾を暴き出すということです。これによって論理的認識は、外界の発展をその全体像において捉えることが出来るようになり、外界の全ての側面を内面的に関連させて捉えることが出来るようになるのです。(1)

(1) 毛沢東の「論理的認識」(普通はこれを「理性的認識」と言っています)の特徴は、いわゆる弁証法的唯物論のテキストに書かれているのと同じです。これを二つに分けて、と言うよりむしろ、これを本質的認識(悟性的認識)として、その上に本当の「理性的認識」(概念的認識)があるのだとして、その内容を明らかにしたのがヘーゲルの功績です。ヘーゲルの認識論をこのように理解した人がほとんどいないので、それが知られていないだけです。前掲「恋人の会話」に書きました。

先に、毛沢東の「感性的認識」はその例から考えて「悟性的認識」だとしましたが、悟性的認識には悟性的全面性も含まれているのです。それはある種の発展的理解ですらありうるのです。

〔四、認識の二つの段階、及びそれぞれの実践との関係〕

このように認識は実践に依存して表面から深部へと進むものですが、このような認識の発展過程を初めて明らかにしたのがマルクスの弁証法的唯物論の認識論です。マルクス以前の唯物論はこれを知りませんでした。マルクスの唯物論は、認識がどのように深まっていくのか、社会的人間の認識が複雑な生産活動や階級闘争を繰り返す中でどのように感性的な段階から論理的な段階へと進んでいくのか、それを初めて唯物論的かつ弁証法的に示したのです。

レーニンは次のように言っています。「物質とか自然法則とか価値とかいった抽象〔的観念〕、一言で言うならば科学的な抽象（正しい抽象であって真面目に取るべきもので無意味ではない抽象）はすべて、自然を〔感覚より〕一層深く一層正しく一層完全に反映している」[1][2]と。

（1）（原注）『哲学ノート』の「ヘーゲル『論理学』の摘要」〔松村一人訳岩波文庫版上巻、一四三頁〕。

（2）ここの言い回しで注意するべきことは、「一層正しく」とか「一層完全に」といったように、普通は使われない比較級が使われていることです（日本語らしく「正しく」とか「完全に」で十分なのですが、説明の都合上比較級を出して訳しました）。「深く」に対して「一層深く」は分かると思います。しかし、「正しさ」や「完全性」に程度があるのでしょうか。それは何でしょうか。ヘーゲルは「規定」の多少でそれを判断するのです。ですから、規定が一つ増えれば「〔その概念は〕それだけ豊かになる」と考えるのです。概念の豊かさとはその正しさや完全性と同じです。なお、ここで「完全な」と訳した語はドイツ語版では vollständig となっています。レーニンもヘーゲルも踏まえて言っていますからこれで好いと思います。しかるにヘーゲルではその語は「〔形式論理学で言う〕完全枚挙」のことです。レーニンがこのメモを書いた箇所のヘーゲルの原文ではカントの認識論が問題になっているのですが、そこでヘーゲルは「直観に与えられた素材や表象の多様性を思考より実在的だ」とする考えを批判しています。ヘーゲルは「抽象する思考は現象としての感覚的素材を本質的なものへと止揚するのであり、本質的なものは概念の中で始めて現れる」としています。

毛沢東「実践論」（牧野紀之訳）

マルクス・レーニン主義の考えでは、認識過程のこの二つの段階を区別する目印は、低い段階では認識が感性的で、高い段階では論理的だという点です。しかし、両者共に単一の認識過程の二つの段階です。感性的段階と理性的段階とはその性格は違いますが、互いに切り離すことはできません。それは実践という基礎で一致しています〔つまりこういう事です〕。人間の実践の証明するところによると、何かを知覚しただけで直ちには理解できませんが、理解することによって初めて深く知覚できます。感性的知覚の解決するのは外面的な現象の問題だけです。内なる本質の問題は理論によって初めて解決されるのです。

〔しかしその時〕これらの〔感性的知覚と理論の〕問題解決は決して実践から切り離すことは

できません。〔つまり〕或る事物を認識するのにそれと一切の接触のない人、この事物の環境の中で生活（実践）したことの人は、それを認識できません。〔例えば〕封建時代に、資本主義社会の法則を前もって認識することはできませんでした。というのは、封建時代には資本主義がまだ勃興しておらず、それを認識するための実践が欠けていたからです。マルクス主義は資本主義社会の産物として初めて生まれることができたのです。〔又〕マルクスは自由な〔自由競争の〕資本主義の時代に生きていたので、帝国主義時代の法則を前もって具体的に知ることはできませんでした。帝国主義は資本主義の最後の段階であってマルクスの時代にはまだ現れておらず、従ってマルクスにはそれを理解する実践ができなかったからです。レーニンとスターリンが初めてこの〔帝国主義時代の法則を解明するという〕課題を担うことができたのです。彼らの天才はもちろんあるのですが、それは一応度外視するとすると、マルクスとエンゲルスとレーニンとスターリンがそれぞれの理論を打ち立てることができたのは、主として当時の階級闘争や科学上の実験という実践に個人的に参加したからです。実践への参加という条件がなかったならば、どんな天才をもってしても成果を上げることは出来なかったでしょう。(1)

（1）このように感性的段階と理性的段階の違いと関係の話に移ったと思ったのに、すぐに又それらの「実践への依存性」の話に戻していく。これでは話は前に進みません。確かに、許萬元氏は本論文を次のように評価しています。

——毛沢東の『実践論』における業績といえば、一般に、ただこうした反省的認識の実践的構造を明らかにした、という点にあるであろう。「マルクス主義者は、人類社会の生産活動は、低い段階から高い段階へと一歩一歩発展してゆく。したがって、人間の認識もまた、自然界にたいしてであれ、社会にたいしてであれ、やはり低い段階から高い段階へ、すなわち浅いところから深いところへ、一面から多面へと一歩一歩発展してゆくものと考える」。ここで明らかに毛沢東は、実践過程の発展に認識過程の発展が対応するものである、ということを説いているであろう。（『ヘーゲルにおける現実性と概念的把握の論理』大月書店、一一六頁）――

　認識の発展の一歩一歩に実践が対応しているという点は大切な指摘ですが、毛沢東のこの言葉にそこまで読み込むのはどうでしょうか。

毛沢東「実践論」（牧野紀之訳）

「学者は書斎に閉じこもったままでも世界中の出来事を知っている」という言葉は技術の発達していなかった昔は空語でしかありませんでした。技術の発達した現代では〔通信手段とかで世界の事を知ることができますから〕この言葉にも少しは意味がありますが、個人的に獲得した知識を持っているのは世界の各地で実践活動をしている人々だけです。これらの人々がその実践活動の中で知識を獲得し、それが書き言葉や技術によって学者の知るところとなり、かくして学者は間接的に「世界中の出来事を知る」ことになるのです。(1)

（1）ここで初めて、「実践から認識は生まれる」という場合にも、直接自分で実践して経験を得る場合のほかに、他者の経験を聞いて間接的に経験を得ることもあるという点が出てきます。我々の生活の中ではむしろこの方が圧倒的に多いのですから、そういう間接経験をどう理解していくか、直接経験との関係、間接経験を媒介する手段などの性質が認識に及ぼす影響など、問題はいくらでもあると思いますが、毛沢東はそれらは論じないで（自分たちの言論統制の事に注意を向けることになって都合が悪いからでしょうか）、直ぐに直接経験の根源性の指摘に戻って終わってしまいます。

事物を直接知りたいと思う人(1)は、現実を変革し、事物（や事物の複合体）を変更する実践的闘争に参加しなければなりません。そのようにして初めて事物の現象に触れることができるからです。そして、現実を変革する実践的闘争に参加することでしか、事物や事物の複合体の本質を暴露し、それを理解することはできないのです。

（1）「直接知りたい人」はそうするしかないでしょうが、全ての人がすべての事を直接知る必要もないし、可能でもありません。又、実践を実践的「闘争」に限定するのも正しくありません。更に又、実践と理論とにどのように自分の活動を振り分けるかは個人の自由であり、又目的によっても変わってきます。「実践」を促したいという底意があるとこういう風に理論が歪んでしまうという好い例です。

以上が実際に全ての人が辿っている認識の進み方です。（1）しかし、故意に真実をねじ曲げてそれと反対の事を主張している人もいます。「何でも知っていると思い込んでいる人」のような笑止千万な人もいます。こういう人はどこかで断片的な知識を仕入れてきては、「自分こそは世界的第一級の権威だと自称しています。（2）しかし、これは単にその人のとんでもない妄想を証明しているだけです。知識は学問の一部です。しかるに学問の世界ではいささかの不誠実も思い上がりも許されません。（3）そこでは誠実さと謙虚さとが何よりも大切なのです。もし君が知識を得たいと思うなら、君は現実を変革する実践に加わらなければなりません。（4）スモモの味を知りたいならば、君はスモモを変革しなければならない、つまりそれを口に入れて噛んで砕かなければならないのです。原子の構造と性質を知りたいならば、物理実験と化学実験とをして、原子の状態を変化させてみなければなりません。革命の理論と方法を知りたいならば、革命に参加しなければならないのです。確かな知識はすべて直接経験から生まれるのです。

（1）事実こう進んでいる、と言っているのであって、こう進むべきだ、と言っているのではない、ということを確認しておきましょう。

（2）自分の考えを一つの意見として提出せず、「自分の思想を率直に述べてその価値の決定は将来の発展に委ねるという普通の哲学者」の態度を取らない毛沢東も実際は同じだと思います。政治権力者が何か特に理論的文化的な事柄について発言する時は、よくよく自制する心構えが必要だと思います。底意のあった毛沢東はこれを無視しました。彼の「文芸講話」とやらの場合でも同じです。拙稿「『文芸講話』で考える」（『ヘーゲル的社会主義』鶏鳴出版に所収）参照。

（3）毛沢東がこれを本当に実行してくれたら、ありがたかったのですが。

（4）話は先に進んでいるのに、直ぐに又、根本の条件を繰り返す。毛沢東の悪い癖です。これでは理論は先に進んでいきません。内容的にもこれだけでは間違いです。例えば、政治家は政治学者より政治をよく知っているか、経営者は経営学者よりも経営をよく知っているか、簡単には言えません。「理論と実践の分裂の意義」ということを知らない人はどうしようもありません。そもそも「対立物の統一」と略称される事態は、本当は「対立物の闘争と統一」なのです。その闘争の面、分裂の面もしっかりと研究しなければ弁証法ではないと思います。一般にも、「自分の事は自分が一番好く知っている」という言葉と共に、「他人から見てこそその人の事は好く分かる」という正反対の言葉があるではありませんか。この矛盾をどう解決するのか。この問題に気づかないようでは、哲学者ではないでしょう。

しかし、人間は全ての事を直接経験できるわけではありません。(1) 実際、我々の知識の大部分は間接的な経験の結果です。つまりそれは過去の経験であり、外国での経験〔を学んだもの〕です。それは先人や外国人〔にとっては〕が直接経験したものです。しかし、その知識が直接経験として獲得された時、その条件がレーニンの言う「科学的抽象」(2)であるならば、つまり客観的に実在する事物を反映しているならば、その知識は信頼できるものです。そうでなければ信頼できません。

(1) ようやく元に戻ったようです。

(2) レーニンの言う「科学的抽象」とは、経験を頭の中で変革して思考が観念を作ることを言っています。経験は自分の経験か他者の経験かです。他者の経験を受け取る時、それは反省されて観念にまで変更されている場合と、そうではなく経験をそのまま伝えた場合とがあります。毛沢東はこのように整理していなかったので、ここでは後者の場合を論じていたはずなのに、無自覚に前者の場合を述べたようです。

従って、個人の知識は直接経験からの知識と間接経験からの知識という二つの部分の合成なのです。又、或る人にとっては間接的な知識である事も他の人にとっては直接的な知識であるということはあります。ですから知識を全体として見るならば、やはり知識は直接経験から切り離すことはできません。つまり、知識の起源は人間の身体に備わっている感覚器官が客観的な外界から受け取る感覚〔的印象〕なのです。(1)〔これが唯物論的認識論ですから〕感覚を否定したり、直接経験を否定したり、現実を変革する実践に参加することを否定したりする人は唯物論者ではありません。ですから、何でも知っているかのように言う人は笑止千万なのです。中国の古い諺に「虎穴に入らずんば、虎児を得ず」というのがあります。この諺の表現している真理は人間の実践一般にも認識論にも当てはまるものです。〔究極的に〕実践から切り離された認識などというものはあり得ないのです。(2)

（1）体の中から受け取る感覚もありますが、そこまでは言わないことにしましょう。

（2）又元に戻りました。

〔五、例証を挙げるための断り書き〕

認識の弁証法的で唯物論的な運動を明らかにするために、それが現実を変革する実践に基礎を置くものであり、認識は徐々に深まっていくものであることを明らかにするために、以下でなおいくつかの実例を挙げるのが好いと思います。

〔六、プロレタリアートの認識の歴史的発展〕

プロレタリアートはその初期の実践では機械を破壊したり自然発生的に戦ったりしたのですが、その時期のプロレタリアートの認識は資本主義社会の認識についてはまだ感性的な段階でした。資本主義のいくつかの面を個別的に知っているだけであり、資本主義の諸現象の関係についても外面的な関係しか知りませんでした。当時のプロレタリアートはいわゆる「即自的な階級」〔無自覚な階級〕だったのです。

しかし、プロレタリアートがその実践の第二の時期、つまり意識的で組織された闘争の時期になると、それは実践と長期にわたる多くの闘争の結果として得られた様々な経験に基づいて、資本主義社会の本質を理解し、社会の諸階級間にある搾取の関係を理解し、プロレタリアートの歴史的課題を理解できるようになりました。かくしてプロレタリアートは「対自的階級」〔自覚的階級〕になったのです。

マルクスとエンゲルスはこのプロレタリアートの多くの経験を一般化してマルクス主義理論を作り上げたのですが、この理論でプロレタリアートは教育されました。

〔七、中国人民の帝国主義の認識過程〕

中国人民が帝国主義を認識する過程も同じでした。その第一段階は表面的な感性的認識でした。それは太平天国の運動(1)とか、義和団運動(2)とか、その他の運動がその例です。それらの闘争の特徴は徹底した排外主義です。中国人民は第二の段階になってようやく理性的な認識(3)に達しました。その時には帝国主義の内部矛盾も外部との矛盾も認識されるようになりました。帝国主義は中国〔内部〕の買弁階級や封建領主たちと結託して中国の人民大衆を抑圧し略奪していることも分かってきました。この認識の始まったのは一九一九年五月四日の五四運動の頃です。

（1）〔刊行者による注〕太平天国の乱は十九世紀中頃に起きた。清朝の封建支配とその他民族支配に対する農民の革命的運動であった。一八五一年一月、洪秀全《こうしゅうぜん》や楊秀清《ようしゅうしん》やその他のこの運動の指導者たちは広西省桂平県金田村《こうせいしょうけいへいきんでんそん》で蜂起し、「太平天国」と称した。一八五二年、農民軍は広西から北に向かって進軍し、湖南省《こなんしょう》と湖北省《こほくしょう》と江西省《こうせいしょう》と安徽省《あんきしょう》を通って進み、一八五三年には南京《なんきん》を占領し〔て、天京《てんきょう》と称し〕た。その軍隊の一部は南京から更に北に向かって進軍を続け、天津《てんしん》の手前まで達した。太平軍は占領した地域にしっかりした拠点を築くことを怠ったので、又南京を首都と定めた後には指導層が政治的軍事的な誤りを犯したので、清朝と英米仏の侵略者との反革命軍の共同した攻撃に抵抗できなかった。それは一八六四年に〔洪秀全の自殺の後に〕敗北した。

（2）（刊行者による注）義和団運動は一九〇〇年に中国北部で起きた。農民と手工業者の幅広い自発的な運動である。秘密結社を作って帝国主義に対する武装闘争を行った。八ヵ国〔日、英、米、露、仏、独、伊、オーストリア〕は連合軍を組織して北京と西安を征服してこの運動を残忍に弾圧した。

（3）最初の方では感性的認識に対する対概念は「論理的認識」でしたが、この辺からは「理性的認識」に統一されていくようです。

〔八、戦争指導の例〕

戦争の場合について考えてみましょう。或る戦争（例えば我が国の最近一〇年間の土地革命戦争）について考えるに、もしその戦争を軍事的経験のない人々が指導していたら、その指導者たちはその戦争の初期の段階にはその個別的な戦争を指導する深い法則を理解することはできません。最初は戦争の経験を個人的にいくつか積むことができるだけです。従って何回かの敗北を経験するでしょう。しかし、この経験(勝利の経験と特に敗北の経験)からその指導者たちは戦争の始まりから終わりまでの全体に内在しているもの、つまりこの戦争の法則を理解し、戦略と戦術を理解し、従ってしっかりした手綱裁きでその戦争を指導することができます。この時点になっても経験のない人が戦争の指導権を握っていたとしたら、その人は戦争の法則を理解するまでには何度も敗北を味あわなければ(つまり経験しなければ)ならないでしょう。(1)

(1) 最後の文はなぜ入れたのか、分かりません。

〔九、仕事での自信と経験の関係〕

同志たちが、この仕事が自分に出来るかどうか自信がない、と言って躊躇するのをよく経験します。なぜその人たちは自信がないのでしょうか。それは、その人がその仕事の内容とか関係する事情を好く知らず、その仕事の法則を理解していないとか、その種の仕事をしたことが全然ないかほとんどないために、その仕事の法則を知らないからです。しかし〔その時でも〕その人にその仕事の性格や関係する事情を詳しく説明してあげるならば、その人も自信が出て、やってもいいと言うようになります。〔更に〕その人がこの仕事を何度かしてみて経験を積み、その上関係する事情を積極的に研究しようと思い、事態を主観的・一面的・表面的に考察しないで、どう仕事の段取りを付けたら好いのかと〔客観的な〕推理を自分で出来るようになるならば、更に自信をもって仕事に向かうようになるでしょう。主観的・一面的・表面的に問題に向かう人々は、新しい部署に来るとそこの部署についての情報を集めることなく、その事柄の全体（それの歴史と現状）を調べることなく、その事柄の本質（性格や他の事柄との内的な関係）を理解することなく、直ちに独りよがりの命令や指令を出したりします。こういう人は必ずつまづきます。(1)

（1）これ位の事なら誰でも一応は分かっていると思います。しかし、指導者の独りよがりのやり方と真の指導性とはどこがどう違うのかは、実際には分かりにくいことも多いと思います。たいていは、結果を見てからいろいろと言われるのだと思います。それはともかく、組織の場合（会社や政党はもちろん家族でも組織です）は、指導者のそういう独断的なやり方を防ぎ、真の指導性を保つための「組織的な仕組み」が問題なのだと思います。このような事を言っている毛沢東自身が、外敵を追い払ったり、組織内部の敵を倒す点では優秀だったかもしれませんが、社会主義建設という経験のない仕事では独りよがりによる失敗の連続でした。

〔一〇、認識過程の二つの段階のまとめ〕

認識過程の第一歩は従って、外界の現象と接触するということです。これが感覚の段階です。

第二歩は、その感覚から得た材料を総合し整理し加工することです。これが概念と判断と推論の段階です。感覚が内容豊かで(個別的でなく不完全でない)報告を与えた場合にのみ、そしてこの報告が現実に対応するもので錯覚でない場合にのみ、これに基づいて正しい概念を作り論理的な結論を引き出すことができます。(1)

(1) 感覚の与えるデータが完全枚挙か否かは、基準をどう取るかによります。最初は毛沢東は感覚のデータは個別的だと言っていました。感覚のデータは個別的で不完全で好いのです。極端な場合には一つのデータから直観で正しい事を見抜くこともあります。これが勘です。しかし、一般的にはある程度の量は必要でしょう。そのある程度の量のデータから、思考によって結論を引き出すのが知性の仕事なのです。感覚のデータの中には錯覚も入っていて好いのです。その錯覚を錯覚と見抜くのも知性の仕事なのです。錯覚も錯覚なりに現実を反映しています。例えば、精神障害者の自分についての証言はそのまま受け取ることはできませんが、その人の心を反映はしています。

〔一一、経験が第一、思考は第二〕

ここで二つの重要な事を強調しておかなければなりません。第一点は既に述べましたが、ここで繰り返しておく必要があります。それは理性的認識は感性的認識に依存しているという事です。理性的認識は感性的認識から出てこなくても好いと考える人は観念論者です。哲学の歴史を見てみますと、いわゆる「理性主義者」もいました。その人たちは理性だけが合理的だと主張し、経験の合理性を否定しました。信用できるのは理性だけで、感性的知覚は信用できないと言うのです。この派の間違いは事実を逆立ちさせているということです。理性が信用できるのは、それが感性的知覚から出てきたからなのです。そうでなかったならば、理性の証言は水源のない川であり、根のない木であり、主観から生まれたもので信用できないものとなるでしょう。認識過程の順序から見てみますと、感性的経験が第一のものです。ですから我々は認識過程での社会的実践の意義を強調しているのです。社会的実践こそが認識しようという動機〔問題意識〕を与えるのであり、(1)〔その結果〕客観的外界から感性的経験を得始めるのだからです。目を閉じ耳を塞いで外界から完全に遮断された人には経験などというものはありえないでしょう。認識は経験から始まる。これが認識論における唯物論です。

(1) たしかに生活の中から問題意識は出てきます。しかし、問題意識にもいろいろあります。どうしたら金がもうかるか、どうしたら自分の権力を強固にできるか、どうしたら公正な世の中を作れるか、等々。

〔一二、感性的認識から理性的認識への飛躍〕

〔強調するべき〕第二の契機は認識は深めなければならないということです。つまり認識は感性的な段階から理性的な段階へと進まなければならないということです。(1)これが認識論における弁証法です[2][3]。もし「認識は低い段階である感性的な段階にとどまっていることができる」とか「感性的な認識だけが信用できるのであって、理性的な認識は信用できない」と考えるとしたら、それは哲学史上で知られた「経験論[4]」の間違いを繰り返すことになります。経験論の間違いは次の事を知らない点にあります。つまり、感覚器官の報告はたしかに客観的外界のある種の現実を反映しているのですが(ここで論じているのは、経験をいわゆる内省だけに限定する観念論的経験論ではありません)、それは一面的で表面的なものでしかないということです。その反映は不完全であり、事物の本質を反映してはいないという点です。

(1)「必然性」「必要」「ねばならない」という言葉が出てきたら気をつける必要があります。客観的必然性を言っているのか、主観的(主体にとっての何らかの当為的)必然性を言っているのかが根本問題です。認識論は認識の性質は「事実」どのようなものか、それは「事実として」どう発展していくのかを論じるものです。そもそも認識論の根本テーマの一つは思考(広義の理性的認識)を所与の事実として、それの起源を論じるものです。思考の起源が感覚にあるとした場合、では感覚はなぜ思考を生み出したのか、思考はなぜ発生せざるをえなかったのかという問題はありえます。しかし、道徳的に、感覚に止まっていてはいけませんよとは言えません。感覚で満足という人もいても構いません。次のレーニンの引用も、「理解するには～しなければならない」と言っているのです。理解したくない人はそうする必要はないわけです。まあ、実際には、植物状態になった人でもない限り、誰でも（広義の）思考をしていますが。それは「思考しなければならない」からではなくて、思考するようにできているからです。

（2）（刊行者の注）レーニン『哲学ノート』（「ヘーゲル『論理学』の摘要」）。そこでレーニンは次のように言っている。「理解するためには概念的理解と研究〔をしなければならないが、それ〕をまず経験的に始めなければならず、経験から普遍的な物へと高まって行かなければならない」と。

（3）すぐ前で「認識論における唯物論」を述べて、ここに「認識論における弁証法」を述べる。スターリンの叙述方法（唯物論は理論で、弁証法は方法だといった）のまねをしたのではないでしょうか。これくらいの事を弁証法とは大げさすぎます。

（4）この「経験論」で何を考えているのでしょうか。ヒュームでしょうか。現在はこういう考え方を実証主義と言います。

事物をその全体性において完全に反映し、その本質と内なる法則を反映するためには感覚器官の多様な報告を思考過程を通して加工し、殻を麦の実から分けるように誤謬を除いて真理を確保し、一から他へと進み(1)、表面から核心へと突き進み、かくして概念と理論の体系(2)を打ち立てなければなりません。つまり、感性的認識から理性的認識へと飛躍しなければならないのです。そのように加工して出来た認識は〔加工された分だけ〕貧しく不完全な認識だというのではありません。逆です。認識過程の中で実践に基づいて科学的に加工して得られた認識は、レーニンも言っているように、客観的事物を一層深く正しく完全に反映しているのです。この事こそまさに通俗的なプラグマチストたちの分からない点なのです。彼らは経験を高く評価しますが、理論を評価しません。そのために客観の過程の全体像を持つことができず、〔行動においては〕明確な指針を持つことができず、先の展望も持てず、たまたまの成功に酔ったり真理の微光で喜んだりしているのです。こういう人達が革命を指導したら、必ずや革命は袋小路に入ってしまうでしょう。

（1）「一から他へと進む」とは何を言っているのでしょうか。様々な物を調べて比較することでしょうか。

（2）ここに自称マルクス主義哲学者の嫌いな「体系」という言葉を出しましたが、何を考えていたのか、最後まで展開はされませんでした。ここでは「ひとまとまりの概念と理論」程度だと思います。

〔一三、弁証法的唯物論の認識論〕

理性的認識は感性的認識に依存しており〔感性的認識から派生してくるものであり〕、感性的認識は理性的認識にまで進んでいかなければならない。これが弁証法的唯物論の認識論です。(1) 哲学では合理論派も経験論派も認識の歴史的・弁証法的性格を理解していません。いずれにも真理の一面は含まれています（ここで言っているのは唯物論的な合理論と経験論とです）が、認識論の全体という観点から評価すると、両方共、間違っています。感性的認識から理性的認識へという認識のこの弁証法的かつ唯物論的運動は、小規模な認識過程（例えば或る対象とか或る仕事の認識）についても大規模なそれ（例えば或る社会全体の認識とか或る革命運動全体の認識）についても当てはまるものです。(2)

（1）第一一段落の最後の言葉と第一二段落の最初の言葉を合わせるとこれが出てきます。第一節の結論です。弁証法的唯物論の認識論を、その根本についてだけとはいえ、これだけに限定するのは間違いでしょう。認識の唯物論的性格だけについても第二節第一段落の注一の最後に列挙した諸点が必要です。拙稿「認識論の認識論」（『哲学夜話』所収）参照。

（2）毛沢東は認識対象の大小については考えたようですが、認識主体の違い（個人か人類か国民か民族かその中間の大小の組織か）については考えなかったようです。

〔第三節　認識から実践へ〕

〔一、理性的認識は実践に応用してそれによって検証しなければならない〕

しかし、認識の運動は以上の事で終わるわけではありません。もし認識の弁証法的で唯物論的な運動が理性的認識に止まっているとするならば、問題は半分しか解決されないことになるでしょう。そしてマルクス主義の哲学の立場から見ると最も重要な事が落ちてしまうことになるでしょう。つまり、マルクス主義哲学の考えでは、最も重要な問題は、客観的世界の法則を理解するのはその世界を解釈できるようになるためではなくて、その認識を利用して世界を変革するためだということなのです。(1)〔たしかに〕マルクス主義は理論に大きな意義を認めています。この事をとても好く表現したのがレーニンの次の言葉です。曰く、「革命的理論なくして革命的行動はありえない」(2)。しかし、マルクス主義が理論に大きな意義を認めるのは、それが行動の指針となりうるからであり、ただその限りでのことでしかありません。もし何か或る正しい理論を持っている人がいたとします。しかしその人がそれについておしゃべりするだけで、直ぐに引き出しにしまってしまい、実践に移さなければ、それがどんなに好い理論でも何の意味もありません。(3)認識は実践と共に始まるのでした。しかし、実践を通じて得た理論的認識は再び実践に帰らなければなりません。(4)認識の活動的な役割とは、それが感性的な認識から理性的な認識へと活動的に飛躍するということだけでなく、理性的な認識は革命的な実践(5)へと飛躍しなければならないという点にもあり、後者の方が大切なのです。世界の法則をひとたび認識した後には、この認識は世界を変革する実践に応用し、生産活動という実践に応用し、革命的階級闘争という実践に応用し、革命的な民族闘争という実践に応用し、科学の実験という実践(6)に応用しなければなりません。

（1）これはもちろんマルクスの「フォイエルバッハに関するテーゼ」の第十一テーゼを

念頭に置いているのです。「実践しなければ意味がない」とか「理論と実践は統一すべきだ」という考えの根拠の一つ、最も大きな根拠の一つがこれだと思います。しかし、ここには次のような問題があります。

まず第一に、認識論のテーマは、人間の認識はどのような性質を持っているか、人間の他の活動とどう関係しているかといった「事実」を解明し、説明することであって、「理論と実践は統一すべきか」といった当為（道徳的説教）ではないということです。毛沢東もほとんどすべての左翼小児病患者と同様に、ここまでは認識の性質（事実）を説明してきたのに、ここからは断りもなく、又認識論とは何かの反省もなく、「認識で終わってはならない、実践しなければならない」という「当為」の問題に移っています。

第二に、マルクスのそのテーゼの意味はその一一個のテーゼ全体の結論として出てきたものですから、その全体の検討の後に始めて明らかになるものなのに、その全体の体系的なつながりを研究した人はいないということです。

第三に、結論だけ言っておきますと、弁証法的唯物論の認識論の立場は、認識は実践に移行しなければならないという道徳ではなくて、どんな認識もその内容に応じた実践に「事実」移行している、というものです。口先の言葉ではなくて、その人の実際の行動を貫いている理論（本人がそれをどの程度自覚しているかは関係なく実際に貫いている理論ないし思想）こそがその人の本当の理論であり、思想である、ということを考えれば分かると思います。これが本当の意味での「理論と実践の統一」の意味です。
(2)『何をなすべきか』第一章第四節にある言葉です。この命題を引用してレーニンの言葉だと言って、それだから正しいと主張するなら、それは間違いです。レーニン信仰です。なぜ革命的理論がなければ革命的行動はありえないのか、とその根拠を追求するのが「理性的認識」です。そもそも「ありえない」という事は原理的な問題です。個別的な事実の問題ではありません。革命的理論と革命的行動との必然的な関係です。それなのに毛沢東は「それは理論が行動の指針となりうるからだ」と言って、必然性の問題を可能性の問題に引き下げてしまいました。これは間違いです。毛沢東は、革命的な理論があっても革命的な行動が出てこないこともありうると考えていたのです。そのような事はありえません。それは「理論と実践が事実一致している」からです。革命的な行動を結果しない理論は革命的な理論ではありません。この両者が分裂しているのなら、革命的理論がなくても革命的行動がありうるということになると思います。実際には、革命的な理論にもとづかない表面的にだけ激しい行動を革命的だと思っている人は沢山いますが、それはその人の判断が間違っているだけの話です。学生時代に他人に実践という名の政治ごっこを押しつけて、その後保守的になった人は沢山います。これは学生時代のその実践とやら自身が革命的でなかったということです。静かだが粘り強い革命的行動も沢山ありますし、その方が多いと思います。

（3）こういう生きかた全体を貫いている思想がその人の思想なのです。もちろん口先の言葉と目先の行動とだけを比較した場合だけその人は言行不一致と言われるのです。どの程度広い視野で評価するかの問題にすぎません。極端な場合を挙げますと、意識的に嘘をついている場合は、言行不一致ではありません。

（4）第三節ではしきりにこの「ねばならない」が出てきます。真の認識論の立場では、「ねばならない」などと言わなくても、「理論は事実実践に帰っている」と考えます。現状で好いという認識は現状維持の行動の指針となります。

（5）認識論で理論と実践の関係を論じている時に「革命的な実践」だけを「実践」と等置するのは間違いです。自己相対化ができていない証拠です。学問と政治をこのように無媒介に結び付けるのは間違いです。自分が正しいと思っている事でも、もう一度考え直してみるために学問（反省）はあるのです。

（6）「革命的な実践」と言いますが、究極的には、人間の行動はそこに止まるように見えるものでも変革的に現状維持をしていますから、革命的・変革的でないものはありません。なお、感性的認識から理性的認識に進まないで実践される場合もあります。認識論としてはこういう場合も扱うべきでしょう。

これは理論の発展及び検証という性格も持っています。こうして認識過程の全体は続いていくのです。所与の理論的命題が客観世界に対応しているかどうかという問題は、先に論じました感性的認識から理性的認識への運動だけでは完全には決定されませんし、原理的にそれは不可能なのです。この問題を根本的に解決する方法は、理性的認識を社会的実践に戻し、理論を実践に応用して、それが所期の目的の達成に役立つか否かを調べることです。自然科学上の理論の多くは、その理論を研究者が立てた時に証明されたわけではなく、その後の科学上の実践によって確認されて真と分かったのです。同じように、マルクス・レーニン主義の真理性が認められるようになったのも、マルクスとエンゲルスやレーニンやスターリンがそれを学問的に仕上げた時に直ちに真だと認められたからではなく、その後の革命的階級闘争や革命的民族闘争がその正しさを証明したからです。弁証法的唯物論が普遍妥当的な真理だというのは、それは誰にでもあてはまるものだからです。人間の認識の歴史の示すところでは、正しい理論的内容でも最初は不完全なものだったが、実践の中で検証されてその不完全な所が除かれたということです。多くの理論には間違いが含まれています。それが実践の中で修正されていくのです。だから実践こそが真理の基準なのであり、「生活の観点が認識論の根本的な観点でなければならない」(1)のです。スターリンは次のように正しく指摘しています。「理論は革命的実践と結びついていなければ対象を持たないものになる。同じように、革命的理論が道を照らさなければ実践は盲目である」(2)と。

（1）レーニン『唯物論と経験批判論』第二章第六節。

〔二、認識の運動の相対的な完結〕

これで認識の運動は終わったと見なすことができるでしょうか。終わったとも終わっていないとも言えます。

社会の中で生活している人々が或る発展段階にある特定の客観的な過程（自然の過程でも社会的な過程でもよい）を変更しようと思って実践活動をしたとします。そして、その客観的な過程を自分の意識の中に反映させ、感性的認識から出発して主観の活動によって理性的な認識にまで進み、客観的過程の法則を多かれ少なかれ正確に反映した観念や理論を作り上げ計画やプロジェクトを立てたとします。それから更にこの観念や理論や計画やプロジェクトを適用してその〔対象たる〕客観的な過程を変更する実践をし、ある程度それを実現したとします。その時はこの認識活動はこの特定の過程に関しては完結したと言えるでしょう。例えば、自然の変更過程なら或る建築計画の実現とか科学的な仮説の証明とか或る器具の作成とか農産物の収穫とか、また社会を変更する場合なら或るストライキ闘争の勝利とか或る戦争の勝利とか或る教育プログラムの達成とかがそれです。

しかし、一般的に言って、自然の変更の場合にせよ社会の変更の場合にせよ、人々が最初に作った観念なり理論なり計画なりプロジェクトなりが〔それの実行過程の中で〕少しも修正されることなく実現されることは稀です。それはなぜかと言いますと、現実の変更に携わっている人々が通常、沢山の制約を負っているからです。それは学問的な制限や技術的な制約だけではありません。〔実践対象である〕客観的過程自身も変化していますし、その全ての面が外に表れているわけではないからです〔その客観的過程の様々な側面や本質が全て発見されているわけではないからです〕。そのため人々は実践している間に予見しなかったり予見できなかったりした状況に襲われることになり、〔実践の途中で〕よく最初の観念や理論や計画やプロジェクトを部分的に変更せざるを得なくなりますし、完全に変更しなければならなくなることもたまにはあるのです。つまり、最初に作り上げておいた観念や理論や計画やプロジェクトが現実に部分的に対応していないとか全然対応していないということが起きるのです。それらが部分的にか完全にか間違っているということが起きるのです。大抵の場合、何回もの失敗をしなければ間違いを含んだ認識を正し、認識を客観的な法則と一致させ、主観を客観に転化させ、実践の中で所期の目的を達成することはできません。しかし、いずれにせよ〔曲折を経てにせよ、目的を達成した〕時点では、その客観的な過程をそれの特定の発展段階において認識するという運動は完結した〔つまり認識は相対的に完結した〕ことになります。

〔三、**認識の運動の歴史的非完結性**〕

しかし認識の過程をその発展において見てみますと、人間の認識の運動は決して完結することはありません。自然的な過程でも社会的な過程でも内部に矛盾と闘争を含んでいますから前へ前へと進んでいきますし発展していきます。ですから、それを認識する運動も先へ先へと進んでいかなければなりません。社会の運動〔の認識〕について言いますと、真の革命運動の指導者は、客観的な過程が或る発展段階から次の段階に移り変化した時には、自分の観念や理論や計画やプロジェクトの中にある欠陥を修正し、自分の主観的認識を修正するだけでなく、革命運動に関わっている全ての人々の認識を向上させて、切り替えなければなりません。つまり、状況の変化に合わせて新たな課題を立て、新たな実行計画を立てなければなりません。革命的な時期には状況は急速に変化します。ですから、革命家の認識がこの急速な変化に付いていけないと、革命を勝利に導くことはできないのです。

〔四、現実の動きに付いていけない思考〕

しかし、思考が現実から遅れるということもよくあります。これはどうして起きるかと言いますと、人間の認識は多くの条件に制約されているからです。我々〔中国共産党の現在の指導部〕は我が陣営の中の超保守的な人々と戦っています〔が、彼らがその例です〕。彼らは時々刻々と変化している情勢に付いていけないのです。これは歴史では右翼日和見主義(1)という形をとって現れます。彼らは矛盾の引き起こす闘争が客観的過程を前へと押し進めたのにそれを理解しないのです。彼らの認識は依然としてかつての段階のままなのです。これは超保守的な人々全員の考えに共通する特徴です。彼らの考えは社会的実践から離れています。〔指導者たる者〕人間社会の発展に先んじてそれを前へと導く任務を背負っていますが、彼らにはそういう事はできません。彼らは〔人々の〕後からとぼとぼと付いていき、発展が速すぎると泣き言を並べ、逆の方向へと導こうとするのです。(2)

(1) 左翼運動の中ではよく他者を批判するのに「日和見主義」という言葉が投げつけられますが、それの正しい定義は「目前の利益のために長期的・根本的な利益を犠牲にすること」です。弱気になることとか妥協すること一般ではありません。言葉からして、その日の天気だけ見て明日や明後日の天気を予想しないで行動することです。参考文献。エンゲルス「社会民主党の綱領草案の批判」、レーニン「ロシア共産党モスクワ組織の活動分子の会合での演説、一九二〇年一二月六日」

(2) これは社会全体の動きと個人の認識との関係を扱っています。主体は個人でも階級とか社会全体とかその中間の組織とか何でも好いのですが、とにかく同一の主体についてその認識と実践との関係を考えるのが本論文の主題でした。もちろんこのようなテーマ自体は大切な事ですが、一言断るとか、書き方に注意するべきでしょう。

〔五、「左翼」空論家たちの特徴〕

我々はまた「左翼」空論家たちとも戦っています。この「左翼」たちの考え〔の特徴〕は客観的な過程の現在の発展段階を飛び越している〔ということ〕のです。その中の一部の人達は自分の幻想を真実だと思い込んでいます。他の一部の人達は将来初めて実現できる理想を時期尚早にも今実現しようとしています。(1)〔このように傾向に違いはありますが〕両者共、多数を占める人々の実践から離れていています。その結果、彼らはその行動からは冒険主義者となるのです。

（1）このように言う毛沢東自身、後に、「将来初めて実現できる」どころか、原理的に不可能な「大躍進」とか「人民公社」などというものを実現させようとすることになります。このような一般論では現実認識に大して役立たないということの見本です。前掲『マルクスの〈空想的〉社会主義』に書きましたように、社会主義思想は人間の中にあるエゴイズムを正当に見、評価することができなかったのです。

〔六、個々の認識の相対性〕

観念論と機械的唯物論、日和見主義と冒険主義に共通の特徴は、主観が客観から離れ、認識が実践から離れているということです。マルクス・レーニン主義の認識論は社会の中での実践を科学的なものにするという特徴がありますから、これらの間違った考え方と戦わなければなりません。

マルクス主義者の考えでは、個別的で具体的な発展過程は宇宙全体の絶対的な発展過程と比較すると相対的なものでしかありません。(1) ですから、絶対的真理の無限の流れの中におくと、個々の具体的な過程の認識〔真理〕はその発展過程のどの段階のものでも相対的なものでしかありません。無数の相対的真理の総和が絶対的真理となるのです。(2) それぞれの客観的過程の発展には沢山の矛盾が含まれています。同じように又、人間の認識の運動の中にも沢山の矛盾と闘争があります。〔しかし、いずれにせよ〕客観世界の弁証法的運動は遅かれ早かれ人間の認識に反映されます。(3)

(1) この前まではそれまでのまとめであり、ここからは「絶対的真理と相対的真理」の話になっていきます。つまり本論文全体のまとめです。

(2) レーニン『唯物論と経験批判論』第二章第五節。これはレーニンがエンゲルスに基づいて書いたものです。毛沢東のように、レーニンの言葉をそのまま引用するだけの態度を教条主義というのです。相対的真理と絶対的真理の関係から、又先に述べましたように、実践はいかなる観念をも「完全には」証明も反駁もしないという事から、意見の違いの処理のどういう方法が出てくるのか、党運営での決定の仕方と少数意見の処理の仕方のどういう方法が出てくるのか、こういう事を考え、実行し、そして理論を深めていく、これが「創造的継承」のやり方です。これに答えた私案が本質論主義です。

(3) 大きな観点から見れば理論と実践は事実一致しているとする正しい立場です。しかし、毛沢東の言い方を見ていますと、認識は実践の後を追っていって、実践を「遅かれ早かれ」反映する、と考えているようです。人間の認識の根本的特徴は目的意識性であり、これまでの実践を観念の中で延長してこれからの実践を先取りして観念の中で実践してみることだ、ということを自覚していないようです。つまり認識が先で実践が後から付いてくるという関係が念頭にないようです。

社会的実践の中での〔個々の実践の〕発生と発展と終了の過程は終わることがありません。又、人間の認識においても〔個々の認識の〕発生と発展と終了の過程は終わることがありません。或る観念と理論と計画とプロジェクトに基づいて客観的現実を変更しようとする実践は繰り返し繰り返し前進していきますから、それと共に人間によるこの実践過程の認識もどこまでも深まっていきます。客観的に実在する世界を変更する過程に終わりがないように、その実践の中で行われる人間の真理認識にも終わりがありません。マルクス・レーニン主義でさえ真理を汲み尽くすということは決してありません。それは実践の中で行われる真理認識に道筋をつけるだけです。結論としては、主観と客観は具体的歴史的には一つである、理論と実践とは具体的歴史的には一つである、知と行とは具体的歴史的には一つであるということです。又、全ての間違った考え方、具体的歴史から離れた「左翼的」及び右翼的な考え方と戦うことです。

（1）ここは「一つである」ではなくて、「統一させなければならない」と訳した方が毛沢東の「間違った」考え方には適当かもしれません。

〔七、歴史の現段階の課題〕

社会の発展の現段階での歴史的課題は何かと言いますと、世界を正しく認識することであり、世界を改造することです。これがプロレタリアートとその党に課されているのです。世界を改造する実践過程は科学的認識から決まってくる過程なのですが、これは今や世界においても中国においても歴史的な瞬間に達しています。それは歴史上かつてなかった大きな意義を持った瞬間です。つまり、中国からも世界中からも暗黒を完全に取り除いてかつてなかった光溢れる世界に転換する瞬間です。

〔しかるに〕世界をこのように変革しようとするプロレタリアートと世界中の人民の戦いには客観的世界の変革のほかに自分の主観的世界を変革するという課題も含まれています。つまり自分の認識能力を変革して主観的世界と客観的世界との関係を変えることです。

地球上の一部つまりソ連ではこの変革は既に進行中です。そこではその変革の速度を上げることが問題になっています。中国人民と全世界の人民も今この変革過程を歩んでいて、それを歩み通すことでしょう。

今お話している変革すべき世界にはこの変革に反対している人々も含まれています。この人達はまず強制的な方法で自己改造をしてもらわなければなりません。その後その人達も自覚的に自己再教育が出来るようになると思います。全人類が自分自身と世界とを自覚的に改造した暁には、全世界が共産主義の時代に達しているでしょう。

〔八、まとめ〕

〔要するに、認識と実践の関係とは〕実践を通して真理を発見し、実践の中で真理を検証し発展させる、感性的認識から出発して理性的認識へと進んだ後には理性的認識から出発して革命的実践を導いて主観世界と客観世界を改造する〔というも〕のです。実践、認識、再実践、再認識。この循環的形式がどこまでも繰り返されるのですが、実践と認識の内容は新しい循環毎に高まります。(1) これが弁証法的唯物論の認識論です。これが知と行との統一についての弁証法的唯物論の考えです。(2)

(1) 毛沢東はその実践の中からこの論文にまとめられた理論を作り上げました(という事になっています)。その後、これを基にしてどんな再実践をしたのでしょうか。そして、その結果としてどんな再認識をしたのでしょうか。認識論については再び何かの論文を書くことはありませんでした。毛沢東の認識論がこれより高まった形跡もありません。つまり、人類全体としてはこの循環はありますが、個人としてはないことも多いのです。そういう意味では毛沢東の言と行は一致していません。しかし、毛沢東がこれを講じて書いて発表したのは党内での権威を確立するためでした。その目的には確かにこれは役立ちました。日本ではものすごい毛沢東ブームでしたし、信者も沢山生まれました。ですから、もう目的を達成したから、二度と論じなくていいやと思ったのでしょう。その意味では、毛

沢東は実践によって理論を検証して、その後はますます権力的に物事を解決するようにな
りました。つまり理論と実践はやはり一致しているのです。
しいて言うならば、「文芸講話」（一九四二年）と言われているもの（これも最初は話さ
れたもので後に論文として印刷されました）が、毛沢東の「再実践に基づいた再認識」だ
ったかもしれません。しかし、この「文芸講話」でも毛沢東に「共産党の指導者という地
位についている者が文化ないし理論について発言することの持つ危険性」についての自覚
はありませんでした。というより、むしろ地位の力を使って自分の思っている方向へ導い
ていこうとしたようです。つまり「内容は高まっていない」のです。つまり「再実践と再
認識」でも内容が高まらない事もあるということで、この論文の間違いを自分で証明した
ようです。「文芸講話」については前掲「『文芸講話』で考える」に書きました。この後の
付論も見てください。
（2）途中で注を書いておきましたように、この論文は認識論としても、理論と実践の統
一を論じたものとしても、教条主義を克服するための提案としてもきわめて不十分です。
私の認識論は前掲「認識論の認識論」にまとめてあります。最後になりましたが、この訳
は中国の外文出版社発行のドイツ語版から私が訳したものです。
（二〇〇四年八月二五日）

付論（毛沢東の名言）

けんかということですぐ思い出すのは毛沢東の言葉である。日中国交回復の話がまとまった後、田中角栄首相（当時）と会った毛は、開口一番「もうけんかは済みましたか。けんかをしなければ本当に仲好くなることはできません」と言ったという。その年の名言の第一に挙げられた有名なものである。

実際、毛沢東という人は鋭い人間洞察力を持った人だったと思う。そうでなければ中国共産党を率いて民族解放を成し遂げることはできなかっただろう。しかし、大指導者必ずしも名言を残しているとは限らない所を見ると、毛の人間洞察が格言的名言という形をとったということは、毛の何らかの資質と結びついていると考えられる。それは彼が詩人であったということではあるまいか。一部には理論家としての毛を高く見る人もいるようだが、私は彼の理論はあまり評価しない。

中国革命から大きな影響を受けた日本の左翼の間では彼の言葉のいくつかは広く知られている。最も有名なのは「調査なくして発言権なし」かもしれない。しかし、それと並ぶほどよく知られている言葉に「人間は若くて無名で貧乏でなければよい仕事はできない」というのがある。なぜなのだろうか。若くなければファイトがないからではなかろうか。有名になってしまえば駄作でも金が稼げるからではあるまいか。貧乏でなければ死にものぐるいで頑張ろうとはしないからであろう。いわゆる「ハングリー精神」である。

世の中を見回してみると、この言葉は大体当たっていることが分かる。しかし、完全にそうとは言えない。若くなく、無名でなく、貧乏でなくても、よい仕事をした例もあるからである。すると、何か仕事をしようとして、それをよい仕事にするために人間はどう心懸けたらよいのかを考える時に、この命題はあまり役立たないということになる。こういう所に格言や名言の限界がある。

「調査なくして発言権なし」にしても同じである。これも一般的には正しいが、これだけでは不十分である。感覚的データが全然なくては発言権以前に発言能力がありえないからである。逆に言えば、あらゆる発言には何らかの調査、見聞が前提されているからである。従ってこの言葉は理論的には実証主義になる危険がある。実践的には、より多くの実証的調査はしているが論理的思考能力に欠ける人々が、データは少ないが深い理解力を持っている人々を抑えつける時に投げつけられる可能性がある。そして、不幸にして、自称革命運動の中でこの可能性は現実となった。

名言は直観から生まれる芸術の一種である。だからそれは直観と同じ役割を果し芸術と同じ意義を持つ。しかし、世の中は直観が全てでもなければ、芸術だけで何でも解決できるものでもない。万物はみなロゴスを持っているのであり、そのロゴスを聞き取るには理性が要る。その歪んだ姿に囚われて「りくつ」一般を軽蔑する人は、結局自分がそれに滅ぼされるだけである。

毛沢東「実践論」(牧野紀之訳)

毛沢東は晩年、プロレタリア文化大革命というものを始めてもうひと仕事しようとした。しかしその時には、彼は若くもなければ無名でもなく、貧乏でもなくなっていた。それなのに自分のかの名言を思い出しもしなかったし、その名言を理論的に深めて考え直すこともしなかった。むしろ自分の名声に頼って事を運ぼうとしたようにさえ思える。

詩人として優れていた毛沢東は、その長所の故に多くの仕事をし、名言を残した。理論家として劣っていた毛沢東は、その短所の故に引き際を誤り、自分の言葉を裏から証明することになった。（一九八五年一月一一日）

（拙著『囲炉裏端』から）

松村一人「ヘーゲルの絶対的理念にかんする批判的考察」

一〔なぜ、どういう立場からヘーゲルの絶対的理念論を扱うのか〕

私はヘーゲルの「絶対的理念」に含まれている諸問題を検討してみたいと思う。「絶対的理念」というと、ヘーゲルの論理学のうちでも特に古めかしい、意味のないテーマのように考えられるかもしれない。しかし、ヘーゲルが「理論的理念」から「実践的理念」に移り、最後に両者の統一としての「絶対的理念」に到達する思考過程は、ヘーゲルの哲学の縮図である。ヘーゲルの哲学がもっている根本的な諸矛盾は、ここにその圧縮された表現を見出している。理論と実践との関連の問題、科学と哲学との関係の問題、弁証法の問題、これら重要な諸問題がここに提示されて、矛盾した、すなわち一方においては正しい方向をもった、そして他方においては思弁的な解決が与えられている。ヘーゲルの思索の迷路のうちから根本的な問題を取り出し、ヘーゲルの解決のうちから意義あるものとそうでないものとをよりわけるという仕事は、新しい科学的な哲学の建設の一寄与となるであろうし、またこの場合、特に現在おこなわれているような科学に反する哲学、非科学的な弁証法を批判するに役立つであろう。(1) ヘーゲルの革命的な弁証法が同時に観念論的な非科学的な概念弁証法とならなければならなかった原因は、一方には当時のドイツのブルジョアジーの無力のうちにあるとともに、他方では科学の未発展、すなわち科学そのものがまだ機械論的であり、発展を知らなかったことにあった。ヘーゲルの思弁的弁証法は、この意味で、当時の科学の状態を観念的にとびこえようとする努力でもあった。(2)

(1) 松村氏の属する自称科学的社会主義運動や共産党の内部の問題の原理的検討は念頭にないようです。そのため、松村氏の活動は「理論と実践との関連の問題、科学と哲学との関係の問題、弁証法の問題、これら重要な諸問題」について「ヘーゲルの正しい方向」を理解することも受け継ぐこともできず、「新しい科学的な哲学の建設の一寄与となる」ことが出来ませんでした。つまり自己批判がないから正しい他者批判もないということです。つまり批判と自己批判は一つなのです。ここにこの論文のみならず、松村氏の思想活動の根本的な限界があるのだと思います。

(2) これは、多分、ヘーゲルは観念の中で時代を越えていたということで、ヘーゲルに対する肯定的な評価なのでしょう。

現在、科学そのものがこのような制限を脱し、科学そのものが弁証法的となったとき、観念論者たちはまだ科学といえば機械論的なものと考えている。すべての観念論的「弁証法」は、それが科学以上のものであることを誇っている。しかしその実それらは科学以下のものにすぎないのである。なぜなら、ヘーゲルの時代から諸科学はますます弁証法的となったし、自然と社会は弁証法の確証であることが実証されたからである。この意味で、現在ヘーゲルの概念弁証法をそのままに復活させることさえすでに人類の認識の進歩への逆行である。まして現在おこなわれている多くの「弁証法」のように、ヘーゲルの弁証法からその批判的、革命的精神をぬき去り、対立の闘争による発展の理論を対立の調和の思弁にかえることは、反動と保守以外のあらゆる意義を失うことを意味する。(1) ブルジョア社会そのものの矛盾的な発展が、ヘーゲルの弁証法のそのままの復活を許さない。ヘーゲルの弁証法は一方では科学的に批判され発展せられて科学そのものの方法論(2)となり、労働者階級の革命的実践の理論的武器となった。他方、それは観念論的にも一層後退させられ、あらゆる革命的内容をぬき去られて、科学と対立し、現実の正しい認識をそらす支配階級の武器となった。ヘーゲルの概念弁証法のうちに含まれていた真理と誤謬、科学と思弁は、今や決定的に分離して対立するに至ったのである。スターリンがいうように「社会的な観念や理論には二つの種類のものがある。自分の生命を終え、滅びつつある社会勢力の利益に奉仕している古い思想や理論がある。それらの意義は、それが社会の発展、進歩をはばむところにある。社会の進歩的な勢力の利益に奉仕する新しい、進歩的な観念や理論がある。その意義はそれが社会の発展、進歩を容易にすることにある」（スターリン『弁証法的唯物論と史的唯物論』)。哲学もその例外をなすものではない。私は大体以上のような根本見地から、ヘーゲルの「絶対的理念」のうちに含まれている根本的な諸問題[3]を考えてみたいと思う。

(1) 理論と実践という対立物の「闘争」「分裂」の意義を検討しないで、それを独断的に「両者は一致しなければならない」という命題に理解し信仰して、それをその「調和の思弁」に変えているのは松村氏たち自身のしていることです。

(2) 唯物論は理論で弁証法は方法であるとするスターリンの考えを無批判に受け継いでいるようです。なお、氏は方法と方法論も区別していないようです。この混乱は当時からあったらしいことがここから分かります。

(3) 「根本的な諸問題」ではなく、「その唯物論的な内容」とするべきでした。これから逐一指摘するように、松村氏は結局、ヘーゲルの絶対的理念論の現実的な内容を理解し継承し発展させることができず、繰り返しその「根本的な諸問題」、つまり「観念論的限界」を指摘することに終始することになりました。

二〔ヘーゲルの絶対的理念の根本的誤謬とそれを現実的に読む可能性〕

ヘーゲルは「絶対的理念」に達するために、直接には「理論的理念」と「実践的理念」を経なければならないと考えている。この場合、ヘーゲルを批判的に検討する[1]にあたってまず必要なことは、ここには人間的な事柄が人間から切りはなされて超越的な実在に変えられていることを理解することである。理論にしても実践にしても、そしてまたさしあたり簡単に真実在にかんする真の認識と解しうる絶対的理念にしても、それらはすべて人間の活動である。ところがヘーゲルはここでこれらをすべて超越的な「理念」に変えてしまっている。ここにあるのはその意味で人間の認識や実践ではなくて、人間から切りはなされた認識の理念であり、実践の理念である。これはまったく理解しがたいことのように思われる。しかし、ヘーゲルの立場からすれば、これは当然である。客観的な観念論者であるヘーゲルは、現実の認識や実践以前に、認識や実践の理念があると考え、現実の認識や実践はこの理念の世界の予定にしたがうと考えるのである。同じようにプラトンは具体的な人間を越えて人間のイデアを考えたではないか。もっともヘーゲルは、その哲学体系全体のうちでは、理念が自己を疎外して自然となり、さらに人間の思考のうちで自己を自覚するに至ると考えている。ところがヘーゲルによれば、この行程は理念そのもののうちで、自然および人間以前に超越的におこなわれているのである。この意味で論理学における絶対的理念への過程は、ヘーゲルの精神哲学における「絶対的精神」への過程の縮小版にすぎない。[2]したがって、すでに絶対的精神における理念の自覚ということが、人間の認識の神秘化であるとすれば、ここにはこのような神秘化の自乗があるわけである。

（1）松村氏の言う「批判的検討」とは「対象の間違いを指摘する」ということのようで

す。この言葉は本来的には「対象を分析してその意義と限界を明らかにする」ということです。

(2) 問題はヘーゲルがどう言っているか、どう自覚していたかということではなく、ヘーゲル自身も「事実上」現実を認識していたのだから(唯物論はすべての認識は現実の反映であると主張しています)、ヘーゲルの叙述の中に「実際には」どういう現実的な内容が隠れているかを見抜き取り出してくることです。「ヘーゲルの観念論」とやらを繰り返す人は、ほとんどみな、これが出来ないから、それを隠そうとしてこういう言葉を繰り返すのです。しかもマルクスとエンゲルスの尻尾に乗っかって。

以上から、われわれは二つのことを明らかにすることができる。一つは、理論的理念、実践的理念、絶対的理念という関連が内容としては人間的なことがらだということであり、もう一つはヘーゲルがこれを超越的な実在と考えているということである。したがってわれわれは、ヘーゲルのこの理論的理念や実践的理念を地上にひきおろして、それを人間の理論および実践として理解し、ここでヘーゲルがどの程度こうした現実的なことがらを正しくとらえているかを吟味することができるわけである。[1] しかし、ここでなおもう一つあらかじめ解決しておくべき問題がある。それは認識とか実践というような概念をヘーゲルが論理学のうちで取扱うのは正しくないのではないか、なぜならそれは人間的な概念であって、自然および社会をつらぬいて存在する哲学的カテゴリー、たとえば、有、本質、発展というような概念ではないからである、という問題である。しかし、認識と実践、両者の関係というような問題は、有や本質というようなカテゴリーと同じ意義をもつものではないけれども、それらは一特殊科学にのみ関係する特殊な概念ではないから、有や本質というようなカテゴリーと同じ哲学的な意義をもっている。問題はただ、ヘーゲルがそれらを理念として、超越的な思想物として取扱うところにある。したがってこれらを地上にひきおろして取扱うということは、決して論理学の範囲を逸脱することにはならないのである。もちろんそれらは、すべて科学の対象をつらぬく一般的な、対象的な概念ではない。しかしこれらはすべての科学的認識をつらぬく普遍的な問題である。一体にヘーゲルはこの二つの区別を正しく示していない。この二つはいずれも理念として超越的な実在に化されている。しかしヘーゲルの論理学には、少なくともこの二つのものが取扱われているのであり、その「概念論」においては、大体において、すべての科学をつらぬくような思考形式、認識方法がその客観的内容との関連において検討され、その「形式内容」(Form-gehalt.『資本論』初版、二二ページ)がさぐられ、その認識価値において、その制限において、その全体における位置において吟味されているのである。多くのヘーゲル解釈家は、一方では、ヘーゲルの「概念論」を「有論」および「本質論」から区別して、これを精神科学に特有の方法と考えようとし、あるいはまたそれとはまったく反対に、両者をまったく同じ見地から見ようとしている。しかしそのいずれも正しくない。ヘーゲルの論理学は、一口にいえば、対象的な思考形態と主体的な思考形態とが取扱われているのである。(2) この点をくわしく考察することは、新しい論理学の建設のためにも、きわめて重要なことであるが、今はこの論文の範囲外に属する。ただここでは、理論的理念や実践的理念を本来の人間的な姿に還元しても、論理学から逸脱しないことが明らかになればいいのである。

（1）これなら結構です。松村氏は実際にそれが出来たのでしょうか。結論を先に言っておきますと、残念ながら、否。その原因はここにも出ています。「ここでヘーゲルがどの程度こうした現実的なことがらを正しくとらえているかを吟味する」という言葉です。これは「自分にはみな分かっていて、それを基準にしてヘーゲルを裁く」という態度です。歴史に残るような哲学者は我々よりはやはり深く考えているものです。まず「ヘーゲルの言う事だから何か意味があるだろう」という態度で、ヘーゲルから学び受け継ぐことだけを考えれば好いと思います。ヘーゲルの限界は既にマルクスとエンゲルスが指摘していますからそれで十分です。我々の学び足りないのはヘーゲルの肯定面です。

（2）松村氏のヘーゲル論理学解釈の根本的な立場を認識論主義として、武市健人氏のそれを存在論主義として対置し徹底的に検討したのは許萬元氏の功績です（『認識論としての弁証法』青木書店、一九七八年）。しかし、両者の統一的把握こそ正しいと言う許萬元氏自身は、その事の現実的意味を展開できませんでした。私見は「存在と共に歩む思考」ということで、拙稿「悟性的認識論と理性的認識論」（拙著『ヘーゲルの修業』鶏鳴出版に所収）に書いておきました。松村氏がここで問題にしている「論理学で扱うべきカテゴリーは自然と社会に汎通的なものでなければならないか」という問題は愚問だと思います。科学とは事実を説明することです。それが何学に属するかは二の次三の次です。どういう事実をどう説明したか、それがどの程度重要な事かだけが問題だと思います。しかるに、松村氏はこの論文全編を通して（理論と実践の統一について）新しい説明は何もしていないのです。だからこういう議論は無意味なのです。

三〔理念論における理論と実践の関係の検討〕

以上のことを念頭において、もっと内容にはいっていくために、まずヘーゲルの進み方を論理学によって示しておこう。ヘーゲルが「絶対的理念」に到達する直接の道すじは、次のようである。

第二章(1)　認識の理念
A　真の理念（ヘーゲルはこれを理論的理念とも呼んでいる）
a　分析的認識
b　総合的認識

一　定義

二　分類

三　定理

Ｂ　善の理念（ヘーゲルはこれを実践的理念とも呼んでいる）

（1）論理学全体の第三部である概念論の第三編（理念論）の第二章ということです。なお概念論の第一編は主観性（概念、判断、推理）で、第二編は客観性（機械的関係、化学的関係、目的論〔有機的関係〕）です。

そしてここからヘーゲルは理論的理念と実践的理念との統一としての「絶対的理念」に達するのである。ここには三つの根本的な問題がある。

（一）ヘーゲルは理論的理念から実践的理念を経て絶対的理念へゆく。これはとにかく、ヘーゲルが真の認識に達するのに、理論的な態度だけでなく実践を要求しているのだとも考えられる。少なくともヘーゲルはそうした重要な問題を提出している。ヘーゲルはしかし、この問題を正しく解決しているであろうか。ヘーゲルは果してどのような解決を与えているであろうか。[1] これが第一の問題である。

（1）「ヘーゲルはしかし、この問題を正しく解決しているであろうか」と「ヘーゲルは果してどのような解決を与えているであろうか」の問いの出し方が逆だと思います。松村氏はヘーゲルの観念論批判が常に念頭にあり、というかそれだけが主目的のために、ヘーゲルから学ぶことが出来なかったのだと思います。それはヘーゲルから学ぶ姿勢が弱かったか、現実的な問題意識（共産主義運動内部の問題についての自覚）がなかったからだと思います。

（二）ヘーゲルは認識の制限を指摘して実践へ移る。しかしこの場合、ヘーゲルが認識の内容として考察するのは、単に認識一般ではなくして、分析的認識と総合的認識であり、しかも総合的認識の内容は、定義、分類、定理というような方法であり、主として当時の科学の方法である。したがってヘーゲルが批判し、その制限を指摘するのは、科学的認識一般ではなくて、主として非弁証法的な段階にとどまっていた(1)当時の科学的認識である。このことは一体何を意味するか。なぜヘーゲルは二つのものを同一視するのか。またこの同一視からどんなことが生じるか。これが第二の問題である。

（1）これは「科学的認識一般」と「主として非弁証法的な段階にとどまっていた当時の科学的認識」との同一視のことだと思います。なお、ここは原文では「二つのものと」となっていますが、「二つのものを」と改めました。

（三）ヘーゲルが絶対的理念という題目のもとでのべているのは、主として弁証法的方法である。このことは第二の問題とどんな関係があるか。そしてヘーゲルの弁証法的方法とは一体どんなものか。それはどの程度正しいものをもち、またどんな欠陥をもっているか。(1) これが第三の問題である。

(1) この順序で疑問文を出すのが適当でしょう。

第一の、理論と実践の関係から考察しよう。ここでまず注意すべきことは、ヘーゲルがここでおこなっているのは、理論と実践の関係を一般的に取扱うということではなく、主として認識論の範囲内でこの問題を考察することだということである。(1) このことは、ヘーゲルが理論的理念をも実践的理念をも大きく「認識の理念」のもとに包括しているのをみても、またヘーゲルの到達点が真の客観的認識を意味する「絶対的理念」であることを考えてみても、大体の見当がつくことである。ヘーゲルが求めるのは、真実在、絶対者の認識であるが、ヘーゲルによれば、このような認識はヘーゲルが理論的理念と名づける受動的な、単にあるがままのものをそのままに受けとろうとする態度では到達できないのである。ヘーゲルによれば、真の認識のためにはさらに能動的なモメント、実践のモメントがいる。かくして、ヘーゲルは「絶対的理念」を「理論的理念」と「実践的理念」との統一と考えるのである。したがってヘーゲルが「理論的理念」を批判して「実践的理念」へ移るとき、関心はあくまで認識にあり、単なるテオリヤとしての認識がプラクシスを内に含むものとして理解されるにいたるのである。レーニンがヘーゲルの「認識の理念」について「第二章、認識の理念にのべられているすべては、ヘーゲルにおいて実践が認識の過程の分析における一環[2]として存在していること、しかも客観的真理への移行として存在していることを意味する」ことを指摘し、さらに、「したがってマルクスが実践という基準を認識論に導き入れる場合、かれは直接ヘーゲルに結びついているのである」（『哲学ノート』）といっているのは、この意味できわめて正しい洞察である。[3]

（1）これはこの通りですが、松村氏は自分で「理論と実践の関係を一般的に」整理していないので、理念論で扱っているそれが全体の中のどこにあたるかを説明できませんでした。理念論のすぐ前の「目的論」は労働過程論で、そこでヘーゲルは目的意識（理論）と労働行為（実践）の「直接的関係」を論じています。この点は拙稿「労働と社会」（拙著『労働と社会』鶏鳴出版に所収）を見てください。従って、ここ理念論で論じるのはその間接的な関係です。だから別々の項目として立てて検討した後に理論から実践への「移行」という形で両者の関係を論じたのです。

（2）原文では「連環」となっていますが、松村氏の訳した『哲学ノート』（岩波文庫）では「一環」となっていますし、この方が分かりやすいので変えました。

（3）理念論での両者の関係はあくまでも認識主導であるのはその通りだと思います。しかし、ヘーゲルの立場は両者の「統一」（一体化した境地）である絶対的理念であって、それはキリスト教の立場だと思います。自称科学的社会主義の運動こそ、ミーチン以降、両者の統一の問題をつねに認識論の中で扱い、対立物の統一の一事例（人間界におけるその根本的な事例）として扱うことに気づかなかったのではないでしょうか。

もちろんこのことは、以上のようなヘーゲルの正しい意図が思弁と誤謬とからみあってのみ存在していること、そして本当の解決を見出していないことを排除するものではない。[1] ここで直接問題となることからややはなれるけれども、第一に指摘すべきことは、ヘーゲルにおいては、理論と実践との統一の問題が、実践の優位において解決されず、理論の優位においてへーゲルにおいて解決されているということであろう。ヘーゲルは認識の過程そのものに実践を組み入れようとする。認識が単に受容、静観、テオリヤとしては真の認識でありえないことを指摘する。これは、思弁的な形でのべられているにせよ、きわめて正しいところをもち、そして大多数の科学者や哲学者が知らなかったことである。しかし、ヘーゲルが到達しようとする目標、ヘーゲルが人間生活の最高の目標としてかかげるものが何かといえば、それはやはり認識である。スピノザの「神への知的愛」である。かくしてヘーゲルの精神哲学の到達点は哲学であり[2]、論理学におけるその縮小版が「絶対的理念」である。

（1）このようにマルクス、エンゲルス、レーニンの言った点だけでヘーゲルを評価して、自分の新しい読み方は何一つなく、すぐに「ヘーゲルの思弁」とか「ヘーゲルの観念論」とかを論じるのが「学力の低下」した唯物論哲学教授の通弊です。

（2）たしかにヘーゲルはベルリン大学の哲学教授として生きましたが、それが最高であることを自著で証明しようとしました。つまり言行が一致しています。しかし、松村氏を初めとして唯物論哲学教授は自分の生き方（大学教授とか共産党員としての生き方）を自分の哲学の中で論じていません。

ヘーゲルは理論的態度と実践的態度とに明確な規定を与え、「知性は単に世界をあるがままに受け取ろうとするにすぎないが、意志はこれに反して世界をそのあるべき姿に変えようとする」（『小論理学』、二三四節への補遺）と言っている。しかしこのことからまず導き出される結論は、理論に対する実践の優位でなければならない。われわれが世界にかんするどんなに正しい認識をもつにしても、これによって現実の世界そのものが変りはしない。病気は現実に治療されるのでなければ正しい診断だけでなおるものではない。マルクスがいったように、重要なのは世界を解釈することではなくて、世界を変革することである。このことは理論の無用を意味するものでは決してなく、また有効な実践が正しい理論によってのみ可能となることを排除するものでもない。しかしこのことは、「理論は実践に役立つべきものであり、理論は実践の提起する問題に答えなければならない」（スターリン）ことを示すものである。このことを忘れるとき、人類の歴史的発展は本当に理解されず、また主題の積極性とか、政治の優位というような重要な問題も理解されなくなってしまう。[1]

（1）ヘーゲルには目的論もあり、そこでは目的意識が活動を指導することを論じています。又、法哲学もあり、そこでは意志と思考との関係を論じています。歴史哲学では英雄（民族精神の体現者）を認めています。更に、政治の優位といいますが、優位という言葉は何に対しての優位なのか、絶対的優位なのか相対的優位なのかといったことも考慮しないと無意味です。そもそも政治は経済活動（実践）の上に成り立つという意味で根本的には「理論」の一種という側面を持っています。「世界の変革が大切」と言いますが、松村氏たちはその教授としての生き方を変革しようとしたでしょうか。現状を肯定する理論は現状を維持する実践と結びつくのです。松村氏はこういう事を見逃しているようです。

しかし、理論と実践との関係において、理論が実践に役立つということが根本的な観点であるとしても、これのみですべての問題がつきるのではない。理論と実践とは異なる側面、対立する側面をもちながらもたがいに浸透しあっていて、理論なしに実践が不可能であるという反面には、実践なしに理論は不可能であるという側面がある。認識は、単に認識だけから理解されるものではなく、真の理論、真の認識はその成立の過程そのものに実践を含んでいるのである。第一に、理論は実践的要求に促されて発達するものである。しかし、それだけではない。人間が対象を変革してゆく過程そのものから対象のより深い認識が可能となるという意味でも、理論を検証するものが結局は実践であるという意味でも、認識の行程そのものが不断に実践によって支えられているのである。実際、人間が物質を実践的に処理するということなしに、物質にかんする人間の知識はどれだけ発達しうるであろうか。また実践による検証こそ近代科学を以前の思弁から区別する根本的な点ではないか。

要するに、ヘーゲルが理論と実践との関係を取扱う場合、問題の重点は実践が認識過程そのもので占める役割におかれているのである。したがって問題は、理論と実践との関係のこの側面について、ヘーゲルがどんな解決を与えているかにある。

ところで、ヘーゲルの場合、ヘーゲルの根本的な立場そのものが、この問題の正しい解決をはばむものとなっている。ヘーゲルによれば自然は理念の疎外態である。われわれの外部にあって経験を通じてわれわれに与えられる世界は、真実在である理念が自己本来の姿を失ったものである。思考過程が独立の主体とされることによって論理の弁証法的発展の姿をもっている理念は、自然に転落することによって凝固と並存の存在となっている。したがってヘーゲルによれば、世界は真実在である理念の仮現、その歪められた姿にすぎない。ここから当然の結論として、あるがままの自然を認め、自然をそのあるがままの姿においてとらえようとする科学の立場では、真実在は認識されないことが帰結される。「認識の有限性は与えられた世界を前提するところにある」(『小論理学』二二六節の補遺)というヘーゲルの言葉は、このように見てくるとき、単に経験論に対してのみでなく、科学的認識に対するヘーゲルの根本態度を明白に示しているのである。ヘーゲルによれば、与えられた世界を前提する認識は、その歴史的発展の程度のうちにその制限をもつだけではなく、まさにそれが与えられた世界を前提するところに根本的な、原理的な制限をもっているのである。

このような立場からすれば、真実在の認識、自然の固定を越えた生成発展の認識に達するにはどんな方法が残されるであろうか。実証的な、科学的な方法とは原則的に異なる方法、科学を越えた科学以上の方法がそれである。ヘーゲルによれば、そして論理的観念論者であるヘーゲルにおいては、思弁的な概念弁証法がそれである。そして真実在の認識に達するには、人間の理性そのものが、与えられた世界の経験に含まれていないような純粋な概念をもたなければならない。そしてこの概念そのものの考察によって真実在をとらえるのでなければならない。デュボックあての手紙でヘーゲルがいっているように、「概念をその適用および結果を少しも顧慮せずに考察する」というような認識、プラトン流の「それ自身純粋な思考を用いて、それ自身純粋な存在の各々を追求する」という認識が可能でなければならずこれが科学を越えて真実在をとらえる方法でなければならない。そしてこれこそ、ヘーゲルによれば、自然のうちで自己本来の姿を失った理念が再び人間のうちで自己を回復し、自己を自覚する方法なのであり、これがすなわち哲学の方法である。ここには科学とそれを越える哲学との原則的な区別があり、科学的認識を第二義的なものとする根本的誤謬がある。(1)

（1） 経験の与えるものは常に不完全な姿です。従って、純粋な姿を求める理論は経験を何らかの形で純化しなければなりません。ヘーゲルの方法が思弁的だと言うならば、松村氏はどういう方法を使っているのでしょうか。現に、エンゲルスもレーニンも個々の実践は理論を「完全には」証明も反駁もしないと言っているのに、そこから何が出てくるかを研究しなかった共産主義運動の中では、「実践によって証明された」と声高く宣言された理論とやらがその後の「実践」で誤りであると自己批判されたことが何度もありました。そもそも根本的に、ロシア革命の「成功」も中国革命の「成功」もマルクスの社会主義理論の正しさを証明していなかったのです。なぜ松村氏のようなヘーゲル批判が無意味かと言いますと、ヘーゲルが言っている方法とヘーゲルが実際に使った方法とを混同しているからです。ヘーゲルの論理学について言うならば、カテゴリーの内在的移行はこじつけが多いと思います。しかし、特に優れている点はカテゴリーの全体的な位置づけないし配置です。なぜこのカテゴリーをここに置いたか、いやそれ以前に、論理学全体をなぜこのように構成したか、これを考えるのは極めて有益だと思います。

ヘーゲルの時代においては、ヘーゲルのこのような誤謬にも一部許さるべき理由があり、またこの誤謬のうちでヘーゲルがどんなに積極的意義あるものを与えたかは後にのべる。(1) しかしもしヘーゲルの誤謬がすでに過ぎ去ったものと考えるなら、それは根本的な誤解である。現在のあらゆる観念論的哲学が根本においてヘーゲルと同じ立場をとっている。それらもまた、「われわれ自身それに属しているところの、物質的な、感覚的に知覚できる世界」にかんする実証的な、科学的認識を唯一の真実な、客観的な認識と認めない。哲学が宗教とならんでより高い認識であり、科学はより低い認識、一種の虚構にすぎない。それらがヘーゲルとちがうところは、ヘーゲルが自分をはっきり観念論者とよんでいるのに、それらの多くが自分を観念論とよばないところにある。[2]唯物論と観念論との彼岸に立つと自称する不正直な観念論者の正体を見わけるもっともいい方法は、かれらが科学的認識をどう見るかを知ることである。レーニンは「現代の信仰主義は決して科学を拒けない。それはただ科学の『法外な要求』すなわち客観的真理に対するその要求を拒けるだけである。客観的真理が（唯物論者の考えるように）存在するとすれば、そしてもし自然科学のみが、外界を人間の『経験』のうちに反映することによって、われわれに（自然にかんする）客観的真理を与えうるとすれば、あらゆる信仰主義は無条件的に否認される」（『唯物論と経験批判論』[3]）といっているが、われわれが現在の多くの不正直な観念論に対する場合、このレーニンの言葉はきわめて有力な基準となるであろう。唯物論と観念論との対立は、単に哲学における二つの潮流の対立ではない。それは同時に科学と非科学との対立であり、新しいものと古いもの、進歩と反動との対立である。このことを理解することなしには、二つの立場の対立の本当の意義を理解することはできないのである。

（1）期待してますが、空振りに終わるでしょう。
（2）ここは「観念論者」が正しいと思いますが、氏の『弁証法的唯物論のために』（北隆館、一九四七年）でも「観念論」となっています。

（3）自称唯物論も宗教の定義をしないで宗教を批判したために、又「共産党は宗教団体だ」という大衆の感覚を検討しなかったために、唯物論という名のマルクス教になりましたし、一部の人は共産党信者になりました。宗教と科学とは松村氏が思っているほど遠く離れてはいないのです。拙稿「宗教と信仰」（『先生を選べ』鶏鳴出版に所収）参照。

古い哲学と科学および科学的な哲学との対立の根本的な点を示しておくことが重要と考えられるので、わたくしはややヘーゲルからはなれてしまったが、再びヘーゲルに帰れば、以上のべたことからわかることは、ヘーゲルが単に受動的な認識以上の認識を認めながら、その根本的な立場そのものから、これを科学的認識のうちに見出さず、科学と原則的に異なる認識方法のうちにそれを求めるということである。したがってヘーゲルは、せっかく理論的理念の次に、それを補うものとして実践的理念をもち出し、かくして認識過程における実践の役割、能動的な認識というような重要な問題を提出しながら、認識が実践によって要求され、不断に実践によって支えられ、実践によって検証されまたその観念内の動きそのものにおいても能動的であるという方向へ問題の解決を徹底させず[1]、純粋な思弁的認識を導き出す手段としてのみ実践のモメントを取り入れるという方向へ問題をそらせてしまっている。

（1）基本的な事は目的論の中に書いてあるからです。

ではヘーゲルは、どのように実践のモメントを思弁的認識を導き出すのに用いているであろうか。実践はすでに言及したように、認識とは反対に、単に与えられたものを受取るという立場でなく「客観的な世界を、真に存在する客観的なものと思われている主体の内面によって規定し、前者のうちへ後者を形成し入れる」(『小論理学』、二二五節)働きである。そしてこの場合、客体は作り変えられなければならないもの、本来の姿をもたないもの、そのままでは無価値なものと考えられている。実践におけるこのような側面に注目するとき、なぜヘーゲルが実践のモメントを取り入れることによって「絶対的理念」に達しうると考えたかがわかる。主体に内在する規定こそ、客体よりも真実であり、客体は真実の姿をもたないということこそ、まさにヘーゲルが真実在である理念の認識方法として求めるものではないか。一口にいえばヘーゲルは、経験論のタブラ・ラサとしての認識主体から、根本においてカント、フィヒテ的な認識主体へ移ろうとするのである。(1)

(1) ヘーゲルは人間の心をタブラ・ラサ(白紙)とは認めていません。デカルトの生得観念説を「可能的に持っている」(素質として持っている)という形に変形して受け継いでいます。理論から実践に移る時、主観の中の目的意識とか方法が主導的であるのは当たり前です。

しかしヘーゲルは、カントやフィヒテとちがって、客観的な観念論者である。理念の客観的実在を認める観念論者である。ヘーゲルによれば、主体に内在するものが世界を造りだすのではなく、それは客観的に実在するのである。したがって、ヘーゲルは単にカント、フィヒテ的な主体による客体の規定にとどまることができない。ヘーゲルはそこで再び実践的理念の立場を批判する。そして実践的理念が究極のものではなく、それは理論的理念の前提であった客観性を取りかえし、理論的理念と統一されなければならないという。これはつまり、主体のうちに見出される純粋な思考が客観的にも存在することを見出す立場にほかならない。しかし、このようにして客観の世界に理念が見出されたとしても、自然が理念の本来の姿をもたないということはどうにもならない。理念と自然との間には原理的な区別があり、したがってまた理念を認識する方法としての哲学と、その仮現をとらえるにすぎぬ科学との間には原則的な区別がある。

もちろん科学的な認識主体は決して受動的なタブラ・ラサではない。経験は一般化されて理論となり、新しい研究の指針となる。また理論は単に既知の経験の一般化としてではなく、実験によって検証さるべき構想、仮説としてつくられる。その意味でヘーゲルが認識を単なる受動的態度でなく能動的なものと見るのは正しい。そしてまたヘーゲルの真に偉大な点は、前に引用したレーニンの言葉からもわかるように、かれが真の認識（ヘーゲルにおいては絶対的理念）がつくりだされる過程における実践の役割を考察し、認識論のうちで実践の問題を提出し、ゆがめられた形でではあるが、その真の解決にある程度近づいたところにある。ヘーゲルの誤謬は、認識の能動性および認識過程における実践の役割を科学的な認識そのもののうちに見出すことによって問題を解決しえず、科学を越えた思弁的認識方法のうちに問題の解決を求め、せっかくの実践が主として思弁的認識を導き出す手段として利用されているところにあるのである。(1)

(1) 松村氏の根本的な限界は、ヘーゲルにおける科学と哲学の関係を全然理解していないことのようです。私見は拙稿「弁証法の弁証法的理解」(『西洋哲学史要』未知谷に所収)に述べました。

四〔ヘーゲルにおける科学と哲学の区別の意味〕

前節にのべたことはしかしまだ問題の一つの面にすぎない。ヘーゲルが理論的理念のもとに考えているのは科学的認識であり、ヘーゲルはこれを、与えられた世界を前提とするから受動的であり、真実在に達しない認識と考えている。与えられた世界を前提することを科学的認識の欠陥と考えるのが、どんなにヘーゲルの思弁的、観念論的立場から出ているかは、すでにのべたとおりである。しかし、他方において、ヘーゲルが科学的認識を批判する場合、そこには正しい意図、正しい洞察はないであろうか。またヘーゲルが実在の真実の姿を求めて科学から「哲学」に行くとき、そこには根本的な誤謬とともに、同時に天才的な予想もあるのではないか。問題のこの側面とともに、われわれは第二の問題へ移る。

このことをさぐるためには、ヘーゲルが「理論的理念」のもとに実際は何を考察しているかを見なければならない。実際ヘーゲルの理論的理念のところを一読する人は、最初意外な感じをもつにちがいない。われわれはそこで認識について知ろうとする。しかしそこにのべられているのはまず分析的認識であり、つぎには定義、分類、定理と進む総合的認識である。ヘーゲルがここで取扱っている認識方法は、今日の科学的認識にとっても決して無用のものではないが、しかし、それは不十分であり、あまりに低いものである。たとえばヘーゲルは分類についてそれが「自然でなければならず、単に人為的なもの、すなわち勝手なものであってはならない」(『小論理学』二三〇節の補遺) ことを求めながら、「それはやはり外的な見地からなされる」(同、二三〇節) といっている。そしてこのことはヘーゲルによれば、世界を前提する経験的、科学的認識によって必然の制約なのである。しかし、ヘーゲルが例としてあげている動物や植物の分類原理にしても、科学はその段階にとどまってはいなかった。ヘーゲルの死後、ダーウィン以来、生物学は決定的に進化論の段階にはいり、分類原理は本当に自然的な、生物そのものの分化、発展にもとづくものとなった。

またヘーゲルは総合的認識の最高の段階として証明をあげ、これを主としてユークリッド幾何学において吟味し、証明によってつくりだされる必然性がなお外面性を脱しないことを指摘している。特に『大論理学』の「概念論」の「定理」のもとでヘーゲルがくわしく展開している批判には、多くのすぐれた洞察がある。(1) しかし、幾何学は決してユークリッドの段階にとどまりはしなかった。近藤洋逸氏がそのすぐれた研究『幾何学思想史』において明確に示しているように、ユークリッド幾何学の根本性格は「分類論理、形相論理のもつ静止的性格」であった。そして「個々の図形をそのまま保持しながら、類種の階層組織で整理することは決して、個々の図形を貫く真の法則を発見せしめはしない」のである。近代の幾何学はしかしこの制限を越えた。近藤氏が明確にいっているように「真に生きた普遍による統一、個別的なものの中核を貫く法則の確立」のために「個々の対象を破損して他へと変換するという動的方法」がこれに代ったのである。(2)

(1) それを具体的に展開しないのでは意味がありません。

(2) 新しい科学の段階における「分類」と「証明」を哲学的に定式化するのは松村氏の仕事であって、ヘーゲルの仕事ではないと思います。松村氏こそ、それが出来る立場にありながらしなかったのですから、責められるべきでしょう。

以上の簡単な考察からすでに、次のことが帰結される。すなわち、ヘーゲルが科学的認識の根本的な、必然的な欠陥と考えた制限を科学は科学そのもののうちで乗りこえてしまったということである。つまり科学は、与えられた世界を前提するという根本において唯物論的な立場そのもののうちで、ヘーゲルが科学の宿命とした制限をのりこえたのである。

このことはまず何を示すのであろうか。それはまず第一に、ヘーゲルが当時の科学的認識の制限、欠陥を科学一般の制限、欠陥と混同したこと、そしてこの混同が誤りであることを示すものである。ヘーゲルはこの制限を絶対的なものと考え、これを越えるためには科学を越えて「哲学」に飛躍しなければならないと考えた。しかしそれは科学そのものによって反証されたのである。

このことを知るとき、われわれのヘーゲルの理論的理念に対する態度には新しい見地が必要となってくる。われわれがヘーゲルの認識批判から積極的なものをさぐるためには、ヘーゲルの与えている批判のうち科学的認識一般の批判としての誤った批判と、当時の科学的認識の方法の制限の批判としての正しい批判とを区別しなければならない。ヘーゲルが残した積極的なもの、今なお生命をもっているものは、哲学の見地からする科学的認識一般の批判ではなくて、科学的認識の一発展段階の批判である。[1]

(1) それなら、その点は科学自身が乗り越えたと言うのですから、ヘーゲル哲学には意味がないということになると思います。

今このことをもっと明らかにするために、ヘーゲルが論理学全体を通じてとっている根本方法を考えてみよう。全体としてヘーゲルがその論理学のうちでカテゴリーの自己発展、概念のひとり歩きとして示したものは、人類の科学的認識の発展の普遍化である。[1] ヘーゲルは一つの思考形態、認識方法を、それが単に一つの正しい思考形態という見地から考察するだけではなく、同時にその制限をさぐり、これを認識の一段階、全面的な認識の一モメントとして示そうとする。これがヘーゲルの論理の体系の合理的核心である。要するに弁証法的見地は、一つの思考形態がどの程度正しいかをさぐるだけでなく、それが同時にどの程度正しくないかをさぐることを要求するのである。(2)

(1) こういう所が松村氏の認識論主義的なところです。

(2) 私の言葉で言い換えるならば、弁証法的認識は認識対象の意義と限界を明らかにするということ。

このように見てくるとき、ヘーゲルが理論的理念において分析的認識や総合的認識に対して加えている批判は多くの貴重なものをもっている。そしてこの点を吟味し、ヘーゲルから価値あるものを取り出し、それを科学の発展にもとづいて一層発展させることこそ、最も重要なことである。(1)しかし、ヘーゲルの絶対的理念の要約的な批判を目的とするこの論文においては、個々の点に十分の考察を費やすことができない。私はただ大体のことを示しうるにすぎない。

(1) 科学自身がヘーゲル哲学による科学批判を乗り越えたと言っているのですから、今更「科学の発展にもとづいて一層発展させる」必要はないし、哲学(松村氏の考えている哲学)にそのような事はできないはずです。以下に見るように、実際に出来ませんでした。それを率直に認めるのではなく、「目的が違うからここではできない」と逃げていますが、これは嘘です。本当は松村氏には「できない」のです。私はパヴロフの条件反射理論の論理的再構成によってその言語定義の不正確さを指摘しましたし、エンゲルスのサルの人間化論文の論理的検討からいくつかの新しい理解を提案しましたが、松村氏がどこかでそのような事をしているのでしょうか。

以上のことを念頭において考えるとき、ヘーゲルの「与えられた世界を前提する」という言葉が、別な、新しい意味をあらわしてくる。この言葉は前節では科学的認識一般の態度をさすものであった。今やそれは世界を不変なものと見、区別を絶対化し、与えられた形態を永遠化する反弁証法的な態度という側面をあらわしてくる。ヘーゲルは二つのものを混同している。そして後の側面をそれだけとり出して吟味することこそ、本当に重要なことなのである。

この見地からヘーゲルを見るとき、われわれはヘーゲルが多くの天才的洞察を示しているのを知ることができる。実際、当時の科学の支配的な傾向は反弁証法的であった。科学は当時なお一般的に発展の原理を知らなかった。「自然は狭小な循環運動をなす永久不変の一全体であって、ニュートンが教えたように天体は永遠であり、リンネが教えたように生物の種は不変である」（エンゲルス『空想から科学へ』）というような観念が当時の支配的な自然観であった。科学のこの段階においては、「あらゆる生成した形態を運動の流れにおいて把握する」（マルクス『資本論』、第二版へのあとがき）という弁証法的方法はまだ問題とならなかった。古いものの消滅と新しいものの発生の内面的論理としての、発展の法則としての弁証法ではなく、孤立と静止の原理が根本において科学の方法であった。

ヘーゲルが批判するのは根本においてこの段階に立つ科学の方法である。ヘーゲルはこの凝固を過程に変えようとする。自己同一にとどまるものを、自己のうちに否定を含むものに変えようとする。実践が変革への意図を含むように、世界もまた自己否定を内在させるものでなければならない。連関は分類において見られるような外面的なものでなく、必然的なものでなければならない。(1) しかしヘーゲルはそれを自然のうちに見出さない。自然は運動してはいるが、不断に同じ形態のうちを循環しているにすぎない。そこでヘーゲルによれば自然は理念の堕落となる。実在の真の姿は科学的方法ではとらえられないものと考えられる。そして真実在の認識は科学を越えて、概念弁証法によってのみ与えられると考えられるようになる。

(1)「外面的」と「必然的」とは対立しません。「外面的必然性」と「内在的必然性」とが対立するのです。

ここでくわしくのべることはできないが、ヘーゲルのこの発展の見地は、特に人類の歴史への洞察から得られたものである。エンゲルスがいっているように、ヘーゲルの考え方の基礎にはすばらしい歴史的感覚があった。そしてかれの思想の展開は世界史の発展と並行して進んだのである。観念論的とはいえ、ヘーゲルは人類の歴史を発展においてとらえた。そしてここから発展の見地を世界全体におしひろげようとした、この場合、自然および人類の発展の原型とされたものは、人類の認識の発展史の要約ともいうべき論理の体系であった。ところがヘーゲルは当時の自然科学の支配的傾向をそのままに受取って、自然のうちに歴史を見なかった。この点では、すでにカントの星雲説やラマルクの進化論や多くの先駆的な発展観があったにもかかわらず、ヘーゲルはむしろ保守的であったとさえいえる。そこでヘーゲルには一種のディレンマが生じる。発展を知らぬ自然認識は発展の見地まで進まねばならない。しかし当時の自然科学はそれを知らない。かくしてヘーゲルは当時の支配的な科学的方法を批判して、一挙に思弁にまで飛躍する。自然は理念の堕落とされ、自然科学は実在の真実を知ることのできぬものとされるのである。

（1）ここでの「思弁」とは「経験的基礎を持たない思考」という意味のようです。そして、松村氏はヘーゲルの言う「哲学」もそういう意味だと前提しているようです。しかし、ここでは科学の発展段階が低かったから仕方なかったという考えのようです。そういう思弁でも内容的には科学を先取りする点があったということです。次にそう書いています。

先にものべたように、私はここでヘーゲルが与えている分析的認識や定義、分類というような思考形態、認識方法の批判的考察にまでくわしく立ち入ることができない。ただ、私はここで、ここには多くのすぐれたものがあることを指摘するにとどめる。根本においてそれは、弁証法的見地からの批判であり、科学が弁証法的見地まで進むことの天才的予感である。今日の観念論的哲学が科学を第二義的な認識、一種の虚構と見るとき、それはまったくの無意味であり、人類の認識の前進をはばむものである。しかしヘーゲルの場合、その思弁への飛躍は同時にやむをえぬ事情という側面をもち、さらにその内容において積極的な意義さえもっていたのである。

五〔ヘーゲルの絶対的理念、方法、発展、弁証法について〕

ヘーゲルが到達しようとする最高の認識方法は、以上からわかるように、一方においては弁証法的方法である。他方また、同じくこれまでのべたところから明らかなように、ヘーゲルによれば、弁証法的認識はまた科学を越えた「哲学的」方法によってのみ可能なのである。(1)

(1) しかし、科学が全てを説明し尽くすということがありえない以上、現時点で科学の及ばない部分は「思弁」で考えるしか仕方ないと思います。その意味で現代の唯物論者も思弁を使っていると思います。だから考え方とか方法が重要なのだと思います。同時に、間違える可能性もあるし、実際多くの間違いを犯しています。マルクスも、事実に基づいて弁証法的に思考して社会主義社会の到来の必然性を証明したつもりでしたが、実際には間違っていました。ですから、ヘーゲルの「思弁」とやらを批判する前に、我々もそういう意味での思弁を使わざるをえないし、使っているということをしっかりと認めることが大切だと思います。その意味で松村氏には正確な自己認識が欠けていると思います。

このことはヘーゲルの論理学の到達点である「絶対的理念」のうちでどんな形であらわれているであろうか。ヘーゲルはその「絶対的理念」についてまず次のような注意を与えている。「人は絶対的理念という言葉をきくと、今やはじめて求めていたものが達成され、ここには成果としてすべてのものが生ずるにちがいないと思うかもしれない。もちろん、内容もないのに絶対的理念について長々と空虚な言葉をつらねることはできる。しかし真の内容は、われわれがこれまでその発展を考察してきた体系全体にほかならないのである。」（『小論理学』、二三七節の補遺）。これはとにかく奇妙な言葉ではないか。では一体「絶対的理念」においてヘーゲルは何を取扱うのか。これに対してヘーゲルは、それは方法だという。「それゆえにここでなお考察しなければならないことは、内容そのものではなくて、内容の形式をつらぬいている普遍的なもの――すなわち方法である。」（『大論理学』）

レーニンはこのことについてこういっている。「――その（絶対的理念にかんする章の）主要対象は弁証法的方法である。ヘーゲルの論理学の総計と概括、最後の言葉であり核心であるものは弁証法的方法である。――これはきわめて注目すべきことだ。」（『哲学ノート』）

このような事情はどこから出てくるのか。それはこれまで考察したことからすでにかなり明らかである。ヘーゲルは、「絶対的理念」において真実在の真の認識に達すると考える。ところがヘーゲルによれば、真実在とは理念である。いいかえれば、ヘーゲルがこれまで論理学のうちで展開してきた論理の体系である。絶対的理念とは、自分が真実在であることを自覚した理念にすぎない。自然を経て人間の精神のうちで理念が自己を自覚するということの縮図にすぎない。ところで理念そのものは、論理学のうちでこれまですでに展開されている。ヘーゲルが絶対的理念へきて、なんら新しい対象をもたないのは当然である。(1)

(1) ヘーゲルの絶対的理念について松村氏は結局何も新しい理解を提出できなかったようです。レーニンもこれに「注目」しただけで、何も出せませんでした。私見を述べます。絶対的理念は方法でしかありえないとヘーゲルは言っています。そしてそれは「ここでは」具体的には「始元、進展、終局」だと言っています。ということは、これは概念論の冒頭の三つのカテゴリーである普遍、特殊、個別の絶対的理念での姿だということです。ヘーゲルの普遍、特殊、個別については拙稿「昭和元禄と哲学」(『生活のなかの哲学』鶏鳴出版に所収)を見てください。しかるにその普遍と特殊と個別はそれぞれ「概念論の立場から捕らえ直した」存在論と本質論と概念論自身の論理的性格のことなのです。これが、レーニンの「直観した」こと、つまり「絶対的理念の中にすべてが概括されている」ということの意味です。

しかし他方からいえば、ここでヘーゲルが取扱っているのは発展ということではないか、なぜならヘーゲルはここではじめて発展の論理である弁証法を直接対象としているから、という疑問がおきるかもしれない。それは確かにそうである。そしてこのことはきわめて重要な点である。しかしもう一つ重要なことは、ここでヘーゲルが発展の論理を、ただ論理の進行についてしかのべえないということを知ることである。

ヘーゲルはその論理学において有、無、成というような概念からはじめて、質、量、質量、本質と現象、内容と形式、交互作用というような普遍的な概念を取扱っている。このような概念についていいうることは、それらが自然についても社会についてもあてはまる概念だということである。(1) またヘーゲルが「概念論」で取扱っている判断、推理の諸形式や、定義、分類というような方法にしても、それらは自然科学にも社会科学にも用いられる形式であり方法である。この意味でヘーゲルの論理学における思考諸形態の展開は、あらゆる対象を考察する場合欠くことのできない最も普遍的な見地の体系であり、世界に関するより広く深い認識の発展の集約であり、科学的認識の一般的方法論である。

(1) ここにも松村氏のヘーゲル理解の認識論主義的な性格が出ています。しかし、ヘーゲルの論理学は存在論という面をも持っています。だから汎通的なカテゴリーしか扱わないというわけにはいきません。なぜなら、有機物の論理は無機物の論理とは違う点があり、両者に共通のものだけを扱うということにしたら、有機物の論理的理解は不可能だからです。現に、ヘーゲルの現実性論は許萬元氏の理解によると労働過程論であり、私はそれを人間の素質・能力・実績の問題と理解しました。これは無機物には当てはまらないでしょう。

ところが、ヘーゲルにとって最高の認識方法である弁証法的方法、発展の論理となると急に事情が変ってくる。それはもはや実証的な諸科学の方法ではなくて、理念そのものの歩みであり、それをとらえる方法である。一口にいえば、ヘーゲルはここで急に科学から哲学へ飛躍する。弁証法的方法は科学の方法ではなくて、ただ哲学の方法であると考える。

しかし弁証法的方法の本質が何よりもまず発展の論理であるとすれば（ヘーゲルにおいて実際そうなっている）、それはなぜ特別に論理的カテゴリーの進行にのみ妥当し、哲学だけの方法であって科学一般の方法ではないのか(1)。自然は今や歴史的発展のうちに理解され、科学はその実証的な研究そのものに即してこのことを証明するに至ったではないか。ここにヘーゲルの弁証法的方法の理解の致命的な欠陥がある。もしヘーゲルが認識や人類の歴史だけでなく自然をも歴史的発展において理解していたら、ヘーゲルの弁証法的方法にかんする理解は別なものになったであろう。「与えられた世界」そのものが発展するものである場合、たとえば分析がその認識の最高の方法となることはできない。しかしヘーゲルの自然観の制限は、すでにのべたように、単に個人的なものではなく、それは同時に時代的な制限であった。ここにヘーゲルと現代の観念論的「弁証法」との本質的な相違がある。それが歴史的発展を精神の世界、人間の歴史にのみ認め自然に弁証法を認めないとき、それはヘーゲル死後百年間の自然科学の発展の無視であり裏切りである。ヘーゲルの場合、かれが当時の自然科学の支配的傾向を越えて、発展を知らぬ自然を理念の疎外態と見、科学的方法が真の認識方法であることを否定するとき、それは根本において全世界の発展の天才的予感であった。

（1）ここに松村氏の無理解がよく出ていると思います。その原因から考えますと、松村氏は発展という概念を分かったものとして前提したようです。これが拙かったと思います。発展とは何か。まずこれを確認するべきでした。この問題には許萬元氏が初めて正確に答えました。「それは移行と反省の統一である」と（氏の論文「ヘーゲルにおける概念的把握の論理」、都立大学哲学研究室発行『哲学誌』第七号所収）。次に、ヘーゲルの問題にしている発展は世界の全体的な発展であり、それは事物の「生成の必然性」を証明するためでした。ですからその発展概念は個々の科学でも使えますが、本来的には哲学のものなのです。この事は前掲「弁証法の弁証法的理解」の中で詳しく述べておきました。

しかし、それはそれとして、今日からみれば、ヘーゲルが弁証法的方法を「哲学的」方法として理解することが完全に誤謬であることは明らかである。しかも、ヘーゲルがこれを科学の方法と原則的に異なる哲学にのみ固有の方法と考えたところにのみ誤謬があるのではなく、その弁証法的方法そのものが、思弁的な、先験的な、概念弁証法であるとするところに根本的な問題があるのである。ヘーゲルの弁証法と観念論は、かつてミーチンがいっているように、別々の引出しのうちにあるのではない。それは観念論と不可分にからみあっている概念弁証法である。ヘーゲルが概念の自己発展の方法としてとらえる思弁的な、神秘的な弁証法から意義あるものを取出すという仕事は、この意味で決して容易な仕事ではないのである。(1)

（1）こういうヘーゲル批判をして原稿の分量を増やすことは止めるべきです。このような事をする紙数があるならば、「ここではしない」と言って避けた「ヘーゲルの意義の展開」をするべきです。

ヘーゲルの弁証法的方法およびその論理学への展開がこのように思弁の厚い殻に包まれていたという事情は、科学のその後の発達にも不幸であった。科学、特に自然科学がその実証的研究そのものによって、古い反弁証法的な自然観を掘りくずしてゆく過程において、発展に関するもっとも深い学説としての弁証法を意識的にもつことは、その過程を促進したであろう。しかし科学者はヘーゲルからこれを学ぶことができず、古い反弁証法的な思考方法にとらわれていた。そしてマルクス、エンゲルスによってヘーゲルの思弁的弁証法が唯物論的につくり変えられ科学的弁証法となったとき、科学者の生活の位置そのもの、支配階級への依存が科学者の大多数をマルクス主義の科学的弁証法から切りはなしたのである。このことは今日においてもなお、資本主義諸国の科学者の大多数についていえる。今日もなお世界観、認識論、方法論と実証的研究そのものとの矛盾、披行が科学的認識の発展をおくらせているのである。(1) 私はここでこのことをくわしくのべることはできない。ただこのことについては、最近では特に武谷三男氏が幾多の論文で強調しているということ（たとえば、『自然科学』第二号の「現代物理学と認識論」）そして坂田昌一氏が「湯川理論発展の背景」（『自然』八月号）のうちで、一方では方法の促進力の誇張をいましめながら、明確にのべているということ、そしてそれらが第一線にある有力な物理学者の自己の研究そのものに根ざして語られているという事実を指摘しておきたい。

（1）共産党への依存と大学教員という生き方への無反省が自称マルクス主義の哲学者たちを本当の弁証法から引き離し、「理論と実践の統一」の正しい理解を妨げました。だから、松村氏がここで挙げている例は自然科学の例です。社会科学や哲学で何か成果があったのでしょうか。こういう事も同時に論じるべきでしょう。

私はヘーゲルの弁証法的方法そのものの検討にはいってゆきたいと思う。しかし、ここでもまたもちろんそのあますところのない検討ということはこの論文の範囲ではない。(1) ただ私は中心的なことがらについて大体の指示を与えうるにすぎない。ヘーゲルの弁証法的方法において第一に注目すべきことは、ヘーゲルは観念論者でありながらも客観的観念論者として、レーニンが指摘した「観察の客観性」を弁証法の本質として要求し、これによって弁証法を詭弁や外面的反省から区別しているということである。ヘーゲルによれば、弁証法的方法は「事物そのものに眼を向け、事物に内在するものを意識にもたらす」(『大論理学』)ことでなければならない。否定性は弁証法の本質的なモメントである。しかしこの否定性は外面的な反省によってつくりだされるものであってはならず、事物そのもののうちに含まれるのでなければならない。ヘーゲルはその哲学史のある個所でこのことをきわめて見事にいいあらわしている。「人は事柄のうちに没入し、対象をそれ自身に即して考察し対象がもつ諸規定にしたがって取りあげる。このような考察において対象はそれ自身、それが対立的な規定を含み、したがって自己を揚棄するものであることを示す。」この意味でヘーゲルは弁証法的方法を分析的方法と総合的方法との真の統一と考えている。「哲学的方法は分析的でもあればまた総合的でもある。しかしそれは、有限な認識のこの二つの方法を単に並置するとか交互に用いるとかいうような意味でそうなのではなく、両者を揚棄されたものとしてその内に含むものであり、したがって哲学的方法はその運動のあらゆる点において分析的であると同時に総合的である。」つまり弁証法的方法は、外から主観的に関連をつくりだすものではなくて、対象そのもののうちに内在的関連をさぐるのである。ベルンシュタインをはじめとして多くのマルクス主義の修正者たちが弁証法を何か外から事物におしつけられる公式のように考えているとき、また弁証法にかんする浅い理解が、その信奉者においてもこの程度を出ないとき、このことはいくら強調してもたりないことであろう。[2]

（1）語るものがあるならば、論文の目的から離れても語っていたでしょうに。結局、松村氏はどこでもそれを語ることがなく終わってしまいました。つまり頭の中になかったのです。出てこなかったものは無かったのです。

（2）ヘーゲルの言葉を引用するだけでは「ヘーゲル論理学の唯物論的改作」とは言えないと思います。

しかし、ここで指摘しておかなければならないことは、ヘーゲルが客観的ではあるが観念論者として、その客観性を本当に貫徹することができないということ、いな、むしろその反対のものに変えているということである。[1] ヘーゲルが事物といい、対象という場合、それはこれまでのべてきたところから明らかなように、事物そのものではなくて、事物のうちに内在する概念にすぎない。そして論理学そのものの範囲内でいえば、人間からも自然からも切りはなされて超越的存在と化された普遍的な思考形態（カテゴリー、判断、推理の形式など）にすぎない。このような存在に客観性をつらぬくということは、自然にかんする人類の認識の拡大と深化、その大きな里程標としての論理的思考形態の発展を、カテゴリーそのものの自己発展として思弁的に考察することを意味する。したがって、ヘーゲルが内在的な否定をさぐって新しいカテゴリーへ移ろうとするとき、その関連そのものが存在の普遍的規定間の関連、人類の認識の進展の関連によって根本的に導かれている場合でも、ヘーゲルはそれに思弁的な理由づけを与え、この思弁から逆に現実的な関連を説明しようとしている。

（1）すぐにまた「ヘーゲルの観念論」とやらに話題を移す、これが分かっていない人のやり方です。

ヘーゲルの弁証法から批判的に摂取しようとする場合、この思弁的な理由づけに迷わされないことが第一の前提となる。この思弁的理由づけをヘーゲルのカテゴリーからカテゴリーへの移りゆきから取り去ってみるとき、そこには何が残るであろうか。それは、その内容からいえば、対立の一つの項のうちに他の項との内在的関連を見出して他の項へ進み、他の項のうちにまた最初の項との内在的関連をさぐって両者の統一に達するという思考過程である。そしてこの統一としての新しい概念は、単に前の二つの概念をよせ集めたものではなく、それらをモメントとして含む新しい概念をなしている。たとえば質と量との総合としてのマース〔質量、度〕を考えてみれば、それは単に具体的なものが質的側面と量的側面とをもつということにとどまらず、量に限定された質、質に規定された量として、新しい内容、新しい法則をもっている。(1)

（1）「例えば」でも何でもいいですから、理論と実践という対立物について「対立の一つの項のうちに他の項との内在的関連を見出して他の項へ進み、他の項のうちにまた最初の項との内在的関連をさぐって両者の統一に達するという思考過程」を展開してほしいものです。

このように見てくるとき、ここには二つのことが指摘できる。一方において、質から量へ移り最後にマースに達するのは、思考的認識にとっては進展である。しかし、他方において現実の事物そのものがこのように発展するのではなく、現実に存在する具体的なものは最初から質と量との統一であるマースである。(1) ヘーゲルはこのような思考過程を「独立の主体」に変え、対象についていえば同時的な関連に時間的発展の形式を与えるのである。マルクスがプルードンの概念弁証法についていったように、ヘーゲルもまた「純粋理性によって他の諸段階の産出に移る時となると、かれはあたかもそれが新しく生れ出た子供でもあるかのように取扱い、それもまたかの初めの段階と同じ年齢であることを忘れてしまう」（『哲学の貧困』）のである。マルクスが『経済学批判』への序論の「経済学の方法」のところでヘーゲルに加えた批判も根本においては同じである。要するに、ヘーゲルは歴史的に発展する自然には発展を拒み、自然のあらゆる発展段階に共通するような普遍的な論理的規定には人間による認識の発展を実体化するることによって発展の形式を与えるという二重の誤謬を犯しているのである。

（1）これが松村氏の認識論主義的解釈です。これだと「存在と思考は一致しない」ということになります。

このような事情から、ヘーゲルの弁証法的方法について二つの解釈が生まれてくる。その一つは、ヘーゲルのトリアーデ〔正・反・合の定式〕の進行の外面的形式をのみ弁証法的方法と考える浅薄な理解である。Aはその次に出てくる反対物によって否定され、この反対物は再び否定されて最初と同じ形態をもつものが復活してくる。マルクスもエンゲルスも「否定の否定」にこのような意義をも見出してはいる。しかしそれはまず第一に、外から張りつけられる公式としてではない。次に、もっと重要なことは、この形の否定が弁証法の唯一の根本法則と考えられているのではなく、発展の複雑性を理解する一つの重要な法則と考えられているにすぎないということである。レーニンはこの形の否定の否定を「古いものへの外見上の復帰」（『哲学ノート』、弁証法の諸要素）とよんでいる。これはきわめて正しい。発展とは、古い形態と内面的関連をもちながら、不断に新しい形態が生じてくることである。[1]しかし、古いものの特質がまったく繰りかえされないのではない。本質的に新しいものが生じながら、古い特質がより豊かな内容をもって帰ってくる場合もある。これがいわゆる否定の否定の真の意味であって、それは普通考えられているような予見の公式ではないのである。

（1）これでは変質と発展の違いが説明できません。企業が「新製品」と言って売り出したものは発展ではなく退歩の場合もあります。

もう一つの理解は、ヘーゲルのトリアーデの内容、すなわち、対立の同時的関連にむすびつく。この場合ヘーゲルの到達点は対立の統一であり、矛盾の解決である。ここから弁証法は対立の闘争による発展の理論から、対立の調和の理論に変えられ、発展を知らぬ「弁証法」がつくり出される。その一つの例は田辺博士の「弁証法」である。ここでは科学で統一できぬもの、現実の社会のうちで調和できぬものをどうしたら統一調和させうるかを考え出すことが「弁証法」であって、階級協調の小ブルジョア的政治理論がその目標および結論となっている。

私は、先にヘーゲルの弁証法が世界の発展の天才的予感であり、しかも発展にかんする最も深い論理であるといった。しかし、ヘーゲルの論理学にのみ局限していえば、発展の普遍的形式は論理的思考過程からとり出されている。したがってこれは対立の同時的関連に帰着するともいえる。そして対象的発展の幻影をそれから除き去れば事がすんだようにもみえる。しかし、ヘーゲルの弁証法的方法から、対象的発展そのものの認識方法を学びとるためには、再びヘーゲルが与えた進行の形式をまじめに考えてみる必要がある。

ヘーゲルが概念の発展の根本動力と考えるものは、概念そのもののうちに含まれている否定、矛盾である。最初の肯定はそのうちに自己の否定を含むことによって肯定と否定に分裂し、この両者の闘争が弁証法的運動を構成する。そしてこの闘争が両者の統一である新しい肯定を生み出す。これは未発展の対立から対立の闘争へ、そしてこの闘争を通じて新しいものの生成という形式をもっている。もちろん、ヘーゲルの場合、この対立の発展は対立を意識することにすぎず、その闘争は思想内の闘争、新しい統一によって矛盾を解決しようとする思考の努力を意味する。しかしヘーゲルがこの思考の努力を世界におしひろげようとしてそれに与えた形式こそ、ここで取りあげなければならないものである。事実ヘーゲルは、かれがそのうちに歴史的発展を現実に見出した世界史においては、やはり観念論的にではあるけれども、未発展の対立から対立の発展へ、そして両立しがたい矛盾の成熟による古い形態の死滅と新しいものの発生という見地をつらぬいているのである（たとえば、『歴史哲学』の「ローマ世界」への序論的部分の終りを見よ）。

この対立の闘争による発展の理論のうちにこそ、発展にかんする最も深い理論としての弁証法の核心があり、その革命的精神があり、フランス革命の息吹がある。ヘーゲルの弁証法的方法からこれを抜き去るとき、弁証法は気のぬけた保守の理論に転化してしまう。

また弁証法の外的形式のように見えるトリアーデも、ここからのみ内面的に理解される。すべての事物はそれを現存させる過程そのもののうちに、その死滅への過程を含んでいる。しかしこの否定の過程は単に古いものの解体の過程ではなくて、同時に新しいものの発生の過程である。このように、肯定のうちに否定を理解し、そして否定のうちに新しいものの肯定を理解することこそ、ヘーゲルのトリアーデの根本精神である。それは本来、順次に生じる三つの形態の関係ではなくて、ある一つの形態から新しい形態への転化の内的連関を示すものである。

しかし、もしわれわれがあらゆる形態に共通な最も一般的な規定を抽象的に考察すれば、対立の闘争による発展でなく、単に対立の統一を問題とすることができるように見える。先に言及したマースについて考えてみれば、それは質と量との統一であり、現実の具体的な事物はすべてこのような統一である。ヘーゲルがその論理学で質から量へ、そして最後に両者の統一に移るとき、そこでは対立の統一のみが問題となっているように見え、この統一をとらえる思考過程が独立の主体とされることによってのみ対象的な発展の外観がつくり出されるように見える。しかしこの場合でも、ヘーゲルがマースにおいてのべるのは、単に質と量との統一でなくて、両者の矛盾による発展である。ここでヘーゲルが到達する最後の具体的な法則は、すべての事物は特定の量によって規定されている特定の質であって、その特定の統一は一時的だということである。同じことは、形式と内容、理論と実践、生産力と生産関係、等々、あらゆる抽象的に理解された対立の統一についていえる。(1)ヘーゲルが対立の統一に達する概念弁証法、カテゴリーからカテゴリーへの歩みをのみ念頭におくと、それは対象的には発展でないように見える。しかし重要なことは、ヘーゲルもすでに、この統一そのもののうちで矛盾による発展を理解していることを知ることにある。いわゆる「対立の統一」の法則は、具体的な事物のうちにおける特定の対立をとらえ、その矛盾による古い形態の崩解と新しい形態の発生とを理解することにまで進まないとき、発展の理論から切りはなされてしまうのである。(2)(一九四六年一〇月)

(1)「理論と実践について」も「同じことが言える」のなら、それを実際に展開するべきでしょう。結局、松村氏はヘーゲルやマルクスやエンゲルスやレーニンの引用以外に自分で独自に明らかにした事はないのです。これでは研究ではありません。

（2）この論文は最初は雑誌『理論』（日本評論社、一九四七年二月）に載ったそうですが、単行本としては『弁証法的唯物論のために』（北隆館、一九四七年）に載りました。今ではこぶし文庫の『変革の論理のために』（一九九七年）に収録されています。

レオーノフ「弁証法的唯物論講話」[1]（社会思想研究所編訳）

（1）原著はスターリン時代に弁証法的唯物論の根本命題を体系的に叙述しようという意図を表明したものです。原著の序言の日付は一九四八年八月一日となっています。邦訳は「社会思想研究所編」（三一書房、一九五四年再版）となっていますが、そのはしがきは翻訳責任者の及川朝雄の名前で書かれており、日付は一九五〇年十一月末となっています。

編著者より

これの目次を次に掲げます。ルッポルについての文章の最初にその目次とミーチンの本の目次を対比的に載せましたが、次のレオーノフの目次を見てください。

第四章　量的な変化から根本的な質的な変化への移行としての発展
第五章　対立物の闘争としての発展

第二部
第一章　観念論と唯物論との根本的な諸形態
第二章　世界の物質性とその発展の合法則性
第三章　物質の本源性と意識の副次性
第四章　世界とその合法則性の認識可能性

見られるとおり、現在までのいわゆる弁証法的唯物論の教科書の原型となっています。弁証法は方法で唯物論は理論であるとか、否定の否定についての叙述がないといったスターリン哲学の偏向は今では見られなくなりましたが、ここに完成したミーチン哲学の構成ないし考え方を見ることができます。スターリン批判を経て、更に社会主義の崩壊を経た今でも、この考え方はほとんど変わっていないと思います。

本書で読むのはこの「第二部　マルクス主義の哲学的唯物論」の「第四章　世界とその合法則性の認識可能性」の「第六節　認識における実践の役割」です。なお、引用にあたっては漢字は現在のものに変えました。「つ」と表記されている小さい「っ」は「っ」としました。角括弧で内容上の見出しを付けました。

六、認識における実践の役割

〔認識論と実践概念〕　マルクス主義によって哲学でおこなわれた飛躍と変革は、マルクス主義がはじめて認識を、人間の実践的活動との弁証法的な連関において考察するようになったところにある。

観念論者は実践を認識論から除外してしまう。かれらは自分の認識論を実践と対決するのを極力避け、抽象という雲の上にのがれでようとする。(1) 哲学上の反動分子はすべての物や現象は精神や意識や感覚に依存すると説教し、実践は認識論といかなる関係ももたないといった見方を大衆にうえつけようとしている。このような仕方でブルジョア哲学は、物質的生活諸関係の変革を目ざす実践的闘争から大衆をひき離そうとしているのである。(2)

(1) これは間違いです。ヘーゲルの観念論は実践をその認識論の中に位置づけました。敵のことは何もかも悪く言うのは自称科学的社会主義者の通弊です。

(2) レオーノフを含めて自称プロレタリア哲学は、共産党や党幹部の在り方や査問などを原理的に検討する実践から大衆を引き離そうとしています。

観念論者は実践という概念そのものを歪曲してしまい、実践とは抽象的な精神的な活動であるとか、そのなかで生きとし生けるものの創造がおこなわれる精神的過程であるというふうにみている。マルクスはいう、——観念論は「現実的な感性的な活動をこうした活動として知っていない」（マルクス「フォイエルバッハについてのテーゼ」第一項）。このもっとも顕著な例がヘーゲルである。ヘーゲルは主体の客体にたいする実践的関係、主体による自然の能動的な改造を認めてはいるが、しかしかれのいう客体や自然は、思想や理念のことであるし、実践や労働や活動というのはただ抽象的な思考活動のことであり、絶対理念の創造的な役割のことである。ヘーゲルは思想を現実と同一視することによって、ただたんに認識ばかりでなくすべての実践をも、たんに思惟として、絶対理念の自己認識というふうにみてしまうのである。[1]

（1）これはヘーゲルを自分で研究しないでマルクスとエンゲルスの言葉の一部だけを繰り返したものです。ヘーゲルの目的論でもしっかり読んでみたらどうでしょうか。

プラグマチズムも実践から出発するみたいであるが、しかしここでいわれる実践は、根本から歪曲され、主観的観念論の立場から解されたものであり、企業家的・商人的な事業、実業家の目論見、かれらの「観念」の成功[1]というふうに理解されているのである。

（1）「企業家的・商人的な事業、実業家の目論見、かれらの観念の成功」も実践の重要な一部だと思います。学問をする時にはいったん自分の好みや価値観を保留する必要があります。理論と実践の分離の意義が分かっていないからこういう間違いを犯すのだと思います。

レオーノフ「弁証法的唯物論講話」（社会思想研究所編訳）

〔認識の源泉ないし原動力〕　観念論者は実践についてこのように逆立ちした見方をしているため、認識の発展の原動力という問題、つまり認識を前進させる源泉という問題[1]の解釈の仕方も逆立ちしている。観念論者の主張によると、認識はなにものにも依存しない「自由な探求精神」の作用をうけて前進するのであり、科学の発展は概念の独立した発展過程というふうに描きだされている[2]。

（1）レオーノフも「認識の（発展の）原動力」と「認識の源泉」を同一視しているようです。

（2）「自由な探求精神」も「概念の展開」も実際にあるのです。それをどの程度独立したものと見るかで意見が分かれるだけです。

観念論はまたわれわれの知識の真理性の規準という問題をも歪曲してしまう。真理の規準を人間の意識のうちにあると見ている。デカルトは思想の明晰と判明とが真の思惟の証拠だと考えた。しかし誤った概念でも明晰と判明といった外面的な特質をもちうる以上、それは役にたたない規準でしかない。他面、ある人には明晰に見えようとも、他の人にはまったく不明瞭なものに見えることもある。したがって、明晰と判明という特質は、科学的認識の指針とするにはあまりにも不確定なもの、主観的なものである。(1) ヘーゲルは真理とは知識の客体への照応であると規定した。しかしかれにあっては客体としてあらわれるのがこの同じ知識であるのだから、けっきょくかれは、真理とは知識が知識そのものに一致することだという結論におちこんでしまう。(2) バークレーは真理の規準として、感覚の連関性をもってきた。しかしこれも役にたたない規準である、というのは、夢を見ているときには、とくに幻覚におちいっているときには、人間の印象はきわめて連関的なものであるからである。マッハ主義者は真理の規準を「思惟の経済」――つまり経済的に思考するということ――のうちにみた。しかし現実が複雑なものである以上現実をできるだけ単純に思考しようとすれば、現実を歪曲してしまうことになる。ボグダーノフは「一般的に意義あるもの」、つまり多くのものによって語られるものを真なるものと考えるよう提案した。しかしこういう見方をとれば、かつて広く普及したすべての誤解も真理の序列中にふくめられることになってしまう。ボグダーノフによると、むかし圧倒的に多数の人々が森の精や家の霊を信じていたが、それは真理だったということになってしまう。

(1) デカルトの明晰判明知も決して無根拠に提唱したものではありません。同じ問題に対して対立した意見が出た場合、人はどのようにして判断するでしょうか。学問外の事情がからむことが実際には多いのですが、それは今は除くとすると、人は経験や実験の結果に基づいて判断します。しかし、その時、経験や実験の結果はそのまま理論と対比されるのではなくして、その人の意識の中に取り込まれて判断されます。その時の基準はもちろん「その人の持っている明晰判明度」を基準にしてなされます。その「明晰判明度」はその人のそれまでの経験と思索の結果として出来上がっているものです。ですから同じ経験や実験からでも異なった解釈が生まれるのです。「恋人の会話」（拙訳『精神現象学』未知谷に所収）を参照してください。

（2）ヘーゲルの真理観についてのこの理解は完全な間違いです。私見は拙稿「ヘーゲル哲学と生活の知恵」（『生活のなかの哲学』鶏鳴出版に所収）に書きました。

このように、観念論の変種はいかなるものも真理の規準を客観的な現実のうちにみないで、感覚や、理念や、主観や、概念の明晰と判明といったもののうちに見ているのである。だから観念論の立場にたったのでは、真なるものを虚偽なるものから、実在的なものを幻想的なものから区別することはできないのである。

実践の本質、認識過程における実践の役割を、マルクス以前の唯物論もまた理解しなかった。哲学が孤独者の哲学であったかぎり、哲学が期待できた最大なこと――それは世界を説明することであった、というのは、世界を変革する実在的な可能性を古い唯物論者はもっていなかったからである。(1) このことから古い唯物論の受動的で直観的な性格がでてくる。実践的な、革命的に批判的な活動の意義は、従前の唯物論者には理解されないままであった。「これまでのすべての唯物論――フォイエルバッハのものもその数にいれて――の主なる欠陥は、対象、現実、感性がただ客観のあるいは直感の形式のもとにのみ把握されていて、人間的感性的な活動として実践としては把握されず立体的には把握されないでいることである」(マルクス「フォイエルバッハについてのテーゼ」第一項)。

(1) 科学も哲学もその本質と目的は「事実を説明すること」です。世界を変革すること自体は哲学の仕事ではありません。それはレオーノフの言うマルクス主義という哲学でも同じことです。実践という概念を自説の中に位置づけることと、実際に実践することとは別のことです。

古い唯物論者は周囲の世界を人間の実践と連関させないで考察した。人間による現実の認識をかれらは受動的な直感に帰し、自然と人間との相互作用をみなかった。マルクス以前の唯物論は、人間の感性的な知覚でさえも、感性的な活動として、実践としてのみはじめて正しく理解されうると規定するところまでは達しなかった。かれらは自然の変革において人間の積極的な干渉がはたす役割を理解することができなかったからで、社会的実践的活動の変革的な役割をも理解することができなかった。

古い唯物論の制約性のしからしむるところ、ベーコンやフランス唯物論者のばあいのように、実践が個々の実験や実験室内の経験の段階にまで引下げられてしまったり、あるいはフォイエルバッハのばあいのように、実践がちっぽけな小商人的な活動として解釈されてしまった。フォイルバッハによると、実践的な見地、つまり食ったり飲んだりの見地は、認識にはなにらかかわりのないものなのである。

古い唯物論者にあっては実践の理解は制限されていたから、認識の発展の原動力という問題をかれらは科学的に解決することができなかった。一方の古い唯物論者は、この原動力を「好奇心」とか「知識欲」とかいったもののうちにあるとみなし、他の唯物論者は、認識の基礎〔1〕をなすものは満足欲であると主張した。

（1）「認識の発展の原動力」はさらに「認識の基礎」と換言されました。説明もなくやたらに概念を言い換えるのは学問的とは言えません。

〔真理の基準〕　マルクス以前の唯物論者は、真理の規準の問題でも大きな困難をなめた。古い唯物論はわれわれの思想が客観的現実と照応することが真理の規準であると正しく考えておりながら、認識の真理性の検証はいかにして、いかなる状態のもとで、どのような仕方でおこなわれるかという問題について科学的な答えをあたえることができなかった。古い唯物論は社会生活にたいして唯物論的なおよび弁証法的な見方をとることができなかったため、真理とその規準について徹底した唯物論学説をあたえることができなかった。

〔認識の目的としての実践〕　実践の本質と認識において実践がはたす役割という問題は、マルクス主義哲学においてはじめて徹底的に科学的に解決された〔1〕。マルクス主義哲学は革命的な労働者階級の世界観として発生した。マルクス主義は観念の発生を社会的存在の反映として説明したばかりでなく、労働者階級の大衆によって把握されると物質的な力となる先進的な観念の偉大な役割をも明らかにした。マルクス主義哲学は古い唯物論の本質的な欠陥を根本的に克服し、実践を弁証法的唯物論の認識論のうちに有機的にとりいれた。かくて世界の実践的な変革がマルクス主義哲学の根本的目的となった。(2) マルクス主義の発生とともに、哲学の性格は根本的に変革したが、マルクスはこのことについてつぎのように定式づけている。「哲学者は世界をただいろいろに解釈しただけであるが、しかし大事なことは世界を変革することである」(マルクス「フォイエルバッハについてのテーゼ」第十一項)。(3)

（1）つまりマルクス主義哲学も認識という対象についてそれ以前の学説とは違った仕方ではあるけれども結局はただ「説明」しただけなのです。そして、これで好いのです。学問は事実を説明することだからです。

（2）世界の実践的な変革はマルクス主義哲学の目的ではありません。

（3）このテーゼの意味は「世界の実践的な変革がマルクス主義哲学の目的だ」ということにはなりません。百歩を譲っても「その変革に役立つことが目的だ」という意味にしかなりません。その変革そのものとその変革に（理論的に）役立つこととは違います。

〔実践は認識の基礎〕　実践的活動は客観的世界の合法則性を認識するための出発点であり基

礎である。「すべての人間的実践は、真理の規準として、また対象と人間に必要なものとの連関の実践的な規定者として、対象のあますところなき『規定』のうちにはいらねばならない」（レーニン「ふたたび労働組合について、現在の瞬間について、および同志トロツキーとブハーリンの誤りについて」）。実践が認識過程の基礎としてあらわれるのは、科学的認識が人間の歴史的に発展する生産的な活動とすべての社会的活動とから生じかつ生長してゆき、そういった活動によって規定されるからである。認識の活動は、こんどはまた社会的実践によっていっそう深く条件づけられる。人間の実践的活動が広くなれば広くなるほど、人間はますます深く世界を認識するようになる。

マルクス・レーニン主義哲学は実践とは人間と自然とのおよび人間相互間の積極的な相互作用の過程であると解する、だから実践のうちには人間のすべての社会的・歴史的活動がふくまれるのである。(1) 人間はその実践的活動において、客観的世界、自然、社会に直面し、そういったものに依存し、そういったものによって人間の活動は規定される。しかし「世界は人間を満足させない、そこで人間は自分の行動をもって世界を変革せんと決心する」（レーニン「哲学ノート」邦訳二一四ページ）。人間は自分の実践的活動によって自然を変革するばかりでなく、社会をも変革するのである。したがって、マルクス主義の実践概念は人類の全歴史をとらえ、人間による自然の変革（技術や産業や農業等々の発展）をもふくむとともに、社会的諸関係の改造をもふくんでいるのである。

（1）個人内の実践もあります。又、観念内の実践もあります。例えば或る方法を或る問題に適用して考えてみることです。定義をする時には周囲の諸概念との関係も考えるべきです。ここでは何よりも理論との関係を考えてみるべきです。理論を実践の反省形態とすると、実践は人間の行為（最広義）を直接的に見た限りでのものとなります。

人間の実践的活動は、なによりもまず物質的な生産活動である。しかし階級社会においては人間の物質的生活過程は階級関係をふくんでいる。人間は生産において、階級闘争において、政治活動において、世界を改造する積極的な力としてあらわれる。そういう意味で実践は階級や党派の闘争をふくんでいる。階級社会における高度でもっとも行動的で改造的な表現は、歴史的運動のうちに広汎な大衆が引入れられ、社会的諸関係が根本的に改造される革命[1]である。

（1）革命とは厳密には国家権力が或る階級から他の階級に移ることです。「社会的諸関係の総和」である現実の社会は国家権力という関係以外にも無数に多くの関係から成り立っていますし、そのいくつかの関係は不断に変革されています。例えば、教師がアンケートを取って生徒の意見を聞くようになったら、教師と生徒の関係はその点で変わります。県知事を選挙制から大統領の任命制に変えるのもそういう社会関係の変革（改悪）の一つです。一般に、マルクスが「人間の現実的な本質は社会的諸関係の総和である」としたことの現実的な意味が全然理解されていないようです。

マルクス主義的実践観の立場にたてば、認識の発展の原動力という問題も科学的に解決することができる。認識は、観念論者が主張しているように、絶対的に独立した・自発的に展開する過程ではない。実践からきり離された「純粋」科学といったものはこれまで存在したことはない。(1) 万一こういった「純粋」科学が生れたとしても、そんな科学はなんら用いられるところのないものであるから、かならずだめになってしまうだろう。すべての真の科学が存在しつづけるのはそれが人間社会に必要であり、人間の実践的活動の助けとなるからである。(2)

(1) つまり理論と実践は事実一致しているということです。しかしレオーノフは自分の言っている事の意味が分かっていないようです。

(2) この「実践的活動」とはレオーノフの好きな革命や社会主義建設だけではありません。レオーノフの嫌いなブルジョア的活動や共産党を批判する活動も含まれます。念のため。

科学が発生し発展する原因は、人類の物質的生活の諸条件に根ざしたところにあって、なにか特別な、神によって人間にあたえられた本能的な認識欲といったものに根ざしているのではない。(1) ところが観念論者はこういったことによって科学の発生を説明しようとしたのである。認識は社会生活の実践的欲求の影響をうけて発展し、社会的実践の発展とともに完成されてゆく。「今日まで生産が科学に負うているところだけが、自慢げに見せびらかされている。しかし科学が生産に負うことの方が無限に大きい（エンゲルス「自然弁証法」一四八ページ註）。

（1）根本的には認識は物質的生活に根ざしていますが、直接的には知識欲とか酔狂といった原因が大きな役割を果たすこともあると思います。認識の実践からの相対的独立を認めないのは俗流唯物論です。

理論にたいし諸任務を提起し、認識の源泉となり、理論が仕上げるべき問題を決定するものは、社会的実践である。実践は科学史上科学の形成に決定的な影響をあたえてきた。シュタルケンブルクあての手紙でエンゲルスはこう書いている。「あなたが主張しているように、技術はいちぢるしい程度に科学の現状に依存しているにしてももしかし科学の方はそれよりもはるかに大きく技術の現状と欲求とに依存しているのである。もしも社会に技術的欲求があらわれるとすれば、それは十個の大学よりもずっと大きく科学を前進させるであろう」（マルクス二巻選集、第一巻、一九四一年版、三五七ページ）。

天文学は、農牧民族にとって必要な年時を精密に算出する要求から生れたのであり、また航海や砂漠を横断するさい位置を決める必要から生れたのである。数学は実際にものを計算する必要や、土地面積を測量する必要から発展したものである。だから算術や代数が大規模に商業を営んでいた諸民族——地中海沿岸都市にすんでいたフェニキア人やギリシャ人——のあいだに発生し、そして発展していったのはなにも偶然ではない。またしばしば地面の分配をおこなった農耕民族が幾何学や三角法の創始者だったのも偶然ではない。ナイル河渓谷の田畑を耕していたエジプト人は、洪水があるたびごとに所有地の境界を復元しなければならなかったところから、純粋に経験と体験の仕方でもって幾何学をつくりだしたのである。この実用幾何学は理論幾何学の土壌になった。幾何学や科学はその基本的な要素や概念が抽象的に仕あげられているおかげで、とりわけ経験や物質的世界の実在的な諸性質には依存していないように思われるが、そのすべての成果は、「人間が生存するようになったはるか以前にその大部分のものがすでに自然のうちであったところの、各種の線や面や立体やそれらの組合せの自然的なものにほかならない」(エンゲルス「反デューリング論」三二九ページ)。人間が長方形の一辺をぐるっと回転させることから円筒形という考えをもつまでに、人間は多くの長方形と円筒を研究したにちがいなかった。

力学の発展の例をみれば、生産が科学に負っている以上に、科学は生産に負うているというエンゲルスの命題がいかに正しいかがとくにはっきりとするであろう。力学は労働用具を使ったり、農業国において灌漑技術が必要となったところから生れてきた。そしで都市や大建造物がつくられるようになるとともに発展し、さらに航海や産業や軍事問題の発展とむすびついて生長した。

十五世紀~十六世紀の社会の実践的欲求は、力学にたいし次から次へと問題を提起した。鉱山業が嵐のように発達してくるとともに、鉱石を坑道から引上げる装置が必要になってきた。重量物を引上げるという問題はこの頃機械のことが「重量物の引上げ装置」と定義されたほどの大きな役割をはたしたものであった。最初の簡単な機械——巻揚機、滑車、斜面——は、もっとも合理的に、最小の力の使用によって重いものをもちあげたり移動したりするための装置であった。商業上の航海が発展し、運河が敷設され、河川の運航が整備され、水車製粉機や水道が建設され、ポンプによる坑道の排水などがおこなわれるようになるとともに、流体静力学が発展してきた。さらに船舶の航行速度の増大、高速水車やタービンの出現とともに、流体動力学が発展するようになった。軍事技術は砲弾類の弾道研究を要求し、その結果一般力学、とくに弾道学が発展してきた。航海上の要求つまり緯度と経度とを決定する必要から、まず天体力学が発展した、それから経度を決めるにもっとも簡単な器具として精密な経度測定用経線儀(クローメーター)がつくられるようになった。

十八世紀にはいって蒸気機関が発明されたが、これは産業の緊急課題に応じたものであった。十八世紀末には坑道石炭を掘りだすにはますます地下深くにはいってゆかねばならなかった。十八世紀末には坑道の深さも長くなり、坑道の巾も広くなったため、そこから水をくみだすには人力や動物力ではもはやおいつかなくなった。機械力でこの仕事をすますにはどうしたらよいかが考えられるようになった。こういった必要から、ロシアではボルズーノフ、イギリスではニューコメンが蒸気機関をつくった。ボルズーノフとワットはこの機械を改良して、坑道の排水に応用したばかりでなく、各種の生産部門、なかんずく紡績業にも応用されるようになった。ボルズーノフとワットの発明をもとにしてフルトンが最初の汽船をつくったし、またロシヤではチェレバノフ兄弟、イギリスではスティーヴンソンが最初の軌道用機関車をつくった。(1)

(1) 本当にこのようにロシアの科学者ないし技術者が素晴らしい業績を上げていたのか、私は知りません。しかし、後世に与えた影響の大きさということを考えると、これらの人が知られていないのはその影響力が小さかったからかもしれません。日本にも関孝和という数学者がいて、素晴らしい業績があるそうです。しかし、後世への影響と従って知名度となるとどうでしょうか。このように考えると、学問なり技術なりのそれ自体としての高さと後世への影響とは別のものだということが分かります。後者は当人の国内での地位とかその国の国際的地位が絡んでくるのだと思います。

これまでの一切の歴史が証明しているように、実践と科学とは不可分の連関にある、科学の発生と発展とは実践的欲求にもとづくものである。

ダーウィンの理論は畜産業の発展と関連して、イギリスの牧畜家によって蓄積された人工淘汰の経験や、十七〜十八世紀をつうじて自然学者によって蓄積された膨大な事実資料を一般化する必要から生れたものである。

マルクス・レーニン主義の科学的共産主義理論は、プロレタリアートの革命的闘争の実践的欲求から生じた。ソヴェト同盟において科学が華々しく開花したが、これはソヴェト社会の実践的生活上の欲求と不可分的にむすびついている。社会主義から共産主義への移行とむすびついた、ソヴェト同盟における生活上の欲求はソヴェト科学にたいし新しい諸任務を提起し、それによって科学的研究そのものにたいしいっそう前進させるための強い刺戟をあたえている。(1)ソヴェト科学には、「ごく近い時期にわが国外の科学の諸成果に追いつくばかりでなく、それを追い越す」という任務が課せられている〔スターリン「一九四六年二月九日、モスクワ・スターリン選挙区の選挙人集会での選挙前演説」〕。

(1) 哲学については例えばどういう問題を提起しているのか、数例でいいですから挙げてもらいたいものです。共産主義運動は各国で行われ沢山の経験を積みましたが、少なくとも哲学に関してはほとんど成果がなかったと思います。哲学の前提たる思想の自由がなかったからだと思います。哲学者に実践とやらを強要したからだと思います。その根拠がこの「理論と実践の統一」だったのです。

〔**理論の実践への反作用**〕　こういうふうに、社会の実践的活動は科学にたいし新しい任務を提起するのである。するとこんどは理論および技術上の科学的諸成果が実践、生産、すべての社会的活動を実らせるのである。

科学的発見といったものはなにも生活上の欲求や実践にたいして関係がないように思える。

レオーノフ「弁証法的唯物論講話」(社会思想研究所編訳)

しかし実際にはそうでない。一八二〇年にエルステッドは電流が通っている近くでは磁針が偏よるのを観察したが、当時これは学者にとっては興味あるが技術的には縁の遠い珍しい現象ぐらいにしか見られなかった。しかし実際にはこの「珍現象」こそ現代電気技術全体の基礎や土台となったものである。メンデレーエフの周期律も当時はこれと同じように多くのものから、実践とは縁遠い純理論的達成であるかのようにみられていた。ところが今日では周期律は化学全体の基礎であるばかりか、すべての化学技術全体の基礎にもなっているのである。五〇年前に放射能が発見されたのであるが、しかし多くのひとからは「つまらないもの」ぐらいにしかみられなかった。ところが今日では放射能の事実にもとづいて、電子核の巨大なエネルギー源の利用がはじまっている。したがつて、理論科学を応用科学に観念論的に対置することがいかにまちがっているかは、以上のことからはっきりとするであろう。[1]

(1) それなら、政治活動をしないで哲学を研究している人にもやたらに政治活動を押しつけるべきではない、ということになります。「理論と実践の統一」のあり方は多様なのです。

階級社会においては実践はかならず階級的性格をおび、それぞれの階級の実践としてあらわれる。社会的意識が社会的存在の反映であり、実践的活動の欲求とむすびついて発展するかぎり、それぞれの階級の実践がその意識の発展方向を決定するのである。それゆえ階級社会においては認識はかならず階級的性格をおびて、階級闘争の武器としてあらわれ、所与の階級がその担い手としてあらわれる生産様式の創出や強化において一役を演ずるのである。反動的な諸階級の反動的な実践は古くさくなり世を終えた生産様式を強化しようとし、けっして科学的進歩の基礎にも源泉にもならない。科学的認識の発展はつねに進歩的な諸階級のイデオローグによって実現される。(1)

(1) 個人は決して一つの思想で貫かれているものではなく多くの矛盾を抱えたものだと思います。ですから、全体としては進歩的とか反動的と評される個人でもその反対の事をすることがあると思います。

ブルジョアジーが進歩的階級であり、その科学が先進的であった時代もあった。しかしブルジョアジーが反動的になって以来、ブルジョアジーは科学の進歩の担い手たることを止め、先進的な科学の発展は支配階級であるブルジョアジーの本質的な利益にあいいれないものとなった。

科学を反動的な目的に利用している明白な実例としては、今日の帝国主義国の現状があげられる。そこでは科学は軍事化され、帝国主義政策に従属されている。帝国主義者は現代科学の強大な力を世界支配をめざす新戦争の準備に奉仕させ、すべての技術上の発明や完成をまっさきに軍備の発展に、主として大量殺戮兵器に利用している。そして研究所活動の大部分は抽象

レオーノフ「弁証法的唯物論講話」（社会思想研究所編訳）

的な理論研究をもふくめて、軍備の強化のために軍機関から資金をうけてその統制下にふくしている。アメリカの物理学者モリソンのいうところによれば、アメリカの科学は全世界の前に新戦争の兵器匠としてあらわれている。

その源泉や性格や将来において革命的な現代の先進的な科学ともいうべきものはソヴェト科学である。十月社会主義革命によって生れたソヴェト科学は人類史上はじめて国家的な規模において、勤労者大衆に奉仕し、自然と社会の認識を前進させているのである。資本から解放されで広大な発展の余地をあたえられたソヴェト同盟の科学は、国民経済を意識的に計画的に指導する強力な道具に、共産主義を建設する梃子に、広汎な人民大衆を共産主義的精神で教育する道具となった。ソヴェト同盟における科学の民主化はなによりもまず広汎な大衆を科学知識に近づけたところにあらわれている。科学と人民との完全な結合、科学の諸成果を勤労者の利益のために利用すること、科学発展のための無限な余地といったものは、ただソヴェト国家のような新しい型の国家のもとでのみはじめて可能となったのである。(1)

(1) ソ連でもその初期にはこういう面もありました。何より革命前は文盲率が八割ほどもあったと言われていますが、革命後は文盲はほとんどいないか極めて少なくなりました。これは偉大な成果です。しかし、科学や思想全体については、スターリンの独裁権力の確立した一九二九年頃からは反動的になったと思います。哲学は始めから共産党に従属していたと思います。今でもこのような理想を追求している面のあるのはキューバだけのようです。ここでも残念ながら政府批判はできないようですが。

社会主義の生産力をたえず発展させてゆく強力な刺戟の一つは、科学と労働、科学と生産との結合である。社会主義制度は他のいかなる社会制度ともちがって、科学的達成を発展させこれを全面的に応用するための非常に有利な条件をつくりだす。エヌ・イェ・ジュコフスキー教授とエス・アー・チャプルイギンのモスクワ大学と最高技術学校における小さな航空力学研究室は、ソヴェト権力によって巨大な中央航空力学研究所に改組された。この研究所はソヴェト航空界の成功に大きな貢献をなした。十月革命前にデー・エス・ロジェストウェンスキーはペテルブルグ大学物理学研究所で永年にわたって金属蒸気中の光の分散にかんする問題を研究していた、そしてこの現象は原子構造の諸問題と関連をもっていたのであるが、しかし十月革命後になってはじめてロジェストウェンスキーの研究が中心となって、国立光学研究所が設立され、たんに技術光学ばかりでなく理論光学のすべての最重要な諸問題にかんする研究が研究所内に統合されたのである。この研究所の活動によってわが国の光学機械工業は急速に発展し、そのおかげで大祖国戦争にさいしてソヴェトの大砲、航空機や、艦隊の光学機械の装備に大きな役割をはたすことができたのである。(1)

（1）スターリンの人民弾圧にもソ連の科学と技術が使われたのではないでしょうか。

レオーノフ「弁証法的唯物論講話」(社会思想研究所編訳)

ソヴェトの先進的な革命的な科学の特徴について、同志スターリンはこう指摘している。ソヴェト科学はその目的と志向において、人民に奉仕する科学である。ソヴェト科学は人民から遊離するようなことはなく、人民から遠ざかることなくよろこんで人民に奉仕しその成果を人民にあたえるものであると。

ソヴェト科学は自分の殻の中にとじこもらないで、実践や技術と有機的にむすびつき、社会主義建設の諸任務によって決定される健全な実践主義と、科学上の諸問題を正しく提起し解決してゆくうえに必要な科学的思惟の内的論理とをそのうちに結合している。

ソヴェト科学は物神崇拝をみとめない。それは世を終えてゆくものを放棄するのを恐れることなく、経験や実践の声にじっと耳をかたむける。そしてその理論的諸命題を新しい所与にてらして再検討し、古くさくなったりあるいは正しくなくなった定式を大胆にふりすててしまい、前進を阻止するようになった古くさい伝統をうち破ってゆくのである。ソヴェト科学は新しい伝統、新しい規範や規定を創造してゆくことができる。

ソヴェト科学の導きの星となっているのはマルクス・レーニン主義の学説である。それはボリシェヴィキー的党派性によってうちつらぬかれ、勤労者の全人民的ソヴェト国家を強化するための強力な武器となり、ソヴェト社会主義社会を進歩させる強力な武器となっている。

〔**再び、認識の真理性の検証**〕 科学や理論は実践的欲求から生長するばかりでなく、実践においても検討される。実践は認識の真理性の規準として役だつ。「生活実践の見地が認識論の第一の根本的な見地とならねばならぬ」（レーニン全集、第八巻、一一六ページ、「民主主義革命における二つの戦術」）。弁証法的唯物論が真理の規準、真理を検証する道具と考えているのが経験や実践であるが、しかしそれは個々の検証や実験行為とか個人的経験といった狭い意味に解されたものばかりでなく、なによりもまず社会的・歴史的実践という意味で解されたものでもある。

物についてのわれわれの認識が正しいかそれとも正しくないか、現実的であるかそれとも現実的でないかという問題は、結局において理論的考察によって解決されるのではなく実践によって解決されるのである。自然にたいする人間の支配こそ、われわれの知識が自然の法則や性質を正しく反映していること、われわれの知識が客観的真理であることを証拠だてるものである。「人間の思惟が対象的な真理性をもっているかどうかという問題は、けっして理論上の問題ではなくて、実践上の問題である。人間は実践において真理性すなわちその思惟の現実性、力、此岸性を証明しなければならない。実践から遊離されている思惟が現実的かそれとも非現実的かという論争は、純粋にスコラ哲学的な問題である」（マルクス「フォイエルバッハについてのテーゼ」第二項）。

全面的な実践的検証(1)によって、われわれの結論が現実に照応していることがわかれば、このことはわれわれの考察もまた正しかったことを証明している。われわれが考察の結果たどりついた結論が実践によって確証されなければ、このことはわれわれがどこかで誤りをおかしたことをしめしている。このように実践は正しい理論を確証することによって誤った理論を排棄してしまうのである。

(1) 全面的な実践的検証などというものはないと思います。人間のする事はいつでも不完全性を免れないものです。だから、「実践による検証も完全ではありえない」となるのです。

生活上の実践や歴史的な結果は、すべての学説を評価する科学的な規準として役だつ。同志ラージンへの手紙にたいする同志スターリンの回答のなかでは、歴史的な結果、つまり二つの戦争においてドイツが敗北したということは、ドイツの軍事的イデオロギー――その担い手は過分の権威をもっていた――がいかに役にたたないものであるかを示したことが非常な確信をもって証明されている。

実践は、提起された目的にむかってわれわれが進みつつある道の正しいかどうかを実践によって検証するという点においても、また真理の規準である。

コペルニクスの太陽系説は三百年にわたって仮説憶測にとどまっていた。そしてその真理性は反駁されることも、肯定されることもできた。しかしルヴリエがこの仮説にもとづいて、もう一つこれまで知られていない遊星が存在する筈であると証明し、この遊星が天体中に占める位置を規定したとき、ついでさらにまたハレーが実際にこの遊星を発見したとき、コペルニクスの理論は証明されたのである。実践はコペルニクスの学説の真理性を確証し証明したのである。

古典力学の理論的土台ともいうべきニュートンの三大法則は、人類の千年に互る経験において、その実践的活動において確証されたものである。

動物の新種や植物の新種をつくりだす実践は、動植物の種の変異性にかんするダーウィンの学説の真理性をたえず確証するものである。

世界史の発展はマルクス主義の客観的真理性をたえず確証してきたし、また現に確証しているのである。

マルクスとエンゲルスは、資本主義の没落と社会主義革命の勝利とはブルジョア社会の一定の発展段階において不可避的である、と教えた。偉大な十月社会主義革命の勝利は、マルクスとエンゲルスの学説の正しさを実践的に確証したものであり、マルクス主義が歴史的現実を正しく反映し、資本主義的抑圧から解放するためにたたかう道を勤労者に正しく指示していることを証拠だてるものである。

レーニンとスターリンは一国における社会主義建設の可能性という学説を仕あげた。ソヴェト同盟の勤労者の生活と実践とは、この学説の正しさを確認した。

ある命題が実践によって確証されるということは、なにもそれ以上改造や精密化や具体化もされないということではない。レーニンは、実践の基準も絶対化すべきでない、この基準もまた相対的であると指示している。「実践の基準は人間のどんな表象であっても、それを完全に確認したり反駁したりすることは、実際からいってけっしてできるものではないということを忘れてはならない」（レーニン「唯物論と経験批判論」、岩波文庫、中巻、一二一ページ[1]）。人類の歴史的な実践もまた同じく発展してゆく、そして実践的活動の範囲が拡張されれば、自然と社会の法則にかんするわれわれの知識もいっそう精密化してゆく。

（1）レオーノフ自身がこれを忘れて、この命題の意味を更に展開することを怠っていると思います。

真理の基準という問題を、客観的真理が存在するかという問題と混同してはならない。真理の基準という問題はわれわれの知識の正しさを検証するという問題であるが、客観的真理にかんする問題は知識の源泉にかんする問題である。実践はあれこれの命題の真理性をもっとも高度に証明するものだという規定から、理論的命題が実現されないかぎり、それはいかなる証明も欠いているということにはならない。

社会革命の進行中にブルジョア国家機関を破壊する必要があるという思想はすでにマルクスによって理論的に証明されたことである。この命題は実践によって実現される以前でも真なるものであった。ところで偉大な十月社会主義革命がこの思想を確証したときこの思想は最高の証明をえたわけである。「われわれは、プロレタリアートが単純に古い国家機関を取って、それを運用することはできないということを理論的に知っていた。マルクスによってあたえられたこのわれわれの理論的命題は、われわれが官吏や勤務員やプロレタリアートの若干の上層者による一連のサボタージュの企図——国家権力の完全な解体の企図にぶつかったとき、事実によって完全に確証されたのである」(スターリン全集、第四巻、三八四ページ)[1]。

(1) スターリンという個人によって国家権力が乗っ取られることは防げなかったようです。

十月革命後に土地の国有化を実施するにあたって、ボリシェヴィキー党はマルクスとレーニンの諸著作において基礎づけられた地代理論、とくに絶対的地代理論から出発した。「これらの著作の理論的諸命題は、都市と農村におけるわれわれの社会主義建設の実践によって立派に確証された」(スターリン「レーニン主義の諸問題」第十一版、二八二ページ)。

マルクス・レーニン主義の勝利、その真理性の論破することのできない証明は、ソヴェト同盟におけるマルクス、エンゲルス、レーニン、スターリンの思想が実践的に実現され、わが国において社会主義が勝利したことである。[1]

(1) 自称社会主義者たちが国家権力を握ったことと社会主義社会が実際に基本的に建設されたこととは違います。現在のキューバは市場経済の要素を取り入れつつ社会主義経済として自立しようとしているようですので、今後の動きに注目したいと思います。

同志スターリンは第十八回党大会においてわれわれの諸成果を総決算し、そのさい主要なことは、わが国の労働者階級が人間による人間の搾取を根絶し、社会主義制度を確立することによって、全世界にむかって自分の事業の正しさを証明したところにあるとのべたのである。(1)

（1）スターリン時代の哲学の様子をよく伝える文章として歴史的意義があると思います。しかし、日本のような思想の自由のある国でさえ多くの優秀な人々がこういうものを信奉していたという事実は、よくよく考える必要のある問題だと思います。

レオーノフ「弁証法的唯物論講話」（社会思想研究所編訳）

宇野弘蔵「理論と実践」(1)

（1）この論文は一九四九年二月に『表現』という雑誌に発表されたようです。それが一九五八年、『「資本論」と社会主義』（岩波書店）という本の中に入れられてまとめられたそうです。その時「序章」が新たに書き加えられましたが、それによるとこの論文には「かなり筆をいれた」そうです。ですから、ここにあるのは発表当時のものとは少し違うのでしょう。今回はこぶし文庫に収録された同書（一九九五年）から取りました。

編著者より

一九四九年における左翼の状況、あるいは政治の状況がどのようなものであったかについては、こぶし文庫の「解説」（降旗節雄氏のもの）にこう書いてあります。

「一九五二年にスターリンの『ソ同盟における社会主義の経済的諸問題』が発表され、一九五三年から『日本資本主義講座』（岩波書店）の刊行が始まったというイデオロギー状況を考えれば、政治や実践運動から離れて『資本論』研究によって『科学としての経済学の完成を求める』という宇野の主張が、いかに強い風圧にさらされることになったかは容易に理解できよう」。

少し付け加えるならば、中華人民共和国の成立は一九四九年一〇月であり、その年の二月といえば、人民解放軍の猛攻が続いていた頃です。国内では一月の総選挙で共産党が三五議席を獲得して意気の上がっていた頃です。

共産党は長らく唯一の左翼として信仰されてきましたが、スターリン崇拝の当時からスターリンや共産党に盲従しなかった学者も少しはいました。その代表的な人物としてはこの宇野氏のほかに三浦つとむ氏を挙げておきましょうか。「強い風圧」に耐ええた理由としては、個人的な強さ（その種の強さ）のほかに宇野氏の場合はやはり東大教授という地位もあったと思います。三浦氏は在野の物書きでしたが、経済的には『弁証法はどういう科学か』（講談社現代新書）のベストセラーをはじめとして、平易な文章で人気があったことで支えられたのではないでしょうか。

宇野理論に対する私の態度について一言しておきます。私には宇野理論は分かりにくくてついていけません。その弟子の降旗氏の文章でおかしいと思った事について「悟性的認識論と理性的認識論」（『ヘーゲルの修業』鶏鳴出版に所収）を書きました。そこでは、降旗氏の考え方も共産党系の哲学教授の考え方も悟性的だと書きました。ヘーゲルが「現象」というカテゴリーをなぜ存在論に入れずに本質論に入れたのか、どちらの人々もその理由を考えてみたことがないのでしょう。あるいは考えても分からなかったのかもしれません。

Q君〔一、はじめに。I氏の宇野批判によせて〕

御手紙拝見しました。『資本論』の勉強も大分進んだようですが、いつかも申しましたように先ず全三巻を読まれるようにした方がよいと思います。疑問の点や難解の箇所もあるでしょうが、一応続けて飛ばさないで読むことです。そして大体の構造を知った上で疑問の点や難解の箇所は、あとから考えなおされた方がよいと思います。第二巻、第三巻も第一巻同様に続けて読まれることです。マルクスの経済学を知るという点からいえば、第一巻で停滞してはいけないと思います。(1)

(1) 要点だけでもいいですから、なぜそうなのか、その理由を書くべきだったと思います。大思想家の研究の仕方についての私見は「ヘーゲルとマルクスの登り方」(『ヘーゲルの修業』に所収)に述べておきました。

さて御手紙にあるK・I氏の「マルクスと社会科学」なる論文(1)は、僕もすでにS君の注意によって読んでいたのです。しかしあの論文は、冒頭にもある通り、僕の「見解にふれて」氏自身の見解を述べられたものであり、僕の所見を積極的に批判されたものではないようです。ただ僕のようなものも永年『資本論』の研究をやっているために、世間からはマルクス主義者のように考えられているが、決してそうではない、したがって僕の『資本論』研究などは、その理解も浅く、信用出来ないものだというようなことを、僕に対して批判するというのでなく、寧ろ世間に対して広告するというのが趣旨のようで、これに対しては僕として反駁することは、ちょっと困難を感ずるわけです。世間からどう思われているかは知りませんが、僕自身は未だ嘗て自らマルクス主義者と考えたことはありません(2)し、その点は何もいう必要はないことですが、他の機会でも明らかにしたこともあるので、いまさらI氏からそういわれなくてもよいことと思います。僕がマルクス主義者でないことが、僕の『資本論』に対する理解を不十分にしたり、浅薄にしたりしているということは、或いはあるかも知れません(3)が、それは僕自身にはよく分らないことで、積極的にどこがどう間違っているかを指摘されない限り、弁明することもできないわけです。

(1)『哲学評論』第三巻第七号所載の伊豆公夫論文のこと(降旗節雄氏の解説)。
(2)こういう機会に、「それでは或る人をマルクス主義者であるかないかと判定する基準は何か」と明確に問題提起するのが科学的な態度だと思います。宇野氏の低さは概念規定を明確にしようとしないで議論をする態度に好く出ていると思います。
(3)或る思想を理解するのにその思想を信奉していることはどの程度役立つかまたは妨げになるか、こういう風に原理的に問題を立てて考えていくのが科学だと思います。「かもしれない」で通りすぎるのは学者ではないと思います。一般にも、「自分の事は自分が一番よく知っている」という考えと、逆に、「他人から見てこその人の事が好く分かる」という説とがあります。この矛盾した意見をどう考えるか、これも同じような問題だと思います。私見は「批判と自己批判」（拙著『ヘーゲルからレーニンへ』鶏鳴出版に所収）に書きました。

僕は元来、マルクス主義における理論に対する実践という場合の実践を、政治的な組織的活動と理解しています。(1) 僕達の日常生活の行動も実践には相違ないですが、それはこの場合の理論に対する実践とは異なる実践だと考えています。僕は、従来も現在もいかなる組織的政治運動にも参加していないので、そういう意味での実践はやっていないという外はありません。しかし僕達の日常生活乃至職業的活動は、すでに現実の一定の政治関係の下に行われるもので、それも一種の政治行動だということになると、今一つ政治的実践を区別しなければならないことになります。(2) I氏もそうまではいっていられないようです。即ち氏は僕に対して、僕の『資本論』研究などは実践と統一されない理論の研究で「書斎や研究室でマルクス主義文献をいじりまわすか、それとも実践に立ち入る場合には、マルクス主義を世界観とする政党に対して、つねに批判、または反対の立場をとってきた」ものとして、僕を反共的態度をとるものとせられているのですが、「実践に立ち入る場合」とは何を指していられるのでしょう。これで見ると、書斎や研究室の研究は実践ではないようですから、僕が時に雑誌等に発表する論文などを書くことをでも指すのでしょうか。しかしこれも具体的に示されないとちょっと理解し兼ねるのです。もちろん政治的な組織的活動でなくても、反共的態度を個人的に表明するということは、その反対に単に個人的に共産主義的見解を述べることと同様に行われています。しかし僕は、こういう態度は、何《いず》れにしろ採りたくないと考えて来ていますので、もしそういうことをやっているとすれば、無意識的にやっていることで具体的に指摘して貰わなければなりません。(3)

(1) 勝手に決めては困ります。マルクスの考えをそう取るというなら典拠を示すべきでしょう。宇野氏のこの定義では「政治的」と「組織的」の二つの条件があるようです。政治的であっても個人的な行動は実践ではないようです。組織といっても二人から成る組織でもいいのでしょうか。狭く限定することは他意があるように思われます。

(2) これでいいのだと思います。初めにマルクスの、あるいは唯物論の実践概念を検討するのが順序だと思います。論理を云々する宇野氏がなぜ普遍から出発しないのでしょうか。自分の方法と実際の思考とが矛盾していると思います。

(3) 資本論はまず全体を読めと説教している宇野氏が、I氏の論文の批判となると相手の全体像を示さないで、又私のここでのやり方のように相手の論文を全文引用しながら検討するという態度を取らないで、全体の中での位置づけも分からない部分の批判から始めるというのは論理的ではないと思います。最低でも、相手の論点を箇条書きにしてそれに対して反論するようにしてほしいものです。

いわゆる労農派教授グループなるものに属するとでもいわれるのかも知れませんが、元来この教授グループなるものは、例の思想検事がデッチ上げた「政治的組織」で、当時の判事でさえ「政治的組織」とは認めえなかったものです。それが戦後勝手な意味で勝手に使用されているに過ぎないもので、真面目に論議する方がおかしいということになります。

I氏は、昭和二十三年三月号の『評論』所載の僕の小論「『資本論』による社会科学的方法の確立」をとって批評されているのですが、あの小論を少しも理解しようとは考えていられないようです。例えば、僕が「『哲学の貧困』以来十年に亙るイギリス経済学の研究が始めてこれを（社会科学的方法を）完成したものと見ることが出来る」と述べているところを引用して、「マルクスの経済学研究は『資本論』に先立つ十年間のイギリス経済学の研究によってはじめられたものではなく云々」と批評されているのですが、この『資本論』というのはI氏の書き間違いとしても、僕のいっているのがマルクスの経済学研究の始められた時期とか、行われた期間を指しているのでないくらいは誰にも明らかだと思うのです。既にあの小論の中でもすぐ前に僕もマルクスが経済学研究を始めた時期について言及しています。僕は、四八年、四九年に中断された研究を再びロンドンで始めたマルクスが、「全く始めから研究をやり直し、この新しい材料によって批判的に徹底的研究をしよう、と決心するに至った」(『経済学批判』序文。河上・宮川訳本による)という事実によって『経済学批判』乃至『資本論』における「社会科学的方法」の確立を指摘しようとしたのです。また僕は、われわれが『哲学の貧困』から学ぶものと、『経済学批判』乃至『資本論』から学ぶものとでは相違があると思うのですが、I氏にはそんなことは問題でないようです。『ドイッチェ・イデオロギー』も『資本論』も一しょくたに考えろとでもいうのでしょうか。

『ドイッチェ・イデオロギー』にしろ、『哲学の貧困』にしろ、偉大なる天才的著作ではありますが、これを『経済学批判』や『資本論』と一しょにしたのでは、決してその各々の偉大さを理解するものではないと、僕は考えています。それはマルクス自身も『経済学批判』の序文で述べていることとです。『ドイッチェ・イデオロギー』でマルクスの科学的業績が完成されたと見ることは、マルクスの言葉にも、その後の研究にも反すると思います。「われわれの従来の哲学的意識の清算をするために」書いたといい、また「われわれの見解の決定的な諸点は一八四七年私がプルードンに対して公にした『哲学の貧困』の中で、ただ論争の形式においてではあるが、初めて科学的に述べられている」といっている言葉、そして五〇年以後、前に述べたように「全く始めから研究をやり直し」たという、その研究の結果としての『経済学批判』を、I氏のように簡単に「現実の革命的動向のなかにおける実践と、経済的基礎構造の制約性に対する洞察からうまれたもの」として片付けてよいでしょうか。僕はあの小論でも、マルクスが唯物史観を把握したにとどまらないで、『資本論』[1]を完成したことを以て、その唯物史観の把握の深かったことを指摘しているのです。

（1）マルクスの生前に完成し出版したのは第一巻だけですから、これは第一巻だけを言っていると取ってよいのでしょう。

勿論、マルクスの実践的立場と実践活動とが彼の科学的業績にも非常に重要な役割を演じていることは、否定できないでしょう。しかしそれは、単に役割を演じているというだけでは何も分かりません。率直にいえば、僕はその点を従来のイデオロギー的制約からの解放に役立ったものと考えています。それだからこそ真に科学的研究をなすことが出来たのだと思うのです。その点を「消極的な結論」といったのです。[1]マルクス自身はそれを「法律関係ならびに国家形態なるものは、それ自身によって理解さるべきものでもなく、また謂わゆる人間の精神の一般的発展によって理解されるものでもなく、むしろそれは物質的の生活関係——にその根拠を有するものだということ、しかもこのブルジョア社会の解剖は、これを経済学のうちに求むべきものだという結論に達した」といっています。その経済学の完成を『経済学批判』乃至『資本論』に求めてどうしていけないのでしょう。

（1）宇野氏自身は「従来のイデオロギー的制約」を受けていないから、「実践活動によってそれを清算する」という「消極的」意義の必要がなく、従って実践活動という名の組織的政治的活動をする必要がない、ということでしょうか。人間は誰でも子供時代以来の「イデオロギー的制約」を受けていると思います。それから脱却して自分のものを作っていく方法はいろいろあると思います。宗教信者の家庭に育った人が親から半強制された信仰からいったん離れた後、何かの原因で又元の信仰に帰るということもかなりあるようです（これを原理的に必要だとしたのがキリスト教の一派の再洗礼派だと思います）。宇野氏においてはその過去からの脱却というのはどうやって起きたのでしょうか。

一般的に言って、下らないと思う考えないし理論に対しては黙殺するのが普通です。しかし、黙殺しないで何らかの形で相手にする場合は、まともな思想家ならばそれを自分の考えを確認ないし発展させるためのきっかけにすると思います。エンゲルスがデューリングの理論を反駁して「反デューリング論」を書いたのがその好例です（ロックの「人間知性論」に対してライプニッツが「人間知性新論」を書いたのは、「下らない」理論ではなく「まともな」「相手にするに足る」理論に反論する形で自説を展開したものです）。しかし、宇野氏のこの論文は残念ながらそうなっていません。氏にはあらゆる機会を捕らえて自分の考えを積極的に展開しようとする意欲が見られません。

理論と実践[1]の統一ということは、僕としては理論が実践活動の基準として役立つことだと考えています。それは理論の完成ということに重点があるのでなくて、実践に役立つということに重点があるものと考えています。実際また理論と実践ということになれば、重点は後者にあり、後者によってその基準として利用されることが統一だと思うのです。実践によって理論が確立されるとしても、そのこと自身は、決して理論と実践との統一を実現するものではありません。『資本論』のような原理論はもちろんのこと、帝国主義論にしても、さらにまた日本資本主義論のような現状分析にしても、理論となれば多かれ少なかれ抽象的規定[2]とならざるをえないのであって、実践活動のような具体性を全面的に把握できるものではありません。両者は同じ平面で対立したり、統一されたりするものではないのです。理論が実践によって検証されるといっても、その実践はすでにその一面を抽象されたものとしてにすぎないのです。両者の関係はそう簡単に片付けられてはならないものと、僕は考えています。こんなことはいうまでもないことですが、I氏の意見なるものは、そういう点が実に不明確のまま人の意見をやっつけるということになっているのです。[3]

（1）学問的な議論をしている時に「僕としては〜と考えています」という言い方は困ります。これは一種の断定であり、断定は科学ではありません。他人と議論する時には、世間的な理解とか先人の見解とか歴史的な変遷とかを踏まえて、いずれにせよ根拠を挙げて発言するべきでしょう。

（2）ヘーゲルを知らない宇野氏はまたヘーゲルの抽象・具体概念も知らないようです。「真理は具体的である」というヘーゲルの言葉の真意も知らないようです。マルクスの言う「歴史的抽象」も理解できなかったのでしょう。

（3）ここで見るかぎり、宇野氏の態度も相手と同じだと思います。

大体、社会科学なるものがI氏では何を指すのかさえ明確ではありません。それは実は問題の出し方からそうなので、「マルクス主義即社会科学とすることが適当であるか、どうか」といって、「これは適当だともいえるし、また適当でないともいえる」というのですが、マルクスの科学的な研究によって達成された経済学としての『資本論』というようなものと社会主義との関係を明らかにしないで、マルクス主義が社会科学かどうかというのですから、こんなことになるのは当然です。

そういうわけでI氏の批評そのものに答えるとすると、氏の見解そのものを批判しなければならないのですが、寧ろここではこの批評を機会に理論と実践とに関する僕の考えを率直に述べてみたいと思います。[1] もちろん実践活動に従事していない僕のことですから、或いは間違った、実際にうとい点もあるかも知れません。

（1）先に述べた事は間違いだったかな。「理論と実践とに関する僕の考え」はどんなものか、謹聴、謹聴。

Q君〔二、理論と実践は直接的に一致するものではない〕

君もそうですが、僕達のように職業として経済学の研究に従事している者は、僕の考えでは、その理論的研究を、たとい『資本論』のようなものでなく、日本資本主義の分析のようなものでも、そのままこれを実践的に利用し得るものでないということは、特に明確にして置く必要があると思います。(1)もちろん僕達にしても、その理論的研究をもって一定の組織的政治運動に参加すれば、これを利用することも出来るでしょうが、しかしその場合にも、それをそのまま利用出来るとは考えられません。実際また僕達が今やっているような研究は、何も一定の政治的組織を想定して、具体的にいえば実際上自分の味方になる者の数や、組織力を知って、また相手方の力を知って、やっているわけではありません。日本の資本主義を分析し、農民、労働者等々の地位や階層や数を明らかにし、その動向を分析したとしても、それだけでは実践に利用できるものではありません。これをどういう方法で、どういう手段で組織し、現にその組織がどうなっているか、どういう要求をもってどういう方向に動きつつあるか、それをどういう方向に動かさなければならないか等々の、具体的な運動に入らなければ考えることも出来ないようなことを明らかにしなければ、そういう分析は実践に役立てることは出来ません。そういう点は、たといそういう社会運動自身を研究対象とした場合にも、実際にそういう運動の中にあって一定の目的をもって活動するということをしない限り、決して実践に役立て得るような具体的な知識にはならないものと、僕は考えています。(2)ましてそういうことを単に想定して実践的立場をとるということは、全く僕には理解出来ないことなのです。それこそ全く理論と実践の統一された組織の中にあって始めて意味のあることで、どんなに実際運動に接近していても簡単になすべきことではないと思うのです。しかしそれならば、そういう組織の中に入れば、必ず理論的分析が明確に且つ正しく行われるかということになると、その点はまた必ずしも保証されないのです。

(1) 宇野氏の定義とは異なりますが、「職業として経済学の研究に従事している」場合、その研究は何よりもまず実践の一種と考えるのが普通だと思います。なぜならそれは金を稼ぐ活動であり、経済活動の一環だからです。内容的には、それは思考ですから、理論という側面もあります。又、その理論（思考）の内部でも、方法（理論）とそれの実際の応用（実践）との区別があります。理論と実践の統一はこのように多面的、多層的なのです。(2) 弁証法における「対立物の統一」は直接的統一ではなくて媒介的統一であるということを言えば簡単に済むことです。宇野氏の弁証法理解のお粗末さを暴露しただけで、あまり意味はありません。「特定の理論をそのまま特定の実践に役立てることが出来る」とは誰も言っていないと思います。伊豆氏が言っているのでしょうか。

理論と実践との統一といえば、理論は必ず実践を通してのみ獲得され、確立されるように理解されているのではないかと考えられますが、常識からいってもそうはゆかないでしょう。現にマルクスの経済学研究も、マルクス自身〔一八〕四八年の革命からその後ロンドンで落ちつくまで中断せられたことを述べています。これはいうまでもないことです。理論といってもこれがまた種々に理解されるわけですが、経済学の理論等ということになると、いかなる政党にしても、またいかなる個人にしても、その実践的活動によってそのまま獲得されるものではありません。マルクスにしてもイギリスその他の経済学の研究を基礎にして経済学の理論は獲得しています。それは二百年の経済学の発達を無視してはマルクスのような人にも出来ないことです。(1) もっともこの場合にも、マルクスにあっては、その経済学の研究自身も実践活動の一部をなしたとでもいうのでしょうか。

(1) ここでも宇野氏は「実践からそのまま理論が出てくる」という考えを否定していますが、そのような考えは誰も言っていないと思います。両者の統一は媒介的統一だと確認して、その媒介過程を検討するのが科学を発展させようとする学者の態度でしょう。又、理論に対する実践の根源性というのは、全てが自分の実践に由来するという意味ではありません。他人の実践とそれの理論化をへて間接的に得られるものもあります。というより、後者の方が分量的には多いでしょう。しかし、それも自分の実践の理論化を基礎として消化されるということから言うと、自分の実践の根源性(学問の主体的性格)ということも更に言えるでしょう。ですから、哲学教育の目的としては「自分の考えを自分にはっきりさせ、更に発展させる」ということが正しいのだと思います。

実践はいうまでもなく相手のある行動です。(1) しかもそれは決して個人的なものではなく、多数の人々を組織し、これを動かすものでなくてはなりません。(2) また単に書物や論文で人を同感させるというだけのことではありません。客観的に正しく分析された理論が、たとい多くの人の賛成を得たとしても、この人々を組織し、その組織による活動がなければ、理論を実践に移すことは出来ません。僕は、その点に客観情勢の科学的分析といわゆる戦略、戦術との区別があると考えています。科学的分析は、直ちに実践的に利用し得るほどに十分に行われるものではありませんし、またたといその時の研究水準では最も精確なものが得られたとしても、それが直ちに多数の人々を組織するのに役立つとはいえないのです。戦略、戦術が組織の中で、決定されなければならぬという事情は、その点を明らかにしていると、僕は考えるのです。特に戦術の問題になるとそうだと思います。(3)

（1）理論活動も「相手のある行動」と言えます。自分のこれまでの考え対象化して（他者として）再検討しますし、ゼミや学会での発表などでの議論もあります。又、自説を発表して世間の反応を見て再考するということもあります。

（2）討論とか論争は集団的思考ですから、理論も全て個人的活動とは言えません。

（3）活動には色々な種類があるということです。同一の活動、例えば軍事活動の中でさえ、戦略家と戦術家とは違います。もちろん複数の活動能力を持っている人もいますから、学者でありかつ政治家であるという生き方も自由でしょう。政治的才能の無い人が「理論と実践の統一」だからといって政治活動をしたり、政党に入ったりするのは止めた方が好いというだけです。もちろん政治家が研究したこともなく知りもしない理論に口出しするのも困った事です。

理論的研究の結論が多数決で行われたら、それこそヘンなものです。反対にもし僕達が一定の組織的運動の中で決定された戦略、戦術を、或いはその基礎となる客観的情勢の見通しを、そのまま正しい科学的分析として無条件に採らなければならぬということになると、これもまたおかしなものではないでしょうか。(1) もちろん、それが組織を離れて研究室や書斎の研究によっても科学的に正しいものとされれば、これに越したことはありません。しかしそうでなく、ただ組織的に決定せられたものであるからこれを科学的にも立証しなければならぬということになると、無理はまぬかれないし、科学を真に利用するものではないと思います。もちろん組織的運動の一部としてこれを解説し、宣伝するということも、非常に重要ですが、それと科学的解明とは別個のものでしょう。これを同一視するのは、折角の理論を実践の僕婢として役立てることになります。理論的研究も、結局は実践に役立てるためにあるのだといっても、こう卑俗に理論を役立てるようでは、実践そのものも卑俗になりはしないでしょうか。(2) 僕は、科学的理論によって行動する政党が、そんな御用学者的解説で何か得るところがあるとは考えないのです。(3) もし政党の活動自身は常に誤ることなく理論的分析をなすものとでもすれば、初めから『資本論』などという理論的研究はいらないことになります。もちろん、政党の内部でも、またその周囲でも理論的研究や、その論議が行われていて、それが政党の戦略、戦術にも反映するのでしょうが、しかしその場合にも、その理論的研究や、論議は、それがそのまま戦略や戦術になるとはゆかないでしょう。事実、そういう研究や論議は必ずしも科学的に確定された結論をうるわけではないし、あるものは利用されたり、あるものは利用されなかったりもするでしょう。そのときの正否の標準は一体どこにあるのでしょう。その時も党の決定は唯一絶対だというのでは、研究も論議も無用です。いうまでもないことですが、党の決定は、理論の科学的正否を決定するものではありません。

（1）当たり前ですが、共産主義運動でとかくこれが起きていた事も事実です。この事は、指導者の資質とも関係していますが、根本的には政党の体質でしょう。ともかく結果として、共産主義政党が事実上宗教団体になっているということも見抜いてほしいと思います。すると、「科学的」社会主義運動がなぜ宗教になったのか、そもそも科学と宗教とはどう違うのか、といった問題になると思いますが、宇野氏はこういう事は考えなかったようです。それはともかく、「党の理論」を盲信している人々は常に「実践で証明された」と言っていたわけですから、「実践による証明」を原理的に検討する必要があるでしょう。

（2）と言うことは、理論と実践は事実一致しているということですが、宇野氏は気づいていないようです。

（3）遠慮して言っていますが、宇野氏はもちろん「実際、そうなっている」と思っていたのでしょう。むしろ、なぜそうなったのか、金と生活の問題を考えるべきだったと思います。党の専従になったとすると、そこで中央の意見を批判的に考えることは職を失うことを意味します。左翼だった人には娑婆での再就職は難しいでしょう。すると、事実上、自分の頭で考える自由はないわけです。トップが本当の意味で言論の自由を身につけている場合だけが例外ですが、そういう例外は今までにありません。更にこれは大学の内部でも言えることです。この論文執筆当時、宇野氏は東大教授でした。自分のゼミや研究室内部の民主主義の保障のためにどういう事をしたのでしょうか。そういう事を「積極的に」書くべきだと思います。更に、宇野氏は東大総長の大学運営を批判的に検討していません。

Q君〔三、実践の理論への意義は消極的なものである〕

僕達のように実践的立場から『資本論』を研究するのでなく、単に科学としての経済学の完成をこれに求めるのだといえば、直ぐこのＩ氏(1)のような人々から、それこそブルジョア的と非難されるのです。僕はいつもそう思うのですが、ブルジョア的であろうが、あるまいが、どちらが正しく『資本論』を理解しているかを問題とすべきです。こんな言葉で論議を回避するのは、『資本論』の著者に対して敬意を表する所以ではないと考えるのです。何故、我が国などでは大学の講義にまで『資本論』が非常に重要な地位を占めるようになってきているのでしょう。それを単に日本における無産運動のせいだと思うのは大変な間違いではないでしょうか。現に、君なども何故に『資本論』を読むようになったのでしょう。いうまでもないことですが、『資本論』の理論的正しさは、そういう一国の、僅かな運動経験などで検証されるというようなものではないのです。多少とも真面目に古典経済学と比較して見たものは、『資本論』の偉大さを、なんらの運動経験もなく、またなんらの実践的立場を採ることもなく、認めずにはいられないと思うのです。(2) 一体『資本論』は、その読者に初めからそういう階級的立場を要求しているでしょうか。

(1) これが宇野氏の立っている「実践的な立場」です。

(2) マルクス主義の科学性には惹かれるが「政治運動は嫌だ」という人は多いと思います。宇野氏の真意もそういう事でしょう。それでいいと思います。それを何も理論と実践の統一の否定で正当化する必要はないと思います。「なぜ嫌いなのだろう」と自問し、「では自分は政治的にはどう生きるのか」と考えれば済む事だと思います。なお、社会主義の崩壊以降は大学でも『資本論』を読むことは少なくなってきていると思います。つまり、やはり「運動」の盛衰は理論に反映しているのです。

もちろん僕達は日常生活や職業活動で一定の社会関係の下にブルジョア的乃至プチ・ブルジョア的イデオロギーを当然持つことになっています。(1) そしてまた僕達が『資本論』を読むときこのブルジョア的乃至プチ・ブルジョア的イデオロギーを批判されずにはいられないのです。しかしそういう批判を受けて社会主義運動の歴史的意義を知るということが、直ちに社会主義者となることでしょうか。もしそうであれば社会主義運動は、単に理論的啓蒙だけでも実現されることになるわけです。実際がそうでないことはいうまでもありません。社会主義の実践運動は、実にわれわれの日常生活乃至職業的活動そのものを変革することを目指すもので、そう簡単に理論的批判で片付くものではありません。(2)

（1）個人のイデオロギーはその人の親の職業や当人の職業や社会的地位から直接的に決まるものではありません。宇野氏はすぐ前で、「理論と実践の統一は直接的なものではない」と言ったことの意味を十分に自覚していないようです。自称社会主義国では固定した分業が資本主義国よりはるかに強固で、しかも当人の出自によってその人の身分が決定されていましたし、今でも北朝鮮ではそのようです。人権思想と相いれないのみならず、マルクス主義とも相いれない考えであり制度だと思います。

（2）社会主義者になる人がいかなる経路をたどってそうなるかということと、社会主義革命が何を変革するかということとは別の問題です。

マルクスが『経済学批判』の序文の結びに「科学への入口は、地獄への入口と同じように『ここに一切の疑惧を棄てねばならぬ、一切の怯懦が死なねばならぬ』との要求が掲げられねばならぬ」といっているのは、『共産党宣言』の結びと同じ実践的立場を要求したものでしょうか。僕は、『経済学批判』の場合は、理論に対しての要求だと考えるのです。(1)率直にいって僕は、科学の階級性とか、党派性とか、というような言葉は、科学に対する論議を閉じるものとして利用されているようにしか考えられません。(2)それこそプロレタリア階級の歴史的意義を小さくすることにもなると思います。理論は何人にも、ただ真理を真理とする者には、正しいと認めざるをえないからこそ科学的理論なのです。もちろん、これを実践的に使用し得るのは、プロレタリア階級以外にないという意味ではそれは確かに階級性をもつといえるでしょう。しかしそれは理論そのものが階級的にしか理解されないということではありません。したがって理論的闘争では、相手になんらの制約をもつける必要のないことで、何人にも論証を通して認められるものでなければなりません。(3)またこの正しい理論は何人にも利用してならないというものではありません。しかし真にこれを使用し得るものが、プロレタリア階級の社会運動であるというところに、プロレタリアが人類の発展を代表する意義があるのではないでしょうか。初めから科学を階級的に閉鎖するのでは、この歴史的意義も単なる階級的なものに、いい換えればブルジョア階級と同じ水準のものに堕してしまうように考えられるのです。

（1）私も『経済学批判』序文の結びの言葉は、直接的には、理論的な要求だと思います。しかし、理論は宙に浮いているものではないのです。だからその人の生き方と関係してくるのです。

（2）事実上「科学の階級性とか、党派性とか、というような言葉は、科学に対する論議を閉じるものとして利用されている」ということと、原理的にはどうかということを混同しては困ります。宇野氏が現状に反対なら、「理論の党派性」を原理的に解明して、自分の正しいと思う事を実行すれば好いだけです。なお、理論の党派性についての私見は「ヘーゲル哲学辞典」（拙著『ヘーゲル的社会主義』に所収）の「党派性」の項（理論の党派性の間違い）にまとめておきました。

（3）後にも出てきますが、宇野氏は「科学的に正しい」ということと「何人にも論証を通して認められる」とを等置しているようですが、間違いです。個人は理性だけから成り立っているものではありませんから、正しい事を認めるとは限りません。真理は一人の人が主張しても（他の誰にも理解され支持されなくても）真理なのです。

僕も、マルクスが経済学の原理論を大成するのに彼の社会主義的立場と実践運動とが非常に重要な役割をもっていたことには、異論はありません。しかしその点は、むしろそういう実践的立場がブルジョア的なイデオロギーを排除して、真理を把握する、それこそ人類的立場に立つことに役立ったと理解すべきだと思うのです。僕がそういうと、I氏のような人は直ぐ「奇怪な消極性理論」というのですが、実践乃至実践的立場も理論そのものには消極的な作用を有するということは、決して実践そのものの積極的意義を認めないというのではありません。実践乃至実践的立場そのものが理論の展開、科学の完成にもそのまま積極的に作用すると考えることこそ、理論を正しく評価するものではないと思います。実践そのものから理論が出てくるような考えで、『資本論』の大成がどうして理解出来ましょう。マルクスの科学的研究の苦心を全く無視することになります。しかも理論の完成に対する実践のこの消極性を認めてこそ始めて実践そのものの積極性をも認めることが出来るのです。何人にも否定することの出来ない科学的理論を使用し得る実践として、その歴史的意義が認められるわけです。(1)『資本論』を研究するとか、批評するとかということは勿論のこと、これを正しいとすることも、さらにまたこの正しい理論を科学的に完成するということでさえ、それ自身では実践ではありません。(2)それは科学を変革することにはなっても、世界を変革することではないでしょう。理論と実践との区別さえつかなくて、その弁証法的統一とか何とかというのは、僕には全く理解できないことです。単に理論的な論議をするということまで実践活動だと思うようでは、マルクス主義の要求する実践は到底実現されることにはならないでしょう。

（1）見られるように、宇野氏は「何人にも否定することの出来ない」を「科学的」と等置しています。

（2）宇野氏の定義（実践とは組織的な政治的活動である）を使えばこうなるでしょうが、宇野氏の定義は一般性がありません。理論と実践を相対的な対概念とする弁証法の立場からは、「正しい理論を科学的に完成する」ことは或る意味で「実践」と見ることもできます。

マルクスももし社会主義が〔千八百〕四十年代に実現されていたとすれば、(1)『資本論』など書かなくて済んだかも知れません。『資本論』の完成より社会主義の実現の方が重要だったことは、いうまでもありません。その点では資本主義がなくなっていれば、資本主義の分析などやる必要はないともいえるかも知れません。ところが実際は社会主義の実現自身が、理論を必要とするのです。資本主義の理論的分析なくしては、社会主義運動の組織は、不可能とはいえないにしても、これに代る、例えば多数の人々の永年にわたる経験的知識というようなものをでも蓄積してゆかなければならないことになるでしょうが、しかしそれでは何としても盲目的実践の欠陥を免れることはできないでしょう。そんなことは想像することも無駄です。資本主義自身がそれだけ有力になっているとも考えてよいでしょう。従来の社会的変革と異なって、単なる盲目的運動で新しい社会がつくれるというものではないところまで来ているのです。客観的情勢の正しい分析が実践運動の無駄や廻り道をはぶき、これを促進することはいうまでもありませんが、それだけではないのです。また実際、資本主義を正しく分析し、その歴史的意義を明らかにすることは、社会主義の建設自身にも役立つものと考えなければなりません。

（1）宇野氏は、「社会主義の実現」という表現で社会主義的勢力が国家権力を握ることを考えているようです。マルクスは、社会的諸関係の（全部ではないにしても）主要部分が社会主義的になることを考えていたと思います。

繰り返して申しますが、僕は、『資本論』で達成された経済学の理論が、それ自身階級的であるから一定の階級のために役立つというようなことでは、『資本論』の理論をも、またプロレタリア階級の歴史的意義をも、いずれをも理解しないことになると思います。『資本論』は、何人にも正しいと認めざるを得ないという科学性[1]をもち、プロレタリア階級は、この何人にも正しいと認めざるを得ない科学を実践に利用し得る唯一の階級だというところに、その両者の意義があると考えるのです。それだからこそいわゆるブルジョア科学の限界や、誤謬や、虚偽をも理論的に解明することが出来るのです。科学そのものが初めから階級的であれば、マルクスも『資本論』を『経済学批判』とする必要はなかったでしょう。従来の経済学の誤謬や限界を論証する必要はなかったのです。また『資本論』が従来の経済学の、あれだけ偉大なる研究を基礎にして展開されることもなかったでしょう。さらにまたプロレタリア階級がその運動の戦略、戦術にこの科学を利用し得るということは、それが階級そのものを廃止する最後の階級として人類の発展を代表するからに外ならないのです。これは、社会主義者でない僕[2]にも認めざるを得ないことなのです。僕は、その科学的論証が『資本論』のような原理論でも与えられていると考えるのですが、『資本論』のような原理論がそれを論証し得ないようでは科学として完成したものとはいえないとも考えています。しかしそれは『資本論』で直ぐ社会主義の実

現の具体的な方法や手段が説かれているというのではありません。その点は寧ろ消極的にしか説かれ得ないのです。(3)

（1）見られるように、ここにも宇野氏の科学概念が出ています。

（2）社会主義者とは普通は、社会主義思想を支持する人、社会主義社会になった方がいいと思う人のことだと思います。宇野氏は社会主義者ではないのだそうですが、では何主義者なのでしょうか。当然、資本主義者ということになります。not butの構文が前提されている所では、notを言ったらbutも言って欲しいものです。先に宇野氏は「自分はマルクス主義者ではない」と言っていましたが、その時も「では何主義者なのか」は言っていません。これは科学的な態度ではないと思います。

（3）「三」の内容上の題は「科学の階級性とは何か」でもいいと思います。

Q君〔四、唯物史観と『資本論』〕

『資本論』の研究に入ったばかりの君に、こんなことをいうのは、まだ早いと思うのですが、そしてこの点は君自身で『資本論』から学ばれる外はないと思うのですが、最後に今一つこの点に関する重要な問題を簡単に述べて置きたいと思います。それは『資本論』と唯物史観との関係と、『資本論』における唯物論的方法の確立という点です。

唯物史観は、前にも述べましたようにマルクスが、「私の研究は法律関係ならびに国家形態なるものは、それ自身によって理解さるべきものでもなく、またいわゆる人間の精神の一般的発展によって理解さるべきものでもなく、むしろそれは、物質的の生活関係――これが総和は、ヘーゲルが十八世紀における英仏人の先蹤《せんしょう》に倣って『ブルジョア社会』なる名称のもとに包括せしところのもの――にその根拠を有するものだということ、しかもこのブルジョア社会の解剖は、これを経済学のうちに求むべきものだということ、の結論に達した」というその結論といってよいと思います。この結論は科学的にはまだこれから論証さるべき消極的なものでしかないと思うのです。これを何か積極的なものとして、これで論証されたもののように考え、単にこれを適用して歴史を解明すればよいというような考え方には、僕は賛成いたしません。もちろん、この結論に達するまでにもマルクスは既に経済学の研究を相当進めていたようです。しかし経済学の科学的完成は、この結論を「導きの糸」とする永年に亙る、従来の経済学の研究に基づいて行われたのであって、単に唯物史観によって経済学の諸問題がその解決を与えられるというのではありません。反対に経済学によって唯物史観が科学的に論証されていくといってよいと思うのです。経済学は、つまり唯物史観にいわゆる下部構造(1)を科学的に分析したものなのですが、この分析がまた唯物史観に至らしめたマルクスの唯物論的方法を科学的に確立することになっているのです(2)。

（1）上部構造と下部構造（土台）という用語について宇野氏は一般的な誤解を共有しているようです。詳しくは、前掲『マルクスの〈空想的〉社会主義』の「まえがき」及び二九〇頁以下に書きました。

(2) この考えには賛成ですが、方法とは何かを考えれば原理的な説明が出来たと思います。方法についての私見(同上書の二七九頁以下)は本書八五頁以下参照。

従来の経済学も、矢張りこの下部構造を研究対象にして来たことには変りはありません。したがって対象自身が物質的過程であるために、ちょっと考えると唯物論的であるようにも感ぜられるのですが、実際は決してそうでなかったのです。どうしてそうでなかったか、それを簡単に言いますと、大体こういうことになるのではないかと思います。僕はいつも例をひいてこの点を話しているのですが、例えば工場をとって見ると、そこでは原料、資材、機械、建物その他に幾何《いくばく》の資金を投じて、どのくらいの大きさの生産をするかを決定すると同時にこれに幾人の労働者を何時間労働させるために賃銀を幾ら出すかというふうに考えられる。そしてこれによって月に幾何の生産物が商品として生産されるかを計算するでしょう。この場合、労働者は、原料その他と同様に単なる物とせられるわけです。勿論、人間の労働力もその点では物理的な力に相違ないのです。またそうでなければ原料その他を使用して新たなる生産物たる物をつくるわけにもゆかないでしょう。ところがこれはこのままでは、人間が単に物としてあつかわれているだけで、物質的生産過程といっても、商品経済の社会的過程を物質的過程としては把握していないのです。また把握することも出来ないのです。というのは、この場合資本家乃至資本家を代表する工場長が、この物質的過程に対して「精神」としてあるのです。この過程は「精神」によって支配される物質なのです。これはいうまでもないことですが、社会的な下部構造としての物質的過程の一部分を切り取って考え、処理しているからそうなるのです。資本主義社会は、実際またこれをこういうふうに部分的に処理することを、或る程度可能ならしめるような機構をもっているのです。労働力を商品として売買するということが、その基軸をなし、これに対して資本家が「精神」としてあらわれるわけです。(1) ところがこの「精神」は、社会全体に対しては決して精神の機能を発揮しえないのです。例えば、一度恐慌などが来て見ると、忽ちにして社会的物質的過程に支配されてしまうのです。

(1) 個人の行動を統率するのが頭であるように、集団を統率する者がその集団の頭になる、ということでしょう。マルクスも、生活の中に埋没している言葉と生活から相対的に独立している言葉とを分けています(『ドイツ・イデオロギー』)。「精神」としての工場長(ないし資本家)は前者と考えるべきでしょう。

古典経済学はこの点を十分に理解することができなかったのです。古典経済学は、御承知のように、その時代的制約によることでしょうが、労働力を商品として売買されるものと考え得ませんでした。賃銀は単に労働の代価だと思っていました。そうすると工場の例で見られる関係が、実際とは逆に考えられて、労働者がやはり人間として協力するというふうに理解せられ、それが既に資本の一形態に過ぎない労働力であるということが認められなくなるのです。そこでこの部分的にあらわれるに過ぎない物質的過程、いい換えれば「精神」によって支配される物質的過程も、十分には理解されなくなるのです。それと同時に全体として行われる社会的過程も不十分にしか理解されないことになるのです。社会的過程も、工場と同様に資本家と労働者との協力によって行われるように考えられるのです。ただ無数の「精神」が互いに争っているために工場のようにゆかないというふうに考えられるのです。これでは真に社会の下部構造を唯物論的に把握することは出来ません。それは物を単に客体的に、いわば自然的過程の産物として見ているに過ぎません。だから人間の行動が主観的なるものとして常にこれに対立するものとしてあるわけです。

ところがマルクスの場合は、そうでなかったのです。工場では商品として買われた労働力が、物として生産手段を新しい商品に生産するのですが、それは商品形態という特殊の形態のもとにそうなることを明らかにしたのです。もともと人間のつくる物は、人間の労働力によって造られる物であり、つまり使用価値であって単なる物ではないのですが、それと同時にこの物は人間に消費されて人間の労働力となるという関係にあるのです。いわゆる社会的物質代謝の過程です。それは単なる自然的な生物的な物質代謝の過程(1)ではないのです。ところがこの過程も精神が工場的「精神」であるかぎり、単に物の生産力としてしかあらわれないのです。あらゆる上部構造も、その点では生産力に吸収されて、人間が消費してその労働力を再生産する物を生産する力となるにすぎないのです。例えば自然科学的知識の発展も資本主義のもとでは、原則として労働力の再生産に要する労働時間を減少して、いわゆる剰余価値をますます多く獲得するのに利用されるにすぎないことになるわけです。勿論、人間がこの物質代謝の過程を認識して、もう一つ高い「精神」を以て、社会的「精神」とでもいうもので、これを支配することになれば、問題はないのですが、資本主義社会はそうなっていないのです。人間の労働力を商品として売買するということから、「精神」が工場的「精神」に過ぎないものにとどまって社会的物質代謝過程を支配するというようなものにはならなくなっているのです。これがまたいわゆる商品経済の無政府性の根源をなしているわけです。いい換えれば部分が集まった全体なのです。

（1）マルクスが言葉として触れている物質代謝は生物的なそれと社会的なそれの二つです。前者は生命活動が同化と異化とから成り立っていることです。後者は「私的個人がその特殊な生産物を交換すること」（『経済学批判』第一章商品の終わり。「A・史的考察」の直前）です。労働過程のことではありません。労働過程そのものを一種の物質代謝と見ることはできるでしょうが、マルクスは言葉としてはそうは言っていません。次のように書いています。

Als Bildnerin von Gebrauchswerten, als nützliche Arbeit, ist die Arbeit daher eine von allen Gesellschaftsformen unabhängige Existenzbedingung des Menschen, ewige

Naturnotwendigkeit, um den Stoffwechsel zwischen Mensch und Natur, also das menschliche Leben zu vermitteln.（使用価値の形成者としての労働、つまり有用労働としての労働は、人間にとって一切の社会形式から独立した生存条件であり、人間と自然の物質代謝を媒介するための、つまり人間生活を媒介するための永遠の自然必然性である）

分かりやすく訳しましたように、「人間と自然の物質代謝」と等置されているのは「人間生活」「人間生命」であって、労働はそれを媒介するものと言われています。労働そのものとは言われていません。ここを誤読している人が多い（ほとんど皆）のようですが、宇野氏もその一人のようです。詳しくは「労働と社会」（拙著『労働と社会』鶏鳴出版に所収）の第三章に書きました。

なお、エンゲルスには生命以前の無機物の化学的な変化をも物質代謝と捕らえる観点があるようです（『自然弁証法』の「覚書と断片」の生物学の項）が、それは今は触れません。

マルクスが経済学において明らかにした価値法則というのは、この社会的物質代謝の過程がそういう一定の特殊の形態を与えられて行われていることを、単に「精神」に対する客体的な物質的過程としてでなく、そういう「精神」も物質的生産力に吸収される、特殊の生産関係を規制する客観的な法則として把握したものと僕は理解しています。古典経済学は、労働力が、商品として売買されているという根本的な点を明らかにし得なかったために、「精神」を物質的過程から離してしまったのであって、これを真に首尾一貫して唯物論的に客観的法則として把握し得なかったのです。それはまたこの物質的過程が一つの独自の過程として、それ自身に動いているものとして十分に把握され得なかった所以であり、さらにまた真に唯物論的にいい換えれば社会的過程自身をも唯物論的に解明するものになり得なかった理由でもあるのです。

マルクスが明らかにしたこの客観的法則は、したがってまたこれをわれわれが個人的に認識したからといって、この法則から自由になり得るというものではありません。その点では個人的「精神」はどんなに発達しても無力なのです。僕は、自然科学の方のことはよく知らないので全く素人考えですが、われわれが日常生活で自然科学的知識を利用するという場合には、法則を知ると、これによって物事を処理することが出来るように考えられるのですが、この法則というのは、社会科学の場合と異なっていわば部分的なものではないかと思うのです。自然全体の法則、それがどんなものか知りませんが、その一部分を切取ったいわば低い程度の法則のように考えられるのです。経済学の知識を利用して何か政策をたてるというのもこれに似たものといえるでしょう。しかし社会科学としての経済学で明らかにされた法則は、そういうものではありません。全体の過程を支配する法則です。そこにこの理論が体系的に完成される根拠があるのです。『資本論』で経済学が少なくとも基本的には完成したというと、そんなはずはないといわれるのですが、それはこの点を理解しないからです。百年近くも前に書かれた書物に与えられた規定を今なお一生をかけて研究しているというようなことは、自然科学などではないことかも知れないですが、現在もなお資本主義が存続している限りはその基本的原理には変りはないのです。それだけではありません。むしろ今日のようないわば不純な要素を多分に含んだ資本主義社会ではかえって把握困難なものが、マルクスには把握できたという事情もあるのです。それはともかく経済学をやって金儲けが出来ないというのは経済学がそういう個々の部分的な、技術的に利用されるような法則性を対象としていないからです。そこでもしこの法則を実際にわれわれの自由にしようとすれば、この法則をなくするより外はないのです。僕は、そういう意味で理論と実践との統一を、政治的な組織活動と考えるわけです。それはこの社会的物質代謝の過程のとる一定の歴史的に特殊な形態としての生産関係自身を変えることにあるのです。それは物質的な過程自身を変えて何か他のものにするというのではありません。またこの物質的な過程自身をなくするというのでもなく、その商品形態を廃棄することです。もちろん労働力が物質的な力として物をつくるということをなくすることはできないですが、労働力を商品として売買し、工場の中で行われているようにこれを単なる客体的な物とする関係を廃止することは出来るのです。それはもちろん理論的に認識されただけではできません。しかしこのことが明確に認識されていないと、これを廃棄するということは不可能とはいえないまでも、非常に困難なことといわなければなりません。(1) マルクスの『資本論』は、この根本的な点を、科学的に何人にも否定し得ない論理を以て論証しているものといえるのです、そしてその意味で社会主義の主張を科学的に基礎付けたことになるのです。(2) さきに述べた理論が実践に役立てられるとか、利用されるとかということも、そういう意味でいえるので、自然科学的知識を技術的に利用するというような意味でいうのではありません。技術的に利用されるような部分的な把握が機械的唯物論となり、かえって観念論的になり、資本主義を批判し得ないのに対し、正に弁証法的唯物論をなすわけです。

(1) 宇野氏の科学概念が又出てきました。

(2) 宇野氏の考えでいくと、「マルクスが社会主義を科学的に基礎付けた」のなら、それは「何人にも否定しえない」はずですから、宇野氏をも説得して宇野氏を社会主義者にしているはずですが、宇野氏は社会主義者ではないと言っています。これはどうしたことでしょうか。

Q君〔五、終わりに〕

大分長々と或る部分は分かりきったことを、また或る部分はなお説明不十分なことを書いたと思うのですが、前にも申しましたように僕はまだまだそう簡単にうまく述べられるほどに『資本論』を消化しているとはいえないし、また間違って解しているかも知れません。いずれにしても君自身で『資本論』から学ばれることです。そして科学としての『資本論』は、君の日常生活なり、職業活動なりの如何にかかわらずこれを教えずにはいないと思うのです。そこ

に科学としての『資本論』の力があると考えます。今日はこれくらいにしておきましょう。(1)

（一九四九年発表）

（1）全体として思うことは、要するに、宇野氏は共産党系の政治運動に関わりたくない、研究室で経済学を純粋に研究したいということで、それを説明するために理論と実践は「そのまま」統一されるものではないと言っているのだと思います。思うに、もちろん理論と実践の統一からはいかなる特定の行動も出てきませんから自由だと思います。むしろ、こういう文章を書くこと自体が不思議です。宇野氏の立場からは、批判は相手にせず、黙って研究とやらを続ければいいことだったと思います。日頃研究していない事柄を論じるから、こういう概念規定もあいまいで論理性ゼロの文章を書くことになるのだと思います。五二歳の東大教授がこういう文章を書いては困ります。

なお、宇野氏の弟子たちの多くは社会党（現在の社民党の前身）に協力したようですが、党員になったかどうかは知りません。いずれにせよ、大した成果は上げられなかったと思います。思うに、政党にとっては経済理論よりも組織運営技術の方が大切だからだと思います。宮本顕治氏や池田大作氏は理論的に優れていたというより組織運営がうまかったのだと思います。宇野派の人々からはそういう能力のある人が出なかったようです。別に責めているのではありません。私にも組織運営の実績はありませんから。事実を確認しているだけです。

梅本克己「理論と実践の問題」[1]

（1）この論文は一九四九年一二月に出た『哲学講座』（筑摩書房）に収められているようです。今回はこぶし文庫の『過渡期の哲学』（二〇〇〇年）から取りました。

一〔はじめに、理論と実践を切り離す人々〕

単に知らんがために知るという理論的態度を、あらゆる実践的態度をこえて価値高いものとする学問の伝統がつくりあげられたのは、たれも知るようにプラトンやアリストテレスを絶頂とするギリシャ古典哲学の時代においてである。なるほど政治哲学におけるプラトンの実践的精神は今日しきりと引合に出されるところであるが、すでに崩壊期に入ったポリスを、アテナイ貴族の立場から旧来の姿に引き戻そうとするプラトンの実践的意志は、どんなに美しく語られるにしても、その反時代性において観念的逆倒をまぬかれうるものではなかった。[1]『弁明』（Apologia, ソクラテスの弁明）におけるソクラテスをして、正義のためにたたかうものは政治的に活動すべきではないと語らせているのはほかならぬプラトンである。[2]それはソクラテス自身の言葉でもあったろうが、歴史に逆行する実践的精神なるもののゆきついたところはせまい教団での哲学的観照による魂の浄化であった。アリストテレスの実証的精神はプラトンと対比されるところであるが、その代りまた、ここでは逆倒された形での実践的意志の媒介すらもが喪失されてしまっていた。さまざまな点で来るべき〔紀元前〕三世紀の市民意識を先駆しながらその思想において依然としてポリス的であり、しかもポリスなきアリストテレスにとってのこされた最高の実践は個人的観照である。

（1）観念論者の「実践から切り離されている理論」を論難している時に、その主張と合わない事実、つまり観念論者の実践への関わりが出てくると、「その実践は内容的に反動的だ」と言って論点をずらす。これは学問ではありません。

（2）ソクラテスが政治的に弾圧されたという事実は、ソクラテスの行動が政治的だったということです。ソクラテスやプラトンがそれをどう解釈したかは別の問題です。唯物論研究会の活動は理論的なものであると同時に、その当時において、事実上、政治的な意味を持ったのです。だからこそ、それは政治的に弾圧されたのです。古在由重氏を初めとする当事者たちが自分たちの活動をどう解釈したかは別問題です。

むろんこうした観照も、のちに見るように、一定の限界内ではすぐれた能力を発揮する。(1) 特にアリストテレスの場合、その稀有な分析的頭脳がのこした概念体系の中には、今日なお価値多いいくたの資料が含まれている。にもかかわらず、このことは、かれが窮極において人間最高の幸福を実践的領域からきりはなされた理性の純粋観照におき、認識を単に認識そのものの中に祭り上げる学問の最後の完成者であったことをさまたげるものではない。かれもまた行為することとなしに理論に逃避し、もって哲学すると称するものを、「医者の言葉に傾聴しながら少しもその命に従わぬ病人」にたとえているのであるが（Ethica Nicomachea, 1105 b.高田三郎訳『ニコマコス倫理学』七三頁）、このような実践的徳も、認識それ自体を追求する理論的徳の高貴に比すればまことに影うすきものなのであって、この後の者においては、観照そのものが最高の実践なのである（ibid. 1177 b. 高田訳五三〇頁）。だから、人間は社会的動物であるとはほかならぬアリストテレスの言葉であるが、かれにあってはこの貴重な命題も次の言葉と少しも矛盾するものではない。哲学の始めは驚異であると述べた著名の箇所では次のように書かれている。

「――このように無知から逃れんがために哲学的思索をなしたのであってみれば、われわれは知らんがために認識せんことを求めたのであって、何らかの利用のためにしたのでないことは明らかである。むしろそれ自身のために在って他人のために在ることをせぬ人を自由人とよぶように、われわれはこれのみを唯一の自由なる学的認識とする。けだしこれのみが認識それ自体を目的とするものだからである。」（Metaphysica, 982 b. 岩崎勉訳『形而上学』七頁）

（1）どんな命題も行為も「一定の限界内」でしか意味を持ちません。当たり前の事を相手の言い分に対してだけことさら言うのは公正ではないでしょう。

（2）認識活動の中では認識自身の論理に従わなければならない、認識の中に「ただちに」

実践とか政治とかを持ち込んではならない、という意味に取れば、この命題も「一定の限界内」で正しいと思います。

かれはこのような自由を学の最高の本質とし、このような学にたずさわる「自由人」たることを人間最高の目標とした。哲学するものの心を、この言葉ほど長期にわたって支配したものはないであろう。まことにそれは魅惑的なものである。そしてこの魅惑は、——少なくともこの魅惑を利用することは——今日といえどもけっして跡をたったわけではない。しかもアリストテレスとは比較にもならぬ卑小な形においてである。なるほど人々は公然とこのような言葉をかかげて学問を志してはいない。理論と実践との統一を口にすることは、今日どのような観念論者でも忘れてはならぬ用意とされているのではあるが、「学問のための学問」「真理のための真理」という学問の理想が、さまざまな形で理論を実践からきりはなす口実になっていることもたしかである。たとえば政治とはいかなるものかについて、学者が「真理のために」それを検討批判し、自己の真理とするところを発表することは差支えないが、しかしその発表したものが或る政党によって利用されてはならぬとする類がそれである。(1)

（1）誰がどこでこのような事を言っているのでしょうか。

たしかに真理のための真理ということが、一定の条件のもとで、積極性をもつことのできた場合もあった。たとえば学問の自由の名の下に、大学が政治的権力の侵入から自からをまもるような場合である。しかしこの場合でも、たとえ消極的なものにせよそれが可能であるためには、明確にその侵入を防がんとする政治のあり方に対する批判を含み、またそれに対抗しうる実践的立場を背後にひかえての上である。そうでなければ真理はけっしてまもりとおせるものではない。自からが真理とするところを、大衆の実践と結びつけることを怠った真理探究がいかに脆弱《ぜいじゃく》なものであったかは私たちがよく知ったところである。(1)もしその擁護のために、大衆との結びつきを必要とせぬ真理なるものがあるとすれば、すでにそれが完全に支配者階級の利害を代弁するものとなり了《おわ》ったことの証拠であろう。

(1) 最近、東京都知事の強権に屈伏した旧都立大学もその例だと思います。

ところでこのような学問概念が示した実用蔑視は、またその反動として、理論から機械的に分離された実践からの、理論に対する無反省な侮蔑《ぶべつ》をかならずうみ出してくる。理論に対するこの種の軽蔑《けいべつ》が、もっとも貧弱な常識にも劣る理論に、単に実践という名称をかぶせて跋扈《ばっこ》した例はさして遠いことではないのみか、再びあたらしい形をとってあらわれようとしているのである。たとえば、今日マルクス主義を口をきわめて攻撃する実践家――それは政治家であってもよいし、学校の教師であってもよい、――の中にこれらの類を発見するのはあまり時間を要せぬであろう。ここには理論はない。ただ暴力を背景とした無恥な説教があるばかりである。

唯物史観は人間を物質の奴隷にするものであるとか、マルクスにおいては物質が神であるとかいうようなこと、或いは共産主義は目的のために手段をえらばぬものだとか、一挙にこの地上に天国をもち来らそうとする夢想家であるとか、得々として説教するかれらに、こころみに唯物史観とは何かと問うて見よ。いかにかれらが怠惰であり無知であるか、そしてこの怠惰にして傲慢なる人間が、いかに権力に対して卑屈な奴隷であり、自己の利害に汲々《きゅうきゅう》たるものであるかを発見することが出来るであろう(1)。

（1）実践を主張している活動家や党員や党幹部や唯物論者やマルクス主義者の中にも同種の人が沢山いることを、梅本氏は知らないのでしょうか。

このようにして、一方では実用の名の下に実践を蔑視する理論(1)が、その故に何か清澄なものであるかのように学者的良心をたたえられるかとおもうと、一方では理論的努力を放棄した怠惰が、その無恥な「実行力」によって理論を蔑視する資格を与えられる。しかも、この両者ともに、それはそれなりに理論と実践との統一ということを口にすることだけは忘れてはいない。一方は実践概念の観照化によって、一方は自己の無反省な先入見を理論と称することによって。しかしこの二つのものがけっして無関係なものでないことは以上の簡単な叙述からだけでも明らかであろう。後者はつねに前者を防壁として登場するという外面的な関係だけにとどまらない。ひとたび理論が実践からきりはなされるやいなや、たとえそれがどのように「高貴」なものであっても、やがては一片の常識にも劣るものに転化するということを歴史は示して来たのである。このことはいわゆる真理のための真理を説く学者の理論のうちに、その深遠な外貌にもかかわらず、すでに卑俗な常識家たちのよろこびむかえるところとなりつつあるものがあることによっても、容易に看取しうるところであろう。これらの事情を、すべて理論と実践との分離に帰着せしめることは簡単であるが(2)、これらのいずれにしても、理論と実践との統一ということは何らかの形で口にしているところなのであるから、肝要なことは、やはり、理論とは何か、実践とは何かということを、その発生の事情にそうて、はっきりさせておくことである。(3)

(1) この文の意味は、「実践を卑俗な実用と決めつけて蔑視する」ということだと思います。私には、一読しただけでは分かりませんでした。

(2) 氏は「理論と実践との分離」を「理論と実践との統一」と別のものだと思っているようです。実際は後者は「理論と実践の分裂と統一」を省略して言っただけの表現ですから、前者を含んでいます。

(3) 梅本氏の特徴は、人の言だけをそれとして考えるという態度のようです。実践から理論を切り離すと言っている人の理論は実際には実践とどう統一しているか、その逆はどうか、彼らが口にしている「理論と実践との統一」とはどういう意味か（事実命題か当為命題か）と、実際の姿を検討する姿勢はないようです。

二〔実用を目的とせぬ理論が最高の価値とされるに至った社会的背景〕

まずどのような環境のもとに、実用が軽蔑され、実用を目的とせぬ理論が最高の価値とされたのであろうか。いうまでもなくギリシャの社会構成は奴隷制であるが、ひとしく奴隷制社会内部のものとはいえ、活発な上向線を辿っていた紀元前六世紀植民都市の哲学は、――六世紀末から五世紀初頭にいたる――その担当者を活動的な実践的分子の中に見出だし、その思惟も亦生産的実践と密着していた（古在由重『唯物論史序説』二四頁以下参看）。歴史の上にあらわれるすべての社会機構がそうであるように、老朽した氏族制度を破壊しさった奴隷制度もまた、その成立の初期にはいきいきとした生命力をもっていたというべきであろう。いわゆるアテナイ期哲学の事情はこれとは異なる。奴隷の存在がもはや天然自然のものと観ぜられる程度の安定の上に、生産的実践と観照的思惟とは完全に分離した。そして哲学はその主流をこれらの奴隷所有者内部での土地所有貴族の閑暇の中にその温床を移していった。しかも商工業者の利害と対立して、旧来のポリスの伝統につながろうとするかれらの思惟はこの点でも、いよいよ観念的傾向(1)をたどらざるを得なかったわけである。

（1）日常生活では人々は「観念論的」という意味で「観念的」という語を使いますが、本来はこの二語は同義ではありません。哲学論文の中でこういうあいまいな用語法を無批判に踏襲しては困ります。

奴隷に対する軽蔑は生産的労働ならびにその知識に対する軽蔑と直結する。プラトンの技術的知識に対する軽蔑は余りにも有名である。アリストテレスの場合、中産階級の意識を反映して、それはプラトンほど頑固なものではないけれども、閑暇を無条件的に高貴とする点では、その評価の態度も根本的には変らない。けだし実用をめざさぬ観照は閑暇なくしてはありえぬからであるが、かれが奴隷を魂ある道具として疑わず、その存在を社会に不可欠なもの、そして自然にかなえるものとしているところを見れば、当時における奴隷制完成の程度も大体において推察できよう（Politica. 1253 b. ff. 青木厳訳『国家学』一八頁以下）。アリストテレスの口裏からすれば、一方が自由人であり他方が奴隷であるのは、ただ慣習や法律の結果にすぎぬとする意見もあったらしいが、これらがすでに発生した矛盾を反映したものであるか、それとも奴隷制への過渡期の名残であったかは別として、とに角一笑に付される程度の微弱な意見にすぎぬものであったことはたしかである。植民地における発生期から〔紀元前〕五世紀後半アテナイに中心を移した後、四世紀その絶頂を示したギリシャ哲学は、このような環境の中での自由人の閑暇、その閑暇を不可欠の条件とする観照の中から生れる。思惟はもはや人間の生産的労働の一部とは考えられない。むしろ労働に対立するもの、相反するものであって、それ故に高貴なのである。ところでこの観照が対象としたものは、実は人間の長い間の生産的労働の結果であることはいうまでもない。現にアリストテレス自身「必要のための技術が一通りすでに完成されたのちに」はじめて必要を目的とせぬ学問が発見されたのだといっている。かれらの閑暇が奴隷の労働の上にはじめて可能であったように、純粋な観照の対象自体、生活に必要のための労働が生み出した実践的認識の集積、技術をその素材とする。この素材のないところではどのような観照も何ものも生み出すことはできなかったであろう。むろんより深い認識にすすむためには、この素材の中から思惟の諸形式がそれ自体として解放されねばならぬ。そのためにはひとまず実用の見地からはなれることも必要とされる。生産力発展の上に生れた、ギリシャ人たちの生活の余裕、殊に植民地都市市民の自由な精神がこのことを可能にした。たとえば数学は、厳密な意味ではギリシャ人たちの天才によって創り出されたものとされている。そして、それがまさに数学として、かれらがその素材をうけとった爾余《じょ》の民族の数的技術と区別されるのは、かれらにおいてはじめて何故にと問う証明への関心がおこったからだといわれる。たしかにこの関心のないところで、数がそれをになうあれこれの物から解放されてそれ自体として考察の対象となることはできないであろう。この思考の転換は大きな進歩である。カントはこの転換を思考法の革命とよび、近代における喜望岬の発見にたとえている（『純粋理性批判』第二版序文、岩波文庫版三〇頁）。

　にもかかわらず、この思惟の革命をうけついだものたちには、すでに決定的な限界が予定されていた。つまりそれが奉仕すべき現実の世界が欠けていたのである。思惟の革命はたった一度で終るのではない。あたらしい素材との逢着によって、既存の思惟形式がその完結を破られるところにはたえず思惟の革命が果されてゆく。またこのようにして人間の認識はかぎりなく前進してゆくのであろう。このあたらしい素材を生み出すものは、現実の生産的労働である。この土台のないところでは、思惟は単に、既存の素材に内在するかぎりの普遍性をとり出すにとどまる。むろんその素材の限界内では、閑暇も亦一つの積極性をもつのであって、その観照の成果もけっして空虚なものではない。けれども、一たびそれが飽和点に達するや否や、ただちに根のない観念の世界にさまよいはじめるのが、土台のない思惟に予定された運命である。だからまた、一切の生産の労苦を奴隷に負わせ、その上にのみ可能であった閑暇の産物は、単に学の創始者たるの名誉をになうのみで、その後の進歩のために、現実のあたらしい素材をのこすことはなかった。数学に関していえば、これらの「高貴な観照」の前には、その片鱗だも見せなかった数の神秘は、かれらの軽蔑した産業と商業の中から、すなわち実用の中からもとめられたあたらしい技術によって、一つ一つ人間の前にひらかれ、人間の幸福をふやしていったのである(小倉金之助『数学史研究』第一輯、参看)。

単なる観照は、既存の事実を認識しえても、事実を創造することはできない(1)。そればかりではない。このような観照が既存の事実の認識にとどまることのできぬ事情は、過去のあらゆる観念的思考の示して来たところである。前述のように観照が事実の内部において飽和点に達しても、閑暇の産物たる思惟はその活動をやめない。カントの指摘した理性の純粋能力の越権はここからただちに開始されるのであって、ここにひらかれる観念の世界は、もはや発展する現実の認識に対しては全く能力をもたぬものとなる。のみならず、その発展を阻害する古い世界の主観的願望は、このような観念が作り上げた世界からつねにその論拠をもちだしてくる。老廃した支配機構が、新興の精神を抑圧せんとする場合、或いは去勢せんとする場合、かれらが流布し滲透《しんとう》せしめる理論もまたつねにこのようにしてつくり出されてくる。

（1）「単なる観照」だけでなく、一切の理論は事実を説明するだけです。梅本氏の「実践と結びついた理論」でも同じです。「事実を創造する」のはあくまでも実践そのものです。それが実践の定義ですから。

ギリシャ人とてもかれらの観照の素材としたものが、ほかならぬ人間の生産的技術の結果であることはもとより心得ていたことであろうが、生産的技術が奴隷のものであるが故にこれを軽蔑したかれらの思惟は、これらのものをすべて閑暇を生み出すための準備としてよりほかには考えられなかったのであろう。ましてその技術の形成過程にくりかえされた実践と認識との弁証法構造[1]を知りうるはずもない。素朴な一片の技術知の中にさえふくまれる生産的人間のよろこびとかなしみ、そこに刻印される人間思惟の発展を、その現実の根源にまでさかのぼってつかみ出すことはできなかった。ひたすら生活の中から生れる実用的関心を捨象することをもって、高貴な理論の任務と考えた。民族や個人の生活を動かす利害感は、清澄な思索をにごすものとして意識的にしめ出された。このようにして全く自己自身と一致する、まさにそれ自身のためにある思惟の静寂な場所がひらかれたわけである。

（1）「弁証法構造」ということは「対立と統一」「対立しながらの統一及び統一しながらの対立」ということだと思います。それを具体的に展開すればそれでよかったと思います。古代ギリシャ人がどう考えていたかは付けたりに言えば好いことでしょう。梅本氏は自分の任務を果たす能力がないのを自覚しないために、あるいはそれをごまかすために、付けたりを主内容にしてしまいました。

もとより対象に内在する客観的法則は、ひとまず自己の主観的利害を捨象するのでなければ把握されない。その法則をその素材から解放してそれ自体としてとり出すとともに私たちは普遍的なるものの認識への出発点に立つ。このような抽象、更にその法則の分析や定式化を行うことによって、対象の本質はつかみ出されてゆくのである。しかしこの捨象とか、抽象とか、またそれによって対象の質をつかみ出すということは、具体的な関心を軽蔑することとただちに結びつくものではない。むしろ必要なものを生み出そうとする過程に、たとえ無意識的にではあれ、たえずこうした対象認識の手つづきがふまれて来たのであって、それは環境を変革し、支配せんとする人間の実践的意志が、その過程に示す対象把握の態度である。このような態度が意識的にとり出され、その構造が反省されるということは大きな進歩であるが、現実的な思惟はそこに停止することを目的とするものではないのである。ただ「高貴な閑暇」にあっては、こうした抽象、分析それ自体が自己目的的なるものとして顛倒される。思惟はその静寂の場所から再び現実におり下ってくることはない。すべてのものがそうであるように、認識も亦、矛盾を発条《ばね》として進展するが、ここでは、既存の思惟の定式化を破るあたらしい事態発生の土台がないのである。思惟はそれ自身の中から自己に対立するものを生み出し、これとの弁証によって自己を発展せしめるほかはない。あらゆる観念的顚倒がここから生れる。

一切の観念的顚倒の根源は、階級分裂を土台とする肉体労働と精神労働との分離にあるというマルクスの言葉を、アテナイの哲学はもっとも典型的な姿で示した。爾来形は異なっても、この根源の存するかぎりさまざまな観念的顚倒の根源は消失しない。この分裂に眼を覆うて、どのように理論と実践との統一を口にしても、統一そのものがすでに観念的操作によって、完全にその内容をすりかえられてしまうのである(1)。

(1) 階級分裂の社会では理論と実践が実際にどう統一されているか、その統一を観念論的に転倒(梅本氏は「論」を入れずに「観念的顚倒」と言っていますが間違いです)した形で理解する(これを「すりかえる」と言っているようです)可能性と根拠はどこにあるか、この二つの問題を混同しているようです。

三〔認識の実践への依存性〕

私たちは何のために認識するか。対象を支配せんがためである。何のために支配するか。対象の奴隷たることをやめて自からその主人となり、自由なる人間とならんがためである(1)。

（1）「一」の最後で確認した問題（理論とは何か、実践とは何か）にようやく入ったようです。もっとも、理論（実践）とは何かとは、その目的は何かということだったようです。ともかく、「二」は「一」を補強するための寄り道だったようです。

かつては人間もまた完全に自然の一部たる動物であった。その内部と外部とは全く一つのものであり、ここには人間に存するような形での自然との対立はない。ここにあるものは自然の生成変化をつらぬく無意識的な対立と統一の法則である。このような世界から、たとえそれ自身一つの自然力としてではあれ、とも角も人間が意識的に自己の外部の自然と対立するまでにどれほどの長い時間を経過したか知る由もない。がともかく、かれは自然の質料をかれ自身の生活のために使用されうる形で取得するために、その最初の道具をつくり出したとき、そしてかれの外部の自然に働きかけこれを変化させたとき、かれ自身の自然も変化した。そしてかれ自身のうちに眠っている諸々の能力を発展させ、またそうした能力をかれ自身の統制のもとにおいたとき、人間は人間への第一歩をふみ出した。自然はここに自からに対立するものを生み出したのである。自然はここに対立する二つのものに分れ、自然と人間との交渉がはじまった。もとより生れたばかりの人間は未だ弱く小さい。彼の幼い思惟の前には自然は不可抗の力をもつ存在である。だが自然が不可抗のものとして意識されたときは、また自然に対抗する人間の、独立の意識の芽生えのときであったであろう。かれはこの対抗によるそれとの闘争によって、この不可抗の力の奥をひらくかぎを一つ一つ獲得してゆく。そしてそれは、どんなに原始的なものであっても、それによって自然を支配しえたかぎりにおいて、客観的な自然の法則を反映し、より高き姿において対立の統一[1]を果したのである。しかしまた、この自然への侵入は、単なる自然的質料と人間との関係として行われたのではなかった。かれは同時に人間的諸関係を媒介として自然の中にはいっていった。

（1）この段落ではつねに対立と統一を同時に考えようとしています。賛成です。それなのに「理論と実践」となるととたんに「統一」だけで理解するのはどうしたことでしょうか。「理論と実践の統一」とは「理論と実践の対立と統一」を縮めて表現しただけなのを知らないのでしょう。

もっとも素朴な道具でさえも、それが人間のものであるかぎりはすでに人間対人間の関係を刻印している。けっして孤立した個人として自然を支配していったわけではない。全く人間関係を捨象して自然に対するもっとも進歩した近代自然科学においてもこの事情は変らない。すでに科学そのものが産業と商業との発展なくしてはありえなかった。このようにして人間の人間に対する関係と、人間の自然に対する関係とは分ちがたい関係において相互に制約しながら、人間の、また自然の歴史を形づくってきたのである[1]（Die Deutsche Ideologie. M-E. Archiv., 1Bd. S.248. 岩波文庫版『ドイッチェ・イデオロギー』六一頁参看）。

（1）（原注）唯物弁証法と唯物史観（歴史弁証法）と自然弁証法との三位一体はここに成立する。(2)

（2）「三位一体」でごまかすと、その三者の論理的関係の追求がなくなってしまいます。人間化の始まりでの道具の製作と目的意識性と言語の論理的関係の問題の場合でも同じです。これを三位一体と言ったのでは逃げでしかないと思います。

この歴史をつらぬく一本の赤い糸、自然への働きかけの原動力であるとともに、人間の関係そのものを変化せしめる原動力は、人間をして人間たらしめた最初の歴史的行為以来、人間の生産的実践であり、それが生み出した物質的生産力である。この原動力の発展の法則をくまなく洞察し、それを自己の統制下においたときこそ、人間が自然ならびに社会において最後的に自由になるときであろう。どのような認識もそれが人間的であるかぎり窮極においてつながるものはこの自由である。

むろんこの法則の認識は単なる個人の才能や幸運によってもたらされるものではない。それ自身、歴史の発展が生み出してくる。どのような天才的な思惟も、この歴史をうごかす法則にさからってはけっして実を結ぶことはなかった。どのように同情に価する反逆も、無残な敗北のうちにくずれ去らねばならなかった。そのかぎり歴史はあくまでも冷厳である。だがひとたび既存の関係が老廃し、発展する生産力をもはや自己自身のうちにつつみきれなくなったとき、その力のにない手たちの中にめばえる新興の精神の前に、古い関係が自己の支配を維持しようとすることはさらに不可能なことである。ヘーゲルがその論理学のはじめにかいている。「精神の実質が変ってしまったとき、古い形式を維持しようとしても全く徒労である。それらは自己の根もとにめばえたあたらしい芽によって排除される病葉《わくらば》にすぎないのだ。」(1)

(1)（原注）ヘーゲルにおける生けるものと死せるものについては、松村一人、『ヘーゲル論理学研究』参看。(Wissenschaft der Logik. Glockners Ausgabe, 4Bd., S.15. 鈴木権三郎訳『大論理学』上巻、四頁)

古い思惟の完結をやぶって、あらたな認識をひらく思惟は、つねに老廃した関係をやぶるあたらしい生産力のにない手たちの中から生れた。それは病葉を排除する若芽の精神であり、この精神こそ事物をあるがままに、客観的につかみうる眼である。主観的願望によって対象を歪曲することなく、その歴史の本質をつかみ出しうる精神である。また真に理論と実践とを統一しうる精神である。(1) 何故なら、対象を正しく把握することとかれ自身が自由になることとはここでは完全に一致している。そして病葉の重味は現実にかれの肉体に外からおおいかぶさっている。このような状況にある人間が意識と独立な外界の存在をどうして疑いえようか。(2) ここでは、認識によってえられた客観的法則は、現実に病葉を排除する行動によって検証されてゆく。単なる考え方の転換によって、対象を支配しえたと信ずるような妄想のいり込む余地はない。唯物論とはこのような思惟の必然的帰結であった。だからこの立場においては、世界を変革することとはなれていかなる認識もない。

（1）理論と実践の統一には真の統一とニセの統一があるようです。両者の関係を展開してほしいものです。

（2）唯物論的認識論の課題を「意識と独立な外界の存在」の承認にのみ求める態度が出ています。そんな事は一度言えば十分です。それ以外の「実践的な意味を持った」多くの認識論的問題を定式化して答えてほしいものです。

このような思惟に対して、すでに自己の内部に萌え出た若芽をいだく病葉のような思惟にとっては、現実を客観的にとらえることはもはや不可能である。またこのような思惟が、真に対象を支配する実践と統一されることも不可能である。経済学に例をとってみよう。マルクスが次のように書いている。「経済学がブルジョア的であるかぎり、すなわち資本主義的秩序を社会的生産の歴史的、一時的な発展と解しないで逆にそれの絶対的で窮極的な姿態と解するかぎりは、経済学は、階級闘争がなお潜在的であるか、またはただ孤立的な諸現象において顕現する間だけ科学たりうるにすぎない。」イギリスに例をとってみれば、科学たりえた、即ち資本主義を客観的にとらえることのできた、その古典派経済学は、資本主義が自からを排除する芽をまだはっきりと意識するに致らなかった時代のものである。ひとたび、この芽の生長がはっきり意識され、資本主義が病葉のように排除されねばならなくなったとき、ブルジョア経済学はもはや科学たる資格を失ったのである。「いまや問題なのは、この定理が正しいかあの定理が正しいかということではなくて、それが資本にとつて有益か有害か、好都合か不都合かということ、警察の忌諱《きい》にふれるか否かということであつた。私心のない研究の代りに慾得ずくの論難攻撃が現われ、とらわれない科学的研究のかわりに心やましく意図悪しき論弁が現われた。」(Das Kapital. 1Bd. S.X-S. XII. 長谷部訳『資本論』第一冊、一二五頁)

これは経済学ばかりではない。何らかの形で病葉をささえ、若芽を圧殺しようとするものの思惟の本質である。真理のための真理であるとか、科学に階級性はないとか、学問は政治に利用されてはならぬとか、すべてこれらは、ひとえにそれが資本にとって有益であり、好都合であり、警察の忌諱にふれないという見きわめからくるのであって、けっして「私心のない研究」から来るものではない。「私心のない研究」はこの立場ではもはや不可能なのである。したがってこのような立場からの研究が正しい認識の上に、盲目な物質的資本の暴力の支配から人間を解放し、真に人間をして人間の主人公たらしめる自由への、正しい理論を構成することなどはおもいもおよばない。たとえ理論がつくりあげられてもすべては、新興の若芽を圧殺せんがための詭弁であり、実践といってもそうした詭弁の実践である。しかしこのような理論と実践とが統一されることはついにありえぬであろう。何故なら、歴史を動かす行動の指針は、歴史の法則の正しい把握によってのみ形成され、かかる理論のみが、歴史の検証にたえてゆくのである。

(1) 唯物論哲学者の言動も、社会主義運動が起きてからは、特にレーニン的な前衛党が社会主義運動の主導権を握ってからは、「共産党の忌諱にふれないという見きわめ」からくるようになったと思います。梅本氏のこの論文もその一つだと思います。

認識それ自体を目的とする認識がかつてあたらしいものを生みえたことはなかった。認識はつねに実践的意欲に指導せられた認識であり、理論的なものは本質的に実践的なものの中に含まれる。そしてこの実践の主体たる人間は、神から生れたものでも、単なる精神から生れたものでもなく、それ自身自然から生れ、社会的生産によって自己を動物界から高め、自からのつくりだす生産力の発展によって、そのたびごとに桎梏となった旧来の諸関係を排除しつつ、自然ならびに社会におけるその自由を、量的に質的に高めて来たのである。思惟とはこのような人間の思惟であり、理論とはこのような人間がつくり出す行動の指針である。(1) そのかぎりにおいて、ヘーゲルの次の言葉はたしかに正鵠《せいこく》を得たものといえよう。

(1)ということは、実際には、「認識それ自体を目的とする認識」は存在しないということになります。存在しないものが「かつてあたらしいものを生みえたことはなかった」のは当然です。

「人間は思惟によつて動物と区別される。しかしながら人間は一方で思惟し、他方で意志するとか、また、片手に思惟を片手に意志をもつとか考えてはならぬ。思惟と意志との区別は理論的態度と実践的態度との区別にすぎず、それは何か二つの能力といったようなものではない。むしろ意志は思惟の特殊なあり方である。すなわち自己を定在にうつすものとしての思惟、自己に定在を与える衝動としての思惟である。」(Philosophie des Rechts. §4. Zusatz)

むろんここでの思惟と意志との関係は顛倒されねばならぬが——そうでなければ私たちは再びヘーゲルと共に観念的顛倒におち入らねばならない——、理論的なものと実践的なものとの関係は巧みにいいあらわされている。対象をあるがままに認識する純粋な対象認識も、歴史をうごかす人間の変革的実践の一過程としてはじめてその実質をもつ。しかし亦このように、真に主観的願望をおさえて、対象をあるがままに私心なく認識しうる立場は、つねに病葉を排除する若芽の思惟であった。この若芽となってのみ、私たちは一つの階級の利害に立つことと、認識の客観性をはじめて統一することができるのであり、またこのような認識を土台とする理論であって、はじめて歴史を進展せしめる実践の指針となることができるのである。しかしながら現実はたとえ話ではない。植物の芽ですら春の雷雨によってきたえられねばならぬだろう。枯渇した病葉の重みをおしのけねばならぬだろう。歴史の世界は更に複雑であり、若芽の苦難は大きい。正しい実践をみちびく理論、その理論をきずきあげる「私心のない研究」は、それ自体、崩壊を前にしていよいよ狂暴をきわめる支配者たちの、巨大な暴力機構、かれらに奉仕するものたちが設ける隠然、公然の陥穽《かんせい》との闘争にたえてゆかねばならぬ。いかなる権力にも屈せぬ勇気、それのみが「私心のない研究」をまもりそだててゆく。そしてこのような研究のみが、私たちをあらゆる苦難にたえしめ、自由への、民族の、人類の幸福への正しい実践のみちしるべとなってゆくであろう。(1)

（1）初めに「実践を実用として蔑視する認識」と「理論を蔑視する実践」とを指摘したにもかかわらず、結局、前者に対する批判だけで終わりました。又、唯物論的認識論の問題も「意識から独立した客観的実在」の承認だけに矮小化されました。梅本氏には、多くの哲学教授と同様、文献を読む力はあっても現実の生活の中の問題を定式化して考える力はないようです。底流としては「共産党に対する忌諱」があるようです。これらには関係があるようです。

なお、氏は一九四七年の暮れに共産党に入り、一九六〇年ころ離党したようです。入党する時には「理論と実践の統一」を主張した氏（この論文の発表は、先に述べましたように、一九四九年一二月発売の「哲学講座」でした）は、離党する時にはこれをどう思っていたのでしょうか。離党後はそういう事に言及がないのも不誠実だと思います。

甘粕石介「理論と実践との弁証法」(1)

（1）甘粕石介《あまかすせきすけ》氏には理論と実践の統一をテーマにした論文が三篇あります。「理論と実践」（一九四七年九月）と「理論と実践との統一」（一九四九年四月）及び本論文です。それぞれを第一論文、第二論文、本論文と呼ぶことにします。本論文は多分、第二論文の後に書かれたものでしょう、と言うか講演の記録のようです。一九五〇年二月に発行されました『弁証法』（民主主義科学者協会哲学部会編、三一書房刊）に載っています。この論文集にはその外に出隆「古代ギリシャの弁証法」、松尾隆「可能性と現実性の弁証法」、秋沢修二「弁証法における自由と必然」、松村一人「過渡期について」が載っています。第一論文と第二論文は今ではこぶし文庫の『現代哲学の批判』に収められていますが、本論文は氏の著作集にも載っておらず、今ではその存在を知る人も少ないくらいで入手が困難です。内容的にも先行する二論文を踏まえて書いていますので一番包括的だと思います。そこで本書ではこの論文を取り上げることにしました。

一〔理論と実践の統一と立場の関係〕

マルクス主義の立場から見て、理論と実践との関係はどうなっているか。それは弁証法的な関係であるといわれるが、そのことはどんな意味をもっているか。

理論と実践との関係については、これまでのブルジョア的な見解においては、この二つは全く別になっている。典型的な例を申し上げますとブルジョア政治家たちの間では、一貫した指導理論がないので、強引に一つの目的を実行する腕力とか、策謀やごまかしや厚顔、こういうものが特に買われている。戦後派の代表的な政治家といわれる民自党の広川幹事長などを見ても、そういう点がもっとも政治家の資格として買われている。(1) 一方ブルジョア学者を見ると、むしろ世事に疎く、ことに政治に関心を持たない、じっさいに事を行わない、これが学者の理想であるように考えられている。(2) この一事を見ましても、これまでのブルジョア的見解においては理論と実践というものがバラバラになっている。のみならずむしろ対立し、矛盾している。これに反し、プロレタリア的な立場においては、代表的なものとして、マルクス、レーニン、スターリンのような人々をとって見ると、最大の政治家、最大の革命家が同時に最大の学者になっている。これはマルクスはいうまでもなく、レーニンをとってみても、例えばかれが研究した「ロシアにおける資本主義の発達」、あの経済学上の一つの業績を見ても、あれのみによって、たとえそれ以外の一切の革命の事業がなかったとしても、経済学の歴史に不朽の地位をとどめる人であると思う。あるいは「唯物論と経験批判論」その他の哲学上の業績をとって見ても、哲学史上においてやはり偉大な地位を占めている。かれは最大の政治家であって同時に最大の学者であった。しかも最大の革命家であるとともに最大の科学者でもあったので、この二つは切り離すことができない。[3] 毛沢東は中国の今日の輝かしい人民解放の大事業を指導した偉大な政治家でありますが、あの毛沢東のさまざまな業績のなかに、哲学上においても、哲学を専攻するわれわれに対して無限に教えるものをもっている偉大な哲学者である。ほんとうに生きた現代の哲学者である、こう申すことができるのであります。[4] 古在〔由重〕氏が毛沢東と哲学について論ぜられたことがありますが、これは決して偶然のことではない、場あたりではない。毛沢東は哲学者として多くのわれわれが学ばなければならないものをもっているのでありますす。これらの事実をみますと、ブルジョア的立場とプロレタリア的立場とは全く異なるものであることが分かるのであります。[5]

（1）「腕力とか策謀やごまかしや厚顔が特に買われている」、つまりこれが「見解」であり、実際にそうなっているのですから、ここでは両者は一致していると思います。

（2）「世事に疎く、ことに政治に関心を持たない、これが学者の理想であるように考えられている」とするならば、確かに理論と実践は分離していると思います。しかし、実際は、そうでないブルジョア学者も沢山います。世事に通じて事業をしている人もいますし、ヘーゲルは甘粕氏以上に政治を論じました。イギリスの学者には政治家も多いようです。

（3）マルクスとエンゲルスは政治家や革命家としては大した業績は上げていないと思います。レーニンは確かに両方やりましたが、それぞれに限界もありました。彼の作った党はスターリンに乗っ取られるような党であったこと、唯物論も客観的実在の主張ばかりあまりにも突出したことなどです。人間は完全無欠ではありえないのです。

（4）毛沢東については別に論じましたが、随分うまく隠していたために本当の事が知られなかったという面もあると思います。後年、宮本顕治氏と毛沢東が喧嘩しましたが、その時でも甘粕氏はこの見解を保持したのでしょうか。

（5）ブルジョア的立場に立っている人では理論と実践が分裂しており、プロレタリア的立場に立っている人では両者は一致している、という趣旨だと思いますが、その生き方の実際がどうかということと、それぞれの立場の人がこの関係についてどういう見解を述べているかということとは分けて考えるべきでしょう。

しかしブルジョア的学者でも、たとえばこんどの戦争中の哲学者や社会科学者など、自然科学者さえも非常に実践的になり、いわゆる聖戦のために働いた例がある。この場合は科学と政治との二つの活動が合致したわけですが、だが他方からみれば、その場合の理論とは反人間的であって、全くつじつまの合わぬことを、強いてつじつまを合わせ、最もみにくい行為を美化し、最も不合理な行為を合理化する仕事であり、それらは本当の理論とはいうことはできない。そしてかれらが多少とも理論らしい理論を述べることができるのは、つねに現実の具体的な事実から離れ、それに我々がどう対処すべきか、という実践的課題をはなれた場合においてだけであります。(1) したがってこのことからも、現在の反動化したブルジョアジーに仕える学者は、真の理論はもち得ないこと、かれらにとっては一般に理論と実践とが別物であることがわかります。

(1) このように理論の内容を含めて議論すると、初めの「理論と実践の統一」という定式化を変えて、「真の理論と真の実践の統一」としなければならないでしょう。自分の主張に合わない事実が出てくると、初めの言葉を修正する甘粕氏の態度こそ「理論と実践の分離」、ごまかし、言い逃れだと思います。

これと反対に、プロレタリアートの立場においてはプロレタリアートは真実を恐れない階級であり、真実を最も切実に求める階級でありますから、理論と実践とは根本において一致している。(1) さきにこの階級の指導者の例を上げましたが、指導者においては、一個人の上で理論と実践とが統一されている。この陣列にある個々の個人において、かように直接には必ずしも統一が見られるわけではないが、階級全体として、また少なくともその前衛においては、全体としてこの統一が見られるのであります。(2)

(1) 「根本において一致している」ということは、現象的には一致しないこともあるし、必ずその不一致という段階を通過する、ということでしょうか。言葉を正確に使ってほしいものです。

（2）こから見ると、やはり、氏は（1）で予防線を張ったようです。「この階級の指導者」でも、必ず、「理論と実践の統一はその分裂を介して実現されている」ということではないようです。理論と実践の統一を対立物の統一の一つの特殊事例と見る観点がないのが根本的な欠点でしょう。

したがって理論と実践とが統一的につかまえられていること、これがプロレタリアートの立場である、ということができる。しかしこのことは理論と実践とが直接に同一であるという意味ではない。また理論をつきつめてゆけば自然に実践的になるとか、また実践をしていれば自然に理論が生まれてくるとかいうのではない。その間に区別があります。区別されながら相互に必然的に前提し合い、浸透し合い、深くからみ合っている、これが弁証法的な関係であります。相互に別々のものにしてすましているのも誤りでありますが、直接に同一だと考える[1]のもまた誤りであります。

（1）「相互に別々のものにしてすましている」のと「直接に同一だと考える」のを対比していますが、前者の「すましている」は「考えている」ということのようです。考えと実際とを別個に検討し、実際からどういう経過をへて考えが出てくるのかを分析・説明するのが唯物論的態度だと思います。

またこの二つはかような相互関係にあるとしても、対等の関係にあるのではない。理論に対して実践は優位にある。実践が基礎となっている、こういう関係になっている。マルクス主義では、これら二つの関係は、以上のように理解されているのであります。(1)(2)

（1）「マルクス主義では、これら二つの関係は、以上のように理解されているのでありま す」と言いますが、これはすべての人間における理論と実践の関係についてなのでしょう か。それとも、氏の言うところの「プロレタリアートの立場」に立っている人の理論と実 践の関係についてだけなのでしょうか。どうも後者のようですが、テーマは前者だったは ずです。

（2）この「二」の内容上の題は「理論と実践の統一と立場の関係」としましたが、少し 意地悪い題を付けますと、「理論と実践の統一についての実際と見解とを混同して考える と」くらいになります。

二〔自覚した労働者における理論と実践の矛盾の悩み〕

私はここではまず第一に理論と実践との統一について、これまで唯物論的な立場において究められた業績を概括して申し上げたいと思いますが、しかしそれだけに止まりたくない。私は現在われわれ文化人が直面している一つの悩み、理論と実践との間の矛盾についての悩みに正しく答えなければならない。そうしてこの悩みに即して、今までに獲得されてきた理論というものを実証してみる。このことを試みてみたい。[1] もともと理論というものは、これは後程お話しするように、単にわれわれが知識欲のために求めるのではなくして、われわれの課題を解決する任務をもっている。そういう意味において理論と実践との統一の問題[2]も、何よりも今日われわれが直面している理論と実践との間のいろいろな矛盾を解決しなければならない。この点から私は実践的に現実的にこの問題を取り上げて見たいと思うのであります。

(1) 甘粕氏は「二」でもそうでしたが、最初に問題をきちんと定式化する人のようです。それは学問的に正しいし、結構なことだと思います。しかし、実際には、その定式化で考えている内容が不適当なために、それが氏の思索を貫いておらず、成果が出ていないのだと思います。今回はどうでしょうか。

(2) この「統一の問題」を具体的に疑問文として定式化する必要がありますが、していない。これが欠陥なのです。

さてそれでは、われわれはどういう問題に直面しているか。[1] 一つは次のような問題である。今日多くの学者、あるいは技術家、あるいは学生——こういう人々は自分の任務が、学問の研究、真理の探求であることを認め、ひたすらこれに精進している。ところが現在はこの研究自体がいろいろの経済的政治的条件のためにできなくなっている。このことをわれわれは認識しなければならない。資本主義社会がこれまでの自由競争の時代においては、学問の研究のほん

とうの原動力がこの社会の中にあった。それはとりもなおさず自由な利潤追求である。(2)

(1) いや、定式化してくれるようです。謹聴、謹聴。

(2) 疑問文は全然出てきません。もう少し辛抱して後を読んでみましょう。

この二三百年来、近代文明はすばらしいテンポで巨大な規模において発達しましたが、この発展の原動力は利潤追求である。しかし今日では資本主義は既に独占資本の段階に入り、資本主義は必ずしも科学の進展というものを求めていない。技術の改良によって他の資本家にうち勝つという必要を必ずしも感じなくなっている。技術の改良をしなくとも独占価格を維持することによって自分の利潤を十分確保することができる。軍事技術をのぞいては新しい技術を要求しなくてもいい。こういうことがあちらこちらに現れてきている。また独占資本は国家権力との結びつきによって、資材、資金の分配、税の軽減、国家の注文、払い下げ、その他の有利な独占資本の庇護政策を獲得することで、莫大な利益が得られるようになっている。ここから科学研究を喜ばなくなっている。大へん腐敗してきた政府は積極的に科学を退歩させるような政策をとっている。こういう点から現在では学者の生活が非常に困難になっている。研究生活がますます貧弱になりつつある。自分の生活すらできない。これはいたるところで見られる。大学法に現れているようにむしろ学問研究の水準を低い程度に押し止めようとする政策をとっている。こういうような情勢の下で研究にひたすら精進しようとする良心的な学者、いわゆる今までの意味において最も学者的な学者もその研究ができなくなっている。また官民の大学、研究所では首切りがさかんに行われるようになって来た。これが一つの事実であります。[1]

（1）独占資本が国家と結託して狡い事をしているのは事実だと思います。しかし、「資本主義は必ずしも科学の進展というものを求めていない」と言うのは間違いです。むしろ左翼政党に入って「実践、実践」と騒いでいる学生や教員の方にこそ、不勉強者は多いと思います。かつて共産党の新聞がその「主張」（普通の新聞の社説に当たるもの）に「学生党員と民青同盟員はもっと勉強しよう」という題の文章を掲げた時（一九六七年の春だったと思います）、大分話題になりました。又、「マルクス主義を勉強したいから民青同盟を辞める」という人もいると聞いたものです。これを「理論と実践の統一」の問題として捉えることのできなかったためにいまだに同じような状態が続いていると思います。政治的指導者と理論的指導者の学力低下の結果でしょう。

もう一つの事実は、研究はたとえできるとしても、これが今日ではますます一部の階級の人々の利益になる。こういう事実が明かになってきている。いろいろな発明発見を利用し得る人は金のある人だけである。日本においても今日の農民大衆の技術水準は二、三百年前と殆んど変らない。われわれ科学者、あるいは学生の生活を考えて見ても、今日の文明の進歩の恩恵というものはあまり蒙っておらない。科学の成果は一部の人にしか利用されていない。それのみならず科学技術の進歩は失業者を出す。進歩すればするほど失業者を出す。資本主義制度の下では技術が倍に進歩したということは、人間がこれまでの半分働けばいい、あるいはこれまでの倍の報酬を貰うということではなくして、これまでの労働者が半分ですむということを意味しております。つまり半分失業しなければならない。さらに今日では戦争技術、戦争のための科学が一方的に進められるために、科学者がいかに人類のため、いかに良心的な意図をもって研究しても、例えば原子物理学のようなものを研究しても、その研究の成果は多数の人に大きな不幸を与える、こういうことになっている。これが第二の事実であります。(1)

(1) 高度成長の始まる前の日本ではこう考えるのも止むを得ない面もあったとは思いますが、あまりにも一面的な考えだと思います。又、こういう傾向は自称社会主義国での方が強いこともその後判明しました。今のキューバは例外かもしれませんが。

第一は研究ができなくなっている。第二は研究ができたとしても、その成果は一部の人のために役立つだけであり、大多数の人にはむしろ不幸をもたらしている。このために良心的な科学者は深刻な不安を感じ立ち上がっている。技術者の方も同様で現在の一般的な企業整備、それに伴う科学研究の方面における企業整備、この政策のために多くの失業者ができてきたし、これから一そう失業者ができようとしている。これに対してやはり立ち上がっている学生もやはり同じ不安をもち、いろんな形で実践運動をはじめている。ここに今年になってとくに顕著に現れてきたところの学者や技術者、それから学生、これらインテリゲンチア(1)の間における政治的な実践活動の昂揚という現象が起こってきたのであります。学生もまた科学研究を本分とするのでありますが、かれが学問を愛する学生であればあるほど、かつてこの本分を一時的に捨ててまで現在の教育政策に対する政治的な闘いに立ち上がっている。これが今日見られる現象であります。そこでこれらの科学者、技術家、学生の政治的な運動がその専門の研究の領域において、あるいは学問の習得の方面においてどんな意義をもつか。(2)社会科学の場合でも、その政治的社会的な実践と、研究との間には、さまざまのぎくしゃくがある。自然科学の場合は一そうこの二つのものははなればなれになっており、対立、矛盾もあるように見え、これが政治的に目覚め、政治的社会的に動いている自然科学者、技術家、理工科系の学生の一つの奥深い悩みになっているように見える。このことをはっきりつかまなければならない。

(1) 四年制大学の進学率は一九五五年でも一〇%に満たなかった。短大を含めてようやく一〇%を越えたくらいでした(竹内洋著『学歴貴族の栄光と挫折』中央公論新社、三一五頁)。ですから、大体においては、学生即インテリと見なすことができたのです。今では、学生即インテリと思っている人はほとんどいないでしょう。はっきりとそう言う人は少ないですが、大学教授でさえインテリとは言えない人が大半です。

(2) 初めて疑問文が出てきました。つまり「これらの科学者、技術家、学生の政治的な運動がその専門の研究の領域において、あるいは学問の習得の方面においてどんな意義をもつか」です。これが「理論と実践の統一の問題」でしょうか。実践＝政治運動という前提があるのでしょう。

しかしもっと考えてみますと、これは学者や技術者や学生だけの問題ではなくて、プロレタリアートの場合もそうである。プロレタリアートは自分達の解放のために単に労働するだけではなく、単に自分の経済生活を維持するだけでなく、政治的闘争に立ち上がっている。最も自覚した労働者は最も烈しく実践している。その場合かれは理論研究のための時間がもてない。こういう悩みがある。一方また自覚したプロレタリアートの中にも研究会や読書会で理論を盛に研究している人もある。この場合、よく研究するものには、よく実践するものが少ないともいわれている。ここにおいてやはり理論と実践との間の統一はどうなるのか、(1) こういう問題が提起されているのであります。われわれはこのような実践的な課題に即して実践と理論との関係を究明しなければならないと思うのであります。

(1) 第二の疑問文が出てきました。つまり「最も烈しく実践している労働者は理論研究のための時間がもてない。また研究会や読書会で理論を盛に研究している自覚した労働者にはよく実践するものが少ないともいわれている。ここにおいて理論と実践との間の統一はどうなるのか」です。

三〔真の実践、本来的な実践とは何か〕

さて、こういう観点から私はまず実践とはどういうものであるかを明かにすることから進んでゆきたいと思います。(1)

(1) ここでもテーマの明示から始まります。「三」が「二」の冒頭で述べた「唯物論的な立場において究められた業績の概括」であり、「文化人が直面している悩み(「二」で述べた二つの内の前半)に即して今までに獲得されてきた理論というものを実証」することになるのでしょう。謹聴、謹聴。いや、甘粕氏はヘーゲル論理学の研究家ではなかったのでしょうか。なぜヘーゲルの観念論の中にある唯物論的な考えは概括しないで、「唯物論的な立場において究められた業績」だけを概括するのでしょうか。まあ、これは最後に考えましょう。

実践とは現実の変革である。世界の変革である。こう一般的に規定することができると思います。このことによって、学者の研究が学者としての実践であるというような考え方(宇野弘蔵氏などがこういう考えをもっておられるようですが)、あるいは芸術的創造が芸術家の実践であるという考え方——われわれはこういう考え方に反対する。本来の実践とはこのようなイデオロギーの方面での活動ではなくて、現実の世界そのものの変革であるはずである。この点をわれわれはとらえなければならない。もっとも、彫刻家であれば粘土のようなものを変形する、画家もカンバスの上で絵具によってやはり物質的な変形を行う、あるいは社会科学者とか思想家でも、例えば私がこのように話をするということを例にとって見ても、この空気に対して一つの物理的な変形を与える、こういう物質的な変形を行っています。しかしこの場合はそれだから実践だということはできない。なぜなら、彫刻家が粘土を変形するのはその形の変化それ自体が目的ではなく、例えば左官のように泥をもって壁を作るということそのものが目的ではなくして、形の中にもっている意味、観念的な意味が目的であります。それを手段に一つの精神的な影響を他の人間に与える、この行為はあくまで精神、イデオロギーの上の行為です。このようなものは実践とはいえない。人間の一つの働きではありますが、それは実践と区別された、広い意味における理論的な働きといわなければならない。これを第一にわれわれは知らなければならない。(1)

（1）つまり、「人間の働き」が最大の上位概念で、そのすぐ下の概念で第一のものが「本来の実践」のようです。そのほかに、どう位置づけられるのか知りませんが、「イデオロギー上の変形」があるようです。

第二に、自然現象と人間の実践とは、それらが世界の変革であるという点だけから見れば、同じである。しかし自然現象には意図や目的がない。予め精神の内部に自分のもたらそうとする最後の結果を思い浮かべて、これを目的として進んでゆく、ということはない。この点において実践は単なる自然現象とは区別される。地震とか山火事とか洪水とか地球の回転や太陽の運行、そういうものとは当然区別される。またマルクスが述べているように、くもが巣を作る、あれはやはり一つの本能的な行為であり、意図をもってなされてはいない。その点においてこれは実践とはいえない。自然の現象というべきである。同じ意味において、社会の発展、例えば奴隷制の社会から封建制社会に人類の社会が変化する。これは人間の行為によってできたものではありますが、しかし人類は奴隷制の社会を封建制の社会に変えようという意図をもっておこなったのではない。その意味においてあの変化は社会現象ではありますが、一つの自然的な必然性にしたがった自然的な現象である。ただし資本主義社会から社会主義社会への変化はまた別である。(1) 奴隷制社会から封建制社会への変化の場合には、人類は、無意識的に、スターリンがいっているように、狭い範囲の意識をもって、石器や木材の器具を使うよりは鉄の方がより便利であるというようなところから鉄器を発明する。そして生産要具の大きな変化がもたらされ、そのことが必然的に社会の生産関係を大規模に変化させて、奴隷制社会を封建制社会に移行させている。これは個々の人間の意識の中にはなかったことが実現しているのであります。その点においてこれはあくまで自然的なものである。(2)

(1) 社会の変化は自然的なものと意識的なものとに分けられるようです。前者は部分的に意識的行為を含んでいるが全体は意識されていない、という特徴があるそうです。

(2) すると、鉄器を作る行為は先の定義からすると実践だが、ここの定義からすると実践ではなく自然的である、ということのようです。社会的実践と自然的実践とに分けるのでしょうか。分かりません。

さらにまた、われわれは実践と本能的な機械的な行為とを区別しなければならない。われわれの日常生活には飲食あるいは歩行といったように意識を使わないで機械的に行っている動作が沢山ありますが、このことも本来の意味の実践とはやはり区別しなければならない。最初に飲食をするとき、最初に歩行するとき、これはやはり意識的にやる努力を要する。しかし五、六歳になればこれはすでに無意識化し、自然化する。こういうような行為は人類にとっては自然である。こういうことがあってこそわれわれはより高度な複雑な行為を行うことができる。飯を食うこと、歩くことを一々意識し合目的的に行っていたならば、われわれは他のことは何ひとつできぬことになってしまう。このように副次的なことや日常的なことを無意識化し、機械化する、したがって自然化することによってわれわれはより高度の実践を行うことができるのであります[1]。

（1）本能的、機械的な行為は実践の内には入らないということのようです。

さらに本来の実践と区別すべきもうひとつのものは、単に外面的な命令などにしたがって行われる実践であります。もし人間が一々自分であらゆる行動の法則を体験して、自らこれを正しいと信じてのち、はじめて行動するということであったならば、人類の発達ということはありえない。人類の多年の経験によって善しとされたことが社会やあるいは親などによって習慣や命令の形で与えられることによって、われわれは、一人一人が実験して失敗を嘗めて、そうして痛切に悟ってはじめてそれを学ぶという無駄を省くことができるのであります。しかしやはり命令に従って盲目的になされる行動は、本来の実践と区別しなければならない。(1)

(1) 命令に従って行われる行為も、習慣による行為も実践ではないそうです。一つ一つの服従は自覚性に乏しくとも、初めに「命令にどう対処するか」ということは考えるのではないでしょうか。しかし、これも環境の中で、あるいは親から教えられて、習慣的に考えている人が大部分かもしれません。すると、やはりこれも実践ではないということなのでしょう。

最後に、社会の変革についていえば、一つの社会が次第に内的矛盾をはらみ、それ自身のうちに次の、質的にことなる新しい社会の誕生のための客観的な条件を熟させた場合には、この社会における革命的な階級と、保守的な階級との間にはげしい闘争がおこってくる。前者は社会の行きづまりを打開し、社会をさらに進展させるために、現在の社会を変革しようとします。これに対して保守的階級はこの社会をどこまでも維持しようとして必死の努力をします。これらはいずれも政治的実践(1)ということができますが、しかし大きい立揚からみれば、革命的階級の場合は社会を変革しようとするのですから、実践ということができますが、保守的階級の場合は、これをおしとどめようとするのですから、それは真の意味では実践ではない[2]、と申すこともできます。

（1）政治は物質的ではないのにどうして実践に入るのでしょうか。その説明はどこにあるのでしょうか。

（2）政治的実践には真の実践とニセの実践があるそうです。なるほど、「理論と実践の統一」を振り回して他者を自分たちの政治運動に引き込もうとするのに都合のいい理論ではあります。

実践というものを以上のような意味に考えるなら、これは現実の世界の変革という点で理論と区別されはするが、しかしまたそれは自分のうちに指導的な観念をふくんでいる[1]。そのようなものをふくんでいるかぎり、それは単なる自然的現象と区別されて、人間の実践となる、ということができます。ところでこの指導的な観念がはっきり意識されたものであって、また単に個人的な具体的な経験ではなく、個々の経験を概括し、組織したものが理論であります。人間の行動はますます社会的、組織的になり、その影響、効果がますます社会的に大きいものとなり、またますます計画的に意識的になってゆきますが、それにつれてそれは次第に行き当りばったりのものや経験的なものでなくなり、ますます理論によって指導されたものとなります。

対自然の実践、自然の変革もこのようになっているようですが、現在の社会を人間が意識的に変革するという壮大な実践は、ことに革命的な、科学的な理論なくしてはありえないのです。かような意味において、実践は理論と区別され、それと対立しながらも理論をその必然的モメントとして自分のうちにふくんでいます。理論によって浸透されているのです。

（1）初めから「人間の実践」を論じていたのではないでしょうか。人間のではない実践があるのでしょうか。氏の考えは、理論と実践という対で考えるべきものをそうしないで、その内の一方である実践をその対立から切り離してそれ自体として定義しようとするものです。これは原理的に間違っています。

四〔政治的実践が実践の中心である〕

ここで一こと、実践の種々の領分を区別し、現代ではそのうちどれがかなめとなっているかについて述べさせてもらいます(1)。実践は大きく分けて自然の変革と社会の変革との二つに分かれる。自然の変革は生産である。社会の変革は政治であるということもできます(2)。ところで先ほどももうしましたように、この自然の変革、生産が資本主義社会の現在の段階においては著しく阻害されている。たとえばこんにち生産を行おうと思っても、今の資本主義社会のしくみでは多くの失業者がどうしても必然である。機械やまた工場、生産用具を遊ばせることがどうしても必然である。大切な生産力である人間をもっと減らさなければならない、そのためには産児制限も必要である、こういうこともいわれている。そういう制限の一端として先ほど申しました科学や技術の制限も起っている。したがってほんとうに生産をしようと思えば、現在の社会を生産し得るような社会に変えるための政治的な実践がむしろその前提となってくる。現在では政治的実践が実践の中心的なものになるということがわかるのであります。しかしこれはあらゆる場合にそうではない。たとえば社会主義社会になって、生産を阻害する生産関係が取り除かれた場合には、この生産という行為そのものが最も大きな意味をもつ実践となるのであり、そうして政治的実践が次第に意味を失ってくる(3)。したがって社会主義社会においては技術がすべてを決定するということもいわれるが、これは日本の事情と異なった社会主義社会、一歩進んだ状態においていわれる事情なのであります。われわれの場合には、そういう事情を実現するための実践、これが前提であり、中心となる。われわれは実践という場合に何よりも現存する社会の変革を考えなければならない(4)。

(1) 初めに全体像を与えてくれた方がよかったです。しかし、それは与えられず、「実践の要」だけが論じられるようです。

(2) 社会の変革はみな政治とは言えません。氏はマルクスの「人間の現実的本質は社会的諸関係の総和である」という言葉の意味を具体的に考えたことがないようです。社会の変革とは何らかの人間関係を変えることすべてを意味します。男女の関係を変えることも入ります(これは政治的に、つまり法律で変更されることもあるし、そうでないこともある）。工場の中での仕事の仕方を変えることも入ります。家庭での夫婦関係や親子関係や兄弟姉妹関係の変革も入ります。学校での教員間の関係でも教師と生徒の関係の変化も入ります。

（3）これは共産党の独裁に都合のいい考え方です。

（4）資本主義社会では政治が実践の中心であり、しかも進歩的な政治活動だけが「真の実践」である、ということのようです。

もう一つ、われわれは実践を客観の変革と主観の変革（自己変革）、いわゆる社会革命と人間革命、この二つに分けることもできるでしょう。ブルジョア哲学者が実践という場合は、何よりも個人的な道徳的実践を考えている。また人間変革を根本のものと考えていて、マルクス主義はかようなものを軽視もしくは無視しているようにいっている。人間革命というものは、もちろん大きく評価されなければならない。マルクス主義においてもこれは大きく評価されている。それは社会変革のための一条件でもある。その具体的な例を申しますと、中国共産党では毛沢東、劉少奇などの指導者が共産党員の修養ということを非常に大きく取り上げている。劉少奇の書いたものを見ると、党員の修養を論じて、第一に利己心をなくする、古い小ブル的な習慣をなくして人間を改造しなければならない、こういう主体の変革、主体的な実践を大きく評価している。あるいはソヴェートにおいても、社会主義革命が遂行された後でスターリンがいっております――今後の大きな仕事の一つは社会の変革である、しかしもう一つは人間の意識の変革である。われわれは沢山の小ブル的、あるいはブルジョア的な習慣やイデオロギーや心理をもっている。これを教育その他の手段でなくして新しい人間を作り出すという仕事をやらなければならない、こういうことを申しております。決して社会の変革につれて自然に人間が変革されるのを待つ、とはいっていない。日本の共産党でも、徳田書記長は党員は利己心を去れとか、あるいはまた大衆に対して謙虚でなければならないといつている。傲慢であるということは大きな障害である、これを何よりも改めなければならないということを特に昨年の暮あたりからあらゆる機会に強調しております。(1) このようにマルクス主義は人間変革というものを決して軽視するわけではありませんが、人間変革は根本的に行われるためには社会の変革そのものが前提をなす。これなしに人間変革のみを取り上げるならば、決して根本的に成功することはできないし、またそれは社会変革をさぼることになる、こういうことを主張するのであります。(2) 例をもって申しますと、われわれは現在利己心というものをもっている、なぜもっているか、この社会が利己心なしには暮して行けないような、またそれを育てるような仕組みになっているので、もしわれわれが利他的であり博愛的であるならば、商売人であれ勤人であれたちまち餓死しなければならない。こういうシステムにおいて道徳的な説教や何かで利己心をなくそうとすることには一定の限度がある。これは利己心というものが不必要な、無意味なものになるような社会、われわれの生活のために必要な資料が、怠けていないかぎり十分保障されるような社会、こういう社会状態の中に、人間が生活するようになれば、われわれはこの利己心を去ることができるのであります。(3)

(1) ここに名前の出てきた人々は、スターリンにしても毛沢東にしても徳田球一にしても、その後「傲慢」で「小ブル的」であったことが暴露されました(劉少奇だけはプロレタリア文化大革命の中で死んだので、あまり悪くは言われていません)。一九七五年まで生きていた甘粕氏はその後明らかになった事実、自分がここに述べたことに反する事実を知って、どう考えたのでしょうか。どこかで自己批判したのでしょうか。

(2) 社会変革と人間変革の関係についてマルクスがどう考えていたか。「フォイエルバッハに関するテーゼ」の第三に曰く。「人間は環境と教育との産物であり、変化した人間はかくして他の環境と変えられた教育との産物であるという唯物論的教説は、環境はまさに人間によって変化させられなければならず、教育者自身が教育されなければならないことを忘れている。従って、この教説は社会を二つの部分に――その内の一方の部分は社会より高い――分けることになる。環境の変更と人間の活動即ち人間の自己変更との合致はただ革命的実践としてのみ捉えられ合理的に理解される」。何でもかんでも「革命的実践」で済ますのでは何も解決できないことは歴史が証明しました。

(3) そもそも利己心を去る必要があるのか、それは可能なのかをなぜ考えないのでしょうか。氏の考えは道徳的社会主義です。

さらに人間の変革というものは社会を変革する過程において果される。つまりわれわれは主体を変革するのであるから主体を見つめ、外に働きかけることなしに自分の中へだけ働きかけることによって主体が変革される、こう考えるならばこれは間違いである。われわれの利己心を去るために一生懸命に修養の本を読む、克己精励する、自分をむちうつ、このようなことではなしに、現在真面目に正直に暮していながら、虐げられている人々が、自分たちの利害の共通性を自覚して手を握って共通の敵のために闘う。この共同の組織的な闘いの中でわれわれの古い小ブルジョア的な、あるいはブルジョア的な意識、性格、習慣は洗い落されて行く、こういう客観に対する働きかけなしには主体は改まらない。[1]

（1）こういう共同的な戦いの中でも、そこに組織がある以上、指導する者と指導される者との区別はあります。そして、権力はそれを握った者を堕落させる働きを持っています。又、策略を使ってその権力を握ろうとする者も出てきます。一歩を譲ってそういう共同の戦いの中でしか人間変革は不可能だと認めるとしても、それはあくまでも「可能性」であって、必然性ではありません。ですから、それが悪者に略奪される可能性もあるわけです。そして、実際多くの自称社会主義国や政党や組合でこれが起きました。

主な点はこの二つの点であります。すなわち第一に主体の変革のためには根本的には客観の変革が前提となる。第二に、主体の変革は客観を変革する過程において、ことに現在では政治的、革命的実践の過程においてのみ行われる。(1)

(1) こういう一般論だけでは何の役にも立たないことは「実践」で証明されていることだと思いますが、甘粕氏がその後、実践の中で自分の理論を具体化し発展させたとは聞いていません。

したがって実践を客観の変革、主体の変革という二つに分けて見た場合にも、根本は客観の変革、政治的な実践であり、これが現在の実践の中心をなす、このことが明かになるのでありまず。またげんざい経済闘争といわれているものも、現在の社会制度のもとでは、権力が人民の手になければ、一定限度以上になることができない。むしろ経済闘争そのものが次第に出来なくなり、かべにつき当っていることは、最近とくに労働者階級によって痛感されてきたことであります。現在において中心をなすのは政治的実践である。理由は以上のごとくであります。

五〔実践のモメントとしての理論〕

話が少し横道にはずれました。話を前に帰しまして、さて、さきほど実践は理論によって指導される、ということを申しましたが、これは実践をする個人や集団が、それよりも進んだ個人や集団の経験を、ひいては全人類の経験を利用する、ということであります。(1) とくに労働者階級がその歴史的使命を達成するための実践には、百年間の世界の労働者運動の経験の結晶であるマルクス・レーニン主義の理論が必須である。[2] それは全世界の労働者階級をはじめとする全人民の闘争の経験を普遍化した理論を必須としている。この意味において実践は理論をそのモメントとしてふくんでいる。

（1）一般的に考えている時は全部の場合を挙げてくれなくては困ります。理論が実践を指導するということでは、目的意識性をまず挙げるべきでしょう。これは氏の実践概念ではありませんが、理論研究が方法によって指導されるのもそうです。

（2）それならば、共産党の入党条件にこれを入れるべきでしょう。しかし、実際には、党の規約と綱領の承認、一定の組織に加わること、党費を払うことしか定められていません。

しかしそれだけにつきない。個人においても集団においても、その実践は自分の得た新しい経験を普遍化してゆく、ことに指導的地位にあるものは自分の実践を通じてかような経験の普遍化をおこない、新しい理論をつくり、これをこれまでの理論に加え、これまでの理論をさらに発展させてゆく。真の実践は、かように新しい理論を生み出してゆくもの、あるいは新しい理論を生み出すことを助けるように意識されてなされるものであります。この意味においてもまた実践は、理論をそのモメントとしてふくんでいなければならぬ。[1]

（1）この「ねばならぬ」は客観的必然性でしょうか、道徳的な当為でしょうか。

もし実践が、次々に起って来る現象にとらわれ、それを追いかけ廻していると、大きな目標を失なってしまい、計画性さえもなくなりただ行き当りばったりの勘だけでやってゆくようなことになり、またそうでなくとも、何か一つの既成の型にしたがっての実践はやりやすいので、とかくそのようなやり方で習慣的にやってゆくようなことになりがちである。(1)しかしかようなところからは新しい理論は生まれようがない。新しい経験さえも生まれない。労働者階級の意識的な集団は、一つの行動の後にそれを反省し、自己批判し、あるいは相互批判をし、検討をする。そこから一つの結論を出して、その次の実践においてはそういう一つの踏段の上に立って、さらに前進した方法によって実践を行う、こういうように、次々に追い廻される実践でなしに、実践によって経験したところのものを自分のものにして次の実践をおこなう。これをわれわれは学ばなければならない。(2)この実践によってわれわれは豊富な経験を得て、この経験を普遍化する、つまり理論化するのでありますが、このことが非常に大切である。知識を自分の腕や肉体の中にもっていること、実践のための知識としてはこういう感覚性が大切でありますが、これだけでは自分の知識を人に伝えることができない。一人の経験は独自のもの、感覚的なもので、他に伝えることはどうしてもできない。あるいはまた今の時代の経験を後の時代に伝えることができない。どんな貴重な経験もその人一個人に終ってしまうことがある。これは組織的な実践においては大きな損失である。しかも単に他人のためにならないばかりでなく、自分自身のためにも単なる経験だけに止まっているべきでない。われわれは自分自身の成長のためにも自分の経験を普遍化し、理論化することによって、その知識を真にわがものにすることができるのであります。[3]

(1) 習慣による行為や命令された行為(型にはまった行為)は実践ではない、と先に言ったのではないでしょうか。除外したものを繰り返すのは冗長です。

(2) やはり甘粕氏は「真の実践」を当為として追求しているようです。そうなる必然性はないようです。それなら、真の実践のつもりで行われている行為の真偽を判定する基準や判定者についても考えておいてほしいです。甘粕氏は「単なる当為にすぎない」というヘーゲルの句を知らないのでしょうか。

(3) 皆が皆、理論家にならなくてもいいと思います。あるいは「経験の理論化」と言っても程度があるということを言うべきでしょう。勘や経験の世界で生きている人もそれなりに理論と実践を統一して生きているのです。

知識をわがものにする仕方は二つある。一つは抽象的に覚えた一般的な理論を実践に適用して見て自分の血肉にする、ほんとうに感覚的なものにする。カリーニンは「勘にする」といっている。知識を「勘にする」ことによってわれわれは行動に当ってただちに決定することができる。暗記した知識ではなくなる。しかしまた逆に単に勘だけ〔で〕得たものを理論化し、普遍化し、抽象的な一般的な形態を与えることによって、真にわがものにすることができる。もちろんこのことによって他の個人、あるいは後の時代にも伝えることができるのでありますが、何よりも自分自身の前進のために役立つ。このような実践がわれわれにはなかなかできない。とかく現象に追われがちである。そのために実践がわれわれの理論の上にプラスになってこない点があるのではないかと思うのであります。

私はさきに人間変革は本質的には客体の変革の過程で、とくに政治的革命的変革の過程でなしとげられる、ということを述べましたが、このことも単に次々の事象に追いまわされた実践であるなら、まだ不十分である。単に経験によって知るだけでなく、それを一般的な理論と結びつけ、普遍化することで、その経験を自分のうちに真に定着させるなら、一そう徹底的に自己変革がなされるのであります。

以上に、二つの点を述べましたが、かように実践の中には理論がモメントとして含まれている。そして実践は現代ではますますこの意味をもってきて、それは科学的な理論によって武装された計画的、組織的なものになっている。これが実践の意味であります。

六〔理論のモメントとしての実践〕

次に理論について申してみたいと思います。まず簡単に理論と感覚的な知識との区別を申し上げます。人間の行為を大きく分けると実践と認識とに分けられる（これに芸術というようなものを特別に考えてもいい[1]）。認識には感覚的な認識と理論的な認識とがあり、この二つは別々のものですが、感覚的なものが理論的なものに行くわけです。われわれの直接的な認識というのは個別的な、われわれの感覚を通しての認識であります。こういう個別的な直接的な認識を総括し、抽象化し、一般化したものが理論である。この理論に至ってはじめてほんとうの認識ということができる。応用のきく知識であります。そうしてこういう理論的な概括ができてこそはじめて実践を計画的に行うことができる、その能力のために計画的に行うことができる。これが心理学の教えるところの理論であります。

（1）分ける基準を考えないからこのように曖昧な事になるのだと思います。人間の行為を対象に能動的に関わる姿で見た場合、それを実践と言い、対象を受動的に反映する姿で見た場合、それを認識と言う、と定義すれば、第三のものは出てきません。あるいは行動を直接的な姿で捕らえたものを実践といい、それの反省された姿を理論と言うとしても好いでしょう。

理論は世界の連関をありのままに写したものです。そのかぎりそれは受動的な態度であります。また一般に認識を見ますと、例えばこの社会の不合理をいくら感じ、その原因を知り、それをとりのぞく方法をいくら詳しく知っても、それだけで世界は変革されるものではなく、また認識が深まれば人間がしぜんに実践的になる、というわけのものでは必ずしもない。認識の一つの形としての理論もまたそうである。それは具体的な知識でないために、一そう実践とは縁遠いということさえできます。ここに理論と実践との区別があります。この区別はどこまでも認めねばなりません。

しかし一方から見れば、理論はその目的において、その発生と発展の原動力において、その正しさを検討する上において、実践と不可分の関係にあります。この点についてこれから述べてみたいと思います。

まず大切なことは、理論が実は実践のための理論である、ということです。この点を強調する必要がある。最初に申しましたように理論はブルジョア社会においては多く自己目的とされている。理論体系を築くことが、あるいは独特の学説を発表するということが、それ自体が自己目的になっている。あるいは理論的な整合とか、首尾一貫した理論とかいうものが目的をなしている。もっとだらくすると、長大な論文、その言葉がむつかしい、いかめしい、何か深みがあるような、高いような、ありがたいような、そういう体裁をもった理論を築くといったようなことがしばしば目的にさえなっている。そうして人に対して一種のこけおどしをやる。(1)こういうようにして実践から離れている。こういう理論の性格は、マルクス主義的な立場に立っているわれわれ自身にもなかなか抜けがたいものとして残っている。しかし実際、理論というのは何のためにあるか――それは実践的に行動するためにある。われわれがこうしたらいいか、ああしたらいいか分らない場合に、こうしろと教える。そうしてそれに従えばわれわれは確信をもってやれる。行為を決定せしめるものこそ理論であります。これが理論の目的である。この点は特に強調しなければならないことであります。

（1）これも一種の実践的目的です。根本的には理論をして（あるいは、しているかのように見せかけて）給料を貰って生活するという実践が目的です。又、分業社会では個人としては理論だけやるにしてもそれが他の人の実践に役立つという面もあります。社会主義社会ではこれが一層ひどくなりました。つまり、理論は、事実上、必ず実践と結びついているのです。

この点についてカリーニンがこういうことをいっている。

「マルクス・レーニン主義の理論は信仰のシンボルでもなければ、ドグマの集積でもない。実践への手引である。」

もう少し具体的にこういっている。

「今まで政治運動に参加した古い労働者（古いボルシェヴィキ）、かれらが読んだ革命的な書籍は十二冊ぐらいのものだろう」――あのロシア革命の先頭に立った労働者たち、かれらが読んだ革命的な書籍は十二冊ぐらいのものだろうというのです。――「しかもその実践的活動においてはマルクス・レーニン主義を全く正しく活用し、次々と問題を解釈するにも正しくマルクス・レーニン主義的につかんでいたのである。これはその人々がマルクス・レーニン主義理論の革命的真髄を理解し掴んでいたからである。

「マルクス・レーニン主義を勉強するのは形式的な知識を得るためではない。方法として、すなわちわれわれわれの政治的社会的個人的行動を正しく決定するための手段として勉強するのである。」

とこう言っている。誰が真のボルシェヴィキ、マルクス主義者であり、誰が本読みの知ったかぶりであるかは早急の問題の解決、その解決態度によって明かになる、というのであります。

われわれインテリゲンチァはいろいろ社会科学について勉強するのでありますが、実践的な問題を一体どうしたらいいか決定する段になって、少しも今までの知識は役に立たない。なかなか決定できない。労働者はこれに反して、そういう立場になると自信をもって決定を与えることができる。インテリゲンチァは決定しないときはいろいろなことについてしゃべることができる。一ばん大切な決定の瞬間になっては労働者に及ばないというところがある。(1)これは即ち理論本来の目的を全く忘れたやり方だといわなければならない。理論は実践のためである、このことが理論の第一の意義であります。

(1) こういう事は一般的には言えないと思います。もしそうなら、甘粕氏自身が学者を辞めて労働者になるといいと思います。つまり言行を一致させるべきでしょう。なぜこういう事になるかと言いますと、労働者の立場と労働者階級の立場を混同するからだと思います。「労働者の立場と労働者階級の立場」（拙著『ヘーゲルと自然生活運動』鶏鳴出版に所収）を参照して下さい。

第二は理論を修得し、理論を新しく形成するための原動力となるものが実践的な意欲だということです。普通には知識欲とか、単なる理論的な欲望とかが理論形成の原動力と考えられているのです。たとえば三木清の「読書と人生」という本を読まれた方は御存じだと思いますが、青年時代の三木清がどんなに知識欲に燃えて勉強したかということが分ります。なるほど知識欲というものも一概には否定できない。しかしほんとうに正しい理論を正しい方向に学ばせるものは実践である、このことをまず知らなければならない。これは別の言葉でいえばヒューマニスティックなものであると申して宜しい。しかし現在のヒューマニズムというものは結局人間を隷属させる資本主義社会を変革しようという具体的な形をとっている。そういう意欲、やはり革命的な意欲、そこへ落着くのであります。こういうものがなければ理論形成の原動力というものが失なわれる。(1)

（1）こういう理屈ですべての学者や学生に「実践」という名の政治ごっこを押しつけるのだと思います。思考の本質は直接性を断ち切ることですから、知識欲を直接的な原動力として理論を作ることはあります。例えば関口存男氏のドイツ語学がそうです。

この頃よく唯物論者になぜなったかというようなことを皆が知りたいという欲望をもっている。すなわち観念論から唯物論に移ったその動機を聞きたい、その経過を聞きたいというのであります。ところがこの動機経過というものは観念論から唯物論へ理論的に、だんだん論理的必然性を辿ることができるかというと決してできない。多くの人々はそれ以外の動機から唯物論に入っている。古在由重氏などの場合もやはりそうでありまして、観念論の論理的欠陥というものに目覚めて、唯物論によってそれを埋め合わせして行くという形ではなしに、やはり堪えがたい不合理を含んだ社会を変えなければいけないという一見理論とはかかわりのない領域の情熱に動かされたわけです。出隆氏の場合でもやはり、現在でも自分は唯物論者ではないかも知れないということをいっておられる。しかしその方向に向って決定的に方向づけられその方向に非常に進歩されておりますが、その原動力がどこにあるかというと、やはりヒューマニスティックなものであります。この原動力は一見理論と無関係な、哲学とは無関係な世界のことであるということができる。例えば古在氏が唯物論者になるまでという話をされたときに、哲学を研究している学生がしきりに質問した、どうもあなたの話はどうして観念論から唯物論に行かねばならなかったのかさっぱり分らない、そういって何度も聞き質している。それに対して古在氏がやはり論理的な経過を挙げないで、社会の不合理を変革しなければならないという一見別なことを幾度も挙げている。学生の方はどうしても満足できなかつた。しかしそれはやはりそれでいいのであって、論理的に辿ってこれで唯物論的な理論が形成されるというもの

ではないのであります。社会科学の揚合はかようにヒューマニスティックな変革の意欲が働いている。(1)

(1) もちろんそういう場合もあると思います。

自然科学の理論もそうでありまして、自然科学も科学者の論理的追求欲というようなものによってだんだん進歩して来たのではなくして、資本主義社会ができて、資本家のはげしい利潤追求欲のために新しいものを作ろう、新しい商品を作ろうという要求が社会に全面的に生まれてくる。この実践的な原動力が技術の改良を求め、この技術の改良はさらに自然科学上の理論を求めている。これを無視しては近世に至って急速に自然科学が進歩したことの理由がわからない。実践的な意欲が理論の原動力として必ず入っている。(1)

(1) 社会的に見てのことと個人的な場面でのこととを混同しては困ります。社会的には生産が根本的な基礎ですが、個人的には知識欲が原動力になる人も多いということは両立します。

第三に認識の過程に実践が入っているということであります。例えば権力とはどういうものであるかということについて、書物についていろいろ研究をする、これは一つの方法である。しかし権力についてはわれわれが実践を通じてこれにぶつかって見る、このことがこの理論を単に抽象的な一般的なものとしてでなしに、自分の血肉になったものとして真にわがものとして知るために必要な条件であります。先日五・三〇事件というのがあって、都庁において労働者が殺された。あの場にいた人々は今の権力というものは一体何のためにあるか、その本質は何であるか、いかに反人民的なものであるか、いかに一部のものに仕えるものであるかということを身にこたえて知った。最大の教育をあそこで受けている。権力の本質をあの実践によって知ったということを殆んど異口同音に述べております。

しかし自然科学では、この意味の実践はもっと計画的に、もっとひんぱんに用いられる。それは実験である。はじめ新しい理論は単に仮説である。これがさまざまの方面からいくども実験されて、はじめて確固とした理論となるのでありますが、一見受動的に世界をありのままにわれわれの心に写すもののように見える理論のうちにも、かように能動的な実践がいくえにも浸透しているのであります。

さらに最後に、理論は実践によって検証されます。われわれの理論が世界の単なる解釈であったならば、これは事実に合おうが合うまいが、その内部で一応つじつまが合えば、またそれが美しい形をしていさえすれば、われわれはそれに酔うこともできる。しかし先程も申したように、理論はその本質において実践のためのものであり、行動の指針であるとすれば、この理論が正しいかどうかということを、絶えず実践によって現実にぶっつけて見て、その正しさを確かめ、そうして前進しなければならない。またあることを中心にして二つの理論が対立した場合に、ある程度までは理論的に論争して解決することができるが、決定的な正否の判断は実践によって下されるのであります。[1] こうして理論の正しさを証明して見なければならない。その現実にぶっつけるのは理論をもって実践する、その理論をもって行動して見る、このことによってのみ実証することができるのであります。

（1） 論争には意義と限界があるということでしょう。賛成です。すると、論争のやり方についてどういう工夫が必要かという問題が出てきます。甘粕氏は口が巧くて押しの強い人が勝つような場面を経験したことがないのでしょうか。授業や読書会を生産的にするにはどうしたら好いか、考えたことがないのでしょうか。実践による証明の限界についてのエンゲルスとレーニンの指摘も知らないようですが、これはここでは論じません。

以上が一般的に申しまして実践が理論の中にどのようなモメントとして入っているかということであります。くり返して申せば、第一は、実践が理論の目的となっている。第二は、実践が理論的な要求の原動力になっている。第三は、理論の過程の中に実践が入っている。第四に、理論は実践によって検証される。

七〔実践に忙しくて理論をやる時間がないという悩みについて〕

さて最後に、はじめに申しましたように、今述べた一般的なことを現在われわれが直面している具体的な問題に当てはめて考えて見たいと思います。われわれは現在学生として、あるいは科学者、技術者として、一方には理論研究の任務を与えられ、他方では政治的な実践を最大の任務として与えられている。これは認めるとしても、この二つのものの間にやはり矛盾がある、これをどう解決したらいいかという問題であります。政治的な実践が必ずしも理論に対してプラスにならない、時間も多くくう、このために学生としての勉強も、あるいは科学者としての研究もできない。そうして科学の趨勢に立ち遅れる、自分は人民的な立場に立っているけれども、人民的な立場に立っている科学者というのは碌な業績を上げてないではないか、中にはあれは科学的な業績を挙げることができないから、ああいう組合運動や政治運動に逃避しているのだというような非難さえ受けなければならない、こういう状態もある。

こういう問題は社会科学を専攻するものの場合でも、おこることであるが、自然科学の場合はとくにそうである。政治活動の対象と実験室の中での顕微鏡の対象とは、全くことなる領域であり、一般に自然の法則を研究するには、社会でなく、自然そのものを見なければならぬからであります。

したがってかような場合に、理論と実践との統一ということを、ただ一般的にくり返しているだけでは不十分である。また政治的な実践的活動がそのまま自然科学上の研究の上に役立ち、それを前進させる最も大切なものだ、というのも偏った理論であります。現在の社会では、社会主義社会とはちがって、自然科学者、技術家、学生も、その多くの時間を、しばしばその大

半の精力を、政治活動の上に注がねばならぬことが、一つの不幸な運命であることは認めねばなりません。(1)

(1) 最後にようやく現実を直視した議論になりそうです。が、「現在の社会では自然科学者、技術家、学生も、その多くの時間を、しばしばその大半の精力を、政治活動の上に注がねばならぬ」か否かは人によるでしょう。むしろ甘粕氏や一部の「理論と実践の統一」を誤解している人がそう思っているだけだと思います。又、社会主義社会の在り方をそのまま肯定しているようですが、賛成できません。むしろ本当は社会主義社会こそ多くの人が政治に関心を持って発言し参加するようであるべきでしょう。

しかしそれにもかかわらず、現在では一般に政治的実践と科学的な研究活動との間の矛盾が過大に考えられ、その統一の面が過小に見られているのでないかと考えられます。またその矛盾がある条件のもとでは止むを得ぬことであっても、われわれはその条件を変えることで、その一そうの統一を見出してゆく義務があるのでありますが、その方の努力が少いのでないかと思います。

そこでこの点について少しく具体的に申してみましょう。まず消極的な面から述べますと、第一に現在の研究というものの性質であります。実践をやっていても自分の理論研究に役立たないということがいわれている。その理論というのはどういうものか。これは先程も申しましたが、どうもこの場合の理論というものはアカデミックな、あるいは無駄な装飾にみちたような理論、人をびっくりさせるような長大な論文を書くとか、いかめしい形式を整えるとか、こういうことではないかと思います。またこういうようなものを書かなければ博士にもなれない、あるいは研究費も貰えないというような外面的事情もあって余計こういう尾鰭をつける。このような理論が広く学界に行われているのでありますが、こういうことをする時間はなるほど実践によって妨げられる。そういう単にアカデミックな装飾にみちたこけおどかしの理論というものには実践は役立たないのであります。多くの人が政治的実践はどうも研究の妨げになるといっているけれども、妨げられるのはそういう理論の研究なのではないかどうか、これを反省して見る必要がある。

もう一つ、この場合、理論というものは個人的に考えられているのではないか。理論は何のために必要か。これは日本の大衆の幸福のために必要なことであって、決して個人の立身出世のために理論が求められるのではない。それにもかかわらずわれわれはどうしてもその論文を自分の論文として発表したいという利己心をもっている。自分と志を同じくし、同じ組織にいる人が理論的に前進するということがいいのでありますが、これに満足できないで、やはり自分のものとして発表したい、こういう利己心、またこれをあおるものとして、現在生活するためにはやはり個人が個人的に業績を挙げなければならない。それでなければ昇進もしない、大学教授にもなれない、俸給も上らないというようなことがあるので、どうも余計そういう利己心があおられる。こういう理論に対しては政治的実践はやはり必ずしも役に立たない。[1]

（1）異常な場合だけを取り上げて、政治的実践が理論研究に役立たないのは当然だ、と言ってお終いにするのでは理論とは言えません。これでは、「政治活動で勉強のための時間を取られて困る」と真面目に悩んでいる人に何の指針も与えられないと思います。理論と実践の分裂の意義を研究しない事が原因だと思います。利己心を道徳的に悪と取って済まして好いのでしょうか。実際に、多くの学生は就職で困っています。逆に、一部の大学ではかつて共産党系の運動をしていると大学院に入りやすく、教員の口を紹介してもらえたということもありました。

これは理論や研究の面について言ったのですが、こんどは実践の面について言えば、このごろは状勢が非常に進んで来ている。それで実践活動をするものは、次々に課題を与えられ、多くの場合は同時にいくつもの問題がおこり、それがからみ合っております。そこで実践活動がどうしても、さきに述べたように、現象を追いかけ、現象にひきずりまわされるようなものになりがちであります。これではさきに述べた通り、実践から一般的な教訓を引き出すことも、自分の専攻の科学の上での教訓をひき出すこともできないことになります。このようなことは、われわれ普通人の最も感ずることであります。

これらは、そういう点をとりのぞけば、現在よりもずっと理論と実践との統一が得られるだろうと考えられる消極的な面でありますが、さらに積極的な面についていうことを忘れてはならぬと思います。

自然科学は政治的な実践ともっとも離れた領域でありますが、ここにおいても、例えば地質学者の井尻正二氏は、政治的実践によって呼びおこされる闘志あるいは情熱が自然科学研究の持続と進展においても偉大な役割を果してくれる、時間が少くてもこれによって補うことができる、とこう申しております。(1)

(1)「闘志あるいは情熱」にも意義はありますが、限度もあります。やはり何かを研究するにはそれに専念する時間が必要だと思います。井尻氏は後に甘粕氏の指導を受けてヘーゲルの精神現象学などを勉強されたようですが、「個体発生は系統発生を繰り返す」という命題に役立つものを探すだけに終わったようです。問題意識も不適当でしたし、先生に選んだ人も不適当だったし、そもそも時間が少なすぎました。もちろん野尻湖でのナウマン象の化石の発掘を大衆的に組織したやり方のように、井尻氏の政治的実践が役立った例もあると思います。

これは非常に大切なことだと思います。もちろん個人の利害、名誉欲によっても、また真理探求欲によっても、科学研究は支えられていますが、これでは弱く、また方向をしばしばゆがめます。科学研究を支える最も大切な原動力はさきにも申しましたヒューマニスティックな情熱でもあります。

また科学はどんなテーマでも深くきわめればよい、という性質のものでなく、テーマの選択が本質的な意義をもっています。これは自然科学の場合でも、現代の動向と人民大衆の最も切実な要求が何であるかを体験的に知ることによって正しくなされるが、これには社会的な実践が最良の方法となっていると思います。(1)

(1) 新聞をきちんと読んでいるだけでも正しい問題意識は出てきます。逆に、政治的実践をしているだけでは共産党や労働者の立場についての問題意識は出てこないことの方が多いようです。

最後に、それにもかかわらす残る分離や矛盾に対しては、これを個人の身で受けとめるのでなく、この二つの活動を組織的な方法によっておこない、組織された集団によって受けとめ、解決してゆくことは、いうまでもなく努力されねばならぬことであります。(1)

(1) 政党や組合などの場にはそういう事を話し合う場はほとんどありません。また、問題として出したとしても、指導者やボスや「実践している人」の意見を押しつけられるのが関の山でしょう。甘粕氏は現実を知らないようです。

現在科学者、学生その他が悩んでいる問題にどう答えるべきか、これは机の上で理論家が考え出す問題ではなくして、あらゆる方面でこういう悩みを味わっている人が実践的にこれを解決している。そういう経験を取り出して意識的にこれを普遍化し、そうしてすべての人々の解決の助けにするということが、本筋だろうと思います。しかし現在までの私が知ったところの経験では、以上の点が注意すべき主要なものだと考えるのであります。(1)

(1)「七」の内容上の題は「実践に忙しくて理論をやる時間がないという悩みについて」としましたが、出発点に持ってくるべき現実の問題を最後に出したこと、しかもその問題を詳しく調査せず、具体化せず、定式化しなかったこと、甘粕氏の理論とやらの低さがここに好く出ていると思います。ヘーゲルの論理学の研究者であるはずの氏がヘーゲルの論理学を全然参考にしていないのは論外です。松村氏の方がはるかに上です。

柳田謙十郎「認識と実践(1)」

(1) この論文は柳田氏の『マルクス哲学の基本問題』(弘文堂、一九五〇年)に収められています。これの他には「唯物論における認識論の問題」と「マルクシズムとヒューマニズム」が収められています。氏が戦争の反省からマルクス主義へと移行していく過程の記録と言えるでしょう。

この論文は導入部と五節から成っていて、各節には以下の題が付いています。

一、知行の即自的統一とその分裂
二、マルクシズムにおける認識と実践
三、主体的反映——英知的世界
四、認識と自由
五、階級闘争と行為的直観

ここではその導入部と第二節を読みます。原文の掲載にあたっては、一つの段落が長いのでこちらで区切った所があります。又、漢字にかなを振ったのも私の読み方で、間違っている可能性や他の読み方の可能性もあると思います。

〔導入部〕

「哲学者たちは世界をただ種々に解釈して来ただけだ、世界を変革することが問題であろうに」とマルクスはいう。事実マルクス主義ほど、深く認識の実践性を高調する哲学はなかったとともに、その（革命的）実践における（科学的）認識の必然的意義を自覚した哲学はいまだかつてなかったといってもよいであろう。(1) 単なる真理のための真理、理論のための理論という如きことは、この哲学にとってははじめから問題の対象とすらならない。かのアリストテレスが人生究極の理想、その幸福（オイダイモニア）を真理の観想におき、あらゆる種類の実践をばこれに至る過程として意味づけようとしたのに対し、またヘーゲルが彼の弁証法における思惟の発展の極限を絶対知におき、これにおいて世界の歴史的運動が完成すると考えたのに対して、マルクスはむしろ実践を以て認識のアルファとし且つそのオメガとした。(2) 社会革命的実践をはなれてはいかなる学的認識もその本来の生命を失うのほかはないのである。

（1）「認識の実践性」を主張した人としてはヘーゲルも挙げるべきでしょう。それに「マルクス主義がそれを高調する」と言う場合、その「高調」の内容はあまりにも多くの問題を含んでいたと思います。その一因は「マルクス主義」と言う場合は「ヘーゲル」と言う場合と違って、マルクスとエンゲルス、レーニン、その他のマルクス主義者と自称する人まで多くの人が含まれることだと思います。

（2）いかなる学的認識も最後的には、あるいは大局的には実践と関係しているのですから、それから「離れる」などということはありえないのです。問題はどんな実践とどう関係しているかだけなのです。柳田氏自身後でこれを認める発言をしています。自分たちの革命運動だけを「社会革命的実践」とする独断と慢心は学者のすることではありません。

かかる意味においてマルクシズム哲学は、それがたとい純粋な認識論＝論理学として展開される場合といえども、それ自身決して実践から独立した単なる理論的体系であるのではなく、いつも直接に彼らの革命的実践の現実と引きはなしがたく結びついていた。「フォイエルバッハ論」や「ドイッチェ・イデオロギー」をはじめとして、「神聖家族」も「哲学の貧困」も「反デューリング論」も「唯物論と経験批判論」も彼らの主著のほとんど大部分のものがいずれもみな激しき政治的闘争の書であったことも決して偶然のことではない。[1]

（1）論文を書くならば、実践一般と政治的闘争と自分たちの革命的実践とを、少なくとも言葉としてくらいは、区別する冷静さを持ってほしいものです。哲学者が同時に政治家であった例もあります。例えばヒュームなど。

しかしマルクシズム哲学は単にかく理論における実践の意義を高調したばかりでなく、更にこれを現実の政治革命の哲学として具体化し、ソ同盟の建設という世界史的大業をなしとげつつあるという動かすべからざる事実によって、この理論そのものの真理性（或いはまたその欠陥）[1]を、彼らの生きた実践を通して歴史的に具体化しようとしている。ここにこの哲学が単なる大学教授の講壇上の理想論や書斎人の観念的思索[2]の体系と根本的に異なった生動性をもった真理たる所以《ゆえん》の特質があると考えられるのであるが、しかもこのことはまた、認識と実践、理論と行動の深き弁証法的関連の問題に対する一段の飛躍的展開をも成就《じょうじゅ》せしめる原因[3]ともなったということができる。

（1）「この理論そのものの真理性（或いはまたその欠陥）」として、欠陥の可能性を認めたことは冷静でした。ではソ同盟の建設において明らかになった「理論の欠陥」とは具体的にどういうものなのでしょうか。以下に出てくるのでしょうか。注意して読めば分かるように出てきません。言行の不一致です。

（2）観念的でない思索などというものはありません。

（3）「認識と実践、理論と行動の深き弁証法的関連の問題に対する一段の飛躍的展開をも成就せしめた」というならば、まずその事実を確認してください。実際はその事実がないのですから、そうならなかった原因こそ探るべきでしょう。

まことにこの問題は永き哲学の歴史を通じてあらゆる哲学的思惟の根底に横わった根本的課

題であり、哲学者自身が意識的にこれを自覚し反省し、学的思惟の直接的対象としてとりあげたか否かは別として、いかなる哲学といえども何らかの意味において実践への関連なしに単純なる理論的要求から生まれるという如きものは根源的にあり得ない(1)のであるが、マルクス哲学はこの哲学史を貫く永遠の課題に対して、少なくとも画期的な前進を成就したものということができる。しからばそれはいかなる意味において然るのであるか。

（1）事実はこの通りです。つまりどの理論も何らかの実践と結びついているのです。マルクス主義だけが特別なのではありません。

一、知行の即自的統一とその分裂(1)（略）

（1）節の題名からは、氏が理論と実践の統一を「事実一致している」と解釈し、かつそれの分裂の必然性と意義を論じているように思われますが、実際は哲学史を扱っています。サルから人間が生まれた契機としての労働から初めて、いつのまにか道徳的実践に移ります。そして、道徳と政治の関係をも視野に入れながら、知行合一の諸説を古代中国の「大学」と「中庸」及びソクラテス・プラトンで検討します。次いでその分裂の説としてアリストテレス（知の優位）とカント（実践の優位）の哲学を取り上げます。ヘーゲル（認識中心）とマルクス（実践中心）でそれが再度統一されたと持ってきます。

二、マルクシズムにおける認識と実践(1)

(1) この題は第二節だけでなく、本論文の残り全体に対する題と考えるべきでしょう。従って、第二節だけの内容上の題を考えると「認識に対する実践の根源的優先性」くらいが適当だったでしょう。

認識と実践の問題はマルクシズム理論に至ってはじめてその歴史的自覚の具体的意義を全くあらわにしたということができる。マルクス以前にあってはこの問題はどれほど重要なものとして真剣に検討されたとしても、この両者は尚どこまでも相異なる別個の領域であり、その間の必然的な弁証法的媒介関係というものは深く省みられることがなかった。時にこの中のいずれかの一方が他方の手段として考えられることはあっても、その真の相互作用的な論理的関係は自覚せられるに至らなかった。カントにあっては純粋理性批判において我々の悟性的認識の限界が明らかにされ、これによって実践理性批判が要求する真理のために適当な空間が残されたにはしても、この両者はどこまでもそれぞれ次元を異にする別個の世界の真理であるにすぎなかった。ヘーゲルの「精神現象論」や「歴史哲学」などには、絶対知乃至《ないし》絶対精神の自覚に至る人間意識発展の必然的過程として実践の意義が認められるにしても、その主知的合理主義は結局アリストテレス的な観想主義と異なることなき理論的観想の体系に帰着せしむるに至った。(1)

(1) ヘーゲルの「論理学」の読めない柳田氏らしい見解です。

ヘーゲルの観念論に抗して唯物論的立場に立とうとしたフォイエルバッハも対象を客体または直観の形式のもとにのみとらえて、感性的人間的活動、すなわち実践としてとらえることを知らなかった。これに対してキェルケゴールはヘーゲルの客観的思惟に対する主体的思惟の必然性を明らかにし、彼独自の実存主義の立場に立ちはしたけれども、それは単に単独化された個人内面の主体的自覚にとどまり、社会の政治的、経済的変革の中に我々の歴史的実践の真の具体的意義を見出すに至らなかった。かくてマルクスに至って理論と実践との弁証法的関係ははじめて真にその生きた歴史的自覚に到達し得たものということができるのである。

空想的社会主義はその実践を歴史的社会的なるものとしてその革命的意義を見出そうとしはしたけれども、そこには真に科学的な理論的認識による媒介が欠けていた。マルクス理論が科学的社会主義として社会主義の歴史に時代を画する新たな変革を成就するものとなったことは何人も知るとおりである。しかしこれとともにまたマルクスは単に科学的理論的たることにとどまるものではなかった。彼の「資本論」は決して単に「資本主義社会の経済理論」を完成するという如きことを目的としたものではなかった。それはどこまでも「資本主義経済の批判」の理論であり、その崩壊過程の必然性を明らかにすることによって共産主義革命への実践的指標を与えんとする行動理論であり革命理論であった。かかる意味においてそれはただにスミスやリカルドと根本的にその本質を異にするばかりでなく、マックス・ウェーバーやケインズなどともその歴史的意義と使命とを異にする学であるということができる。彼ほど理論とともに実践を重視し、後者を以て前者のアルファとしオメガとしたものは他に類比すべきものをいまだ見なかったのである。これはレーニンとともにこの両方向への才能と素質と情熱とを同時にめぐまれた稀有の性格をもった彼の如きものにしてはじめて可能となり得た事実であるとも考えられるが、この創造的努力によって、この両者ははじめて真に生きた具体的関連の自覚にまで到達し得たということができる。しからば彼によって自覚された認識と実践との弁証法的関係とはそもそもいかなる具体的内容をもったものであるか。

この問題に関して我々のまず第一に着目しなければならない点は、あらゆる理論的認識に対する実践・行動の根源的優先性ということである。「一切の人間歴史の最初の前提は、いうまでもなく、生きた人間個人の生存である。これらの個人の、よってもって動物から区別される所以の最初の歴史的行動は、彼らが思惟するということではなく、かえって彼らが彼らの生活資料を生産しはじめるということである。それ故に、たしかめられうる最初の事態は、これらの個人の肉体的組織と、これによって与えられたところの、彼ら以外の自然に対する関係である。(中略)一切の歴史叙述はこれらの自然的諸基礎および歴史の過程における、人間の行動による、それらの諸基礎の変化から出発しなければならぬ」(「ドイッチェ・イデオロギー」)。すなわち我々が観念的に思惟する作用がまず成立して、そこから我々の生活資料の生産ということが可能となったのではなく、何よりもまず我々が生きるためには食わなければならず、食うためにはこれに必要な生活資料を生産しなければならないという根源的な事実が意識活動や認識作用を発展せしめるに至ったのである。マルクス自身の言葉によっていうならば「我々の一切の人間的存在の前提を、すなわち歴史をつくりうるためには人間は生きてゆくことができなければならないという前提を確認することを以てはじめなければならない。しかるに生きてゆくためには何はさておき、食うこと、飲むこと、住まうこと、着ること、その他若干のものが必要である。従って最初の歴史的行為は、これらの欲望を満足するための手段の生産、すなわち物質的生活そのものの生産である。[1]」（同書）

（1）マルクスが労働の根本的な一要素として「目的意識性」を挙げている点をどう考えるのでしょうか。人間の労働は初めから意識及び言語と結びついていました。時間的な先後関係を根拠にすることは無意味でしょう。

もし我々が認識と実践との関連を更に遠くさかのぼって有機的生命発展の最初の形態にまでかえりみてゆくならば、そこには唯刺激に対する反応という、いわゆる反射運動の事実の如きものが見出されるにすぎないであろう。而してかかる反射運動がいとなまれるというには、その運動する生命体において何らかの仕方でその刺激が受け止められ感受せられていなければならず、その意味においで我々はすでにそこに外的刺激を感受する認識の方向と、これに対して反応する行動（実践）の方向とが萌芽的にすでにその分化過程をあらわにしつつあることを見出すことができるであろう。もし更にさかのぼって無機的物質における動と反動の如き事実をこれに類比して考えるならば、そこにも既に生命体における刺激―反応体系に相応する何ものかを見出すこともできるかも知れないが、しかしここまでさかのぼるとき我々はそこにもはや我々の認識に類比さるべきものを見出すことができず、したがってまたその運動にも内的自発的な行動のおもかげを見出すことはできないのである。

かくて、生命の原初的形態たる刺激―反応体系において、すでに我々の感覚―運動体系に類比さるべき何ものかが見出されうるにしても、この両方向の分裂はここでは尚きわめて未発展なものであり、区別や対立は唯我々の分析論理的思惟を通してはじめて思惟されうるにすぎず、事実的にはむしろそれは主客の未分的統一として、一如《いちにょ》な形において動くものといわなければならないであろう。すなわちこれを我々の人間的表現を以てすれば知と行の即自的統一体の中にあるというべきであろう。故にここまでくれば認識に対する実践の優位ということさえも簡単にはいうことができないと考えられるのであるが、しかしこの刺激―反応体系を全体として見れば、その中心が彼らの生命保存の必要に応ずる生活行動の中にあることは否定し得ざるところであって、刺激に対する感受ということに、これに匹敵し或いはこれを凌駕する如き独立的意味が与えられ得ないことはいうまでもない。原初生命体もまた人間と同様、生きるためにはまず食わなければならず、食うためには外界との交渉において動きはたらくものでなければならないのである。

かくて「観念、表象、意識の生産は、まず第一に、人間の物質的活動および物質的交通の中に、現実的生産の言葉のうちに直接におりこまれている。人間の表象作用、思惟作用、精神的交通は、ここではなお、彼らの物質的行動の直接な流出としてあらわれる。一つの民族の政治、法律、道徳、宗教、形而上学等々の言葉のうちに見られるところの精神的生産についても同一のことがいわれうる。人間は彼らの表象、観念等々の生産者である。しかしここにいう人間は、彼らの生産力の一定の発展によって、かつその最高の形態に至るまでこの生産力に相応する交通の一定の発展によって制約されているところの、現実的な、行動しつつある人間なのである。意識とは、意識された存在以外の何ものでも断じてありえない。そして人間の存在とは彼らの現実的な生活過程である」。

このことをエンゲルスは「猿の人間への進化における労働の役割」において詳細に展開している。彼によれば労働は単に富の源泉であるというばかりでなく、人間が人間となるための第一の根本条件である、すなわち労働は人間そのものをさえつくり出した、といわねばならぬほどに根本的なものである。人間の祖先と考えられる猿は、樹木をよじのぼる際に両手において脚とはちがった仕事をいとなむという習性がもとになって、平地においても直立して歩行するようになり、そこから手の使用ということが段々と発達して、或いは樹間に巣をつくったり、敵を防御するために棒切れをにぎったり、或いは石や果実をつかんで敵になげつけたりするようになる。しかしここから人間への発展には一つの大きな飛躍がなされなければならない。猿がどれほど利口であり巧妙であるにしても、この両者の間にある大きな間隙は決して簡単に看過されてはならない。最下等の未開人の手さえ数万の作業をなしうるのに対して、猿の手はそれをまねることさえもできない。猿の手はかつて最も粗末な石〔の〕小刀をすら作ったことはないのである。人間の手によって小刀が火うち石からつくり出されるようになるまでには、どの位長い時間がかかったか、恐らく想像を絶する期間が経過したことと考えられるが、しかもこの間に我々の手は段々と進歩して益々器用に意のままに動くようになった。かくて人間は手を用いてただに物をつかんだり投げたりするばかりではなく、物に加工して道具をつくるようになった。かくて人間は道具をつくり物をつくる生産的労働的人間となる。この場合手は労働の器官であるとともに労働の産物でもある。労働によって、手はますます新しい諸作業に順応しうるようになり、かくて遂にはラファエルの絵画やトオルワルドゼンの彫像をさえもつくり出しうるものとなるほどに完全な精緻さに向かって進んでゆく。しかし手の発達は唯局部的な手だけには決して限られない。手は一個の全体としての、かつ最も複雑に組織された有機体の一部分である。手に役立ったところのものは身体全体の上にも役立たずにはいない。手の労働は身体全体の発展の上に貢献してゆく、すなわちこれとともに眼も耳も口も鼻も、その他身体各部の感覚運動機関がこれと連絡して各方向に複雑な発展をとげてゆくのである。そしてこれらの諸発展に即応して言語というものが発展する。労働の発達は人間を孤立的な運動にのみとどめることを許さない。人間と人間との協力の機会は労働作業が進めば進むほどいよいよさけがたきものとなる、そこから彼ら相互が何事かを話さなければならない必要が段々と高まってくるのである(同書)。

かくて単なる「群」から「社会」が生まれる。(1)人間が労働的存在であるということが社会的存在であるということを制約するのである。そしてこれとともにまた人間は社会的存在となることによって労働はいよいよ高度のものとなり、発展してゆく。狩猟や牧畜についで耕作があらわれ、これらについで紡績と紡織、金属の加工、製陶、航行があらわれた。かくて商業や工業とならんで芸術や科学が生まれ、そこからまた宗教や哲学さえも生まれるようになったのであるが、その根底にはいつも人間の生産的労働が基盤となっていることが忘れられてはならない。この基盤が忘れられるとき、そこにあらゆる種類の観念論的世界観が成り立つのであるが、それは生産労働が社会の特定階級にのみ負荷せしめられ、これによって自分自身は何ら直接労働に従事することなしに生活することができるような社会の階級化における支配階級、搾取階級のイデオロギーとして、発生するものにほかならない。かくてここでは肉体労働と頭脳労働とが分離するとともに認識と実践とが対立し、認識の根底に人間的な実践が横たわることが忘れられて実践をも認識の理論によって基礎づけようとする論理主義の如きものや、また観念を存在によって、意識を物質によって規定されたものとして見出すのでなしに、逆に存在を観念によって、物質を意識によって規定されたものとして見出そうとする観念論的立場というものが成り立ってくるのである。しかしこれは本来足で立つべきものを頭で立たしめるところの、事態の倒逆であって、我々の認識の根底に生活の現実要求に根ざした行動実践の事実があり、ロゴス〔言〕の生まれる前にタート〔行〕があった(2)ということは動かすことのできない科学的実証的事実であると考えられる。(3)

（1）群と社会とどう違うのか。定義していません。語を代えただけでは何も言ったことにならないという学問の初歩も知らないようです。

（2）「ロゴス〔言〕の生まれる前にタート〔行〕があった」のなら、初めから言と行は分裂していたということになります。

（3）この辺の引用を読んでいると、マルクス主義を知ったばかりの人がそれを学ぼうとして必死に読んでいる興奮と熱情が感じられます。多くの人がこれを経験しているのではないでしょうか。私もそうでした。

かくて唯物論は何よりもまず認識の根底に実践を置く、実践を離れた単なる認識のための認識、真理のための真理という如きことは、唯物論哲学にとっては空疎な概念の遊戯としてしかひびかない。「哲学者は世界をいろいろに解釈してきただけだ。世界を変更することが眼目だろうに」というマルクスの有名なことばはここにその本質的な意味をあらわにするものとなる。

すべての観念論哲学は世界を変革する実践の哲学ではなくて、唯あるがままの世界をあるがままに認識し解釈することを能事とする観想の哲学である。(1)その最も代表的なものはヘーゲルであるが、たといヘーゲルに限らずともそれが観念論哲学たるかぎりにおいては何らかの意味において現状を肯定し、与えられた現在の中に永遠の意義や絶対の価値を見出さんとする、今日の如く資本主義が今やまさにその崩壊期に達し、それが一日長引けば長引くだけ社会の自己矛盾をいよいよ深め、より大なる世界戦争への危機を拡大するばかりであるにもかかわらず、これに対して現代の観念論がいかなる変革の道をも与えず、実践の指標をも示し得ないのも決して偶然のことではない。観念論はその成立の根底において自ら額に汗して働くものの労働と遊離した支配階級の哲学であり、かかる意味において政治的治者の立場に立つものの哲学であって、これにしいたげられて労働するものの肉体をもった哲学ではないのである。

(1) 現状でいいと思っている人は現状を維持しようとするでしょう。それも実践の一つです。柳田氏とは実践の内容なり方向が違うだけです。自分の実践と異なる実践を観想と言うのは誤謬推理です。

かくてマルクシズム哲学の立場からいえば、すべての真理はどこまでも実践を通してつかまれるものでなくてはならない。「対象的真理が人間の思惟に到来するか否かという問題は何ら理論の問題ではなく、一の実践的問題である。人間は真理を、すなわち彼の思惟の現実性と力、その此岸性を、実践において証明せねばならぬ。思惟——実践から遊離された——が現実的なりや非現実的なりやの争いは、一の純然たるスコラ哲学的問題である」(1)。

（1）これが多分第二点なのでしょう。

簡単な例をとっていえば火が熱いかどうかということ（対象的真理）は、いかなる概念の論理や理論的定義の問題ではなくて、我々が自らの行動による実践的経験として決定さるべき問題である。かかる現実の経験をはなれて、火が熱いかどうかということを唯概念的論理的にいかに激しく論争してみたところで、それは全く一つのスコラ哲学的な争いにすぎないというのである。人は社会主義乃至共産主義社会についても同様なスコラ哲学的論争をすることが少なくない。資本主義についで来るべき社会が何時いかなるものとして到来するか、それが果して善か悪か、かかる問題を我々が単なる理論の問題として考える限りいつまでたっても真の結論に達することはできない。我々はかかる真理を、かかる真理の現実性と力とを何によって証明することができるか、それは唯実践あるのみである。現在の資本主義社会がどれほどその自己矛盾を深め、その頽廃によって末期的症状を呈しているにしても、それだけで社会主義社会実現の必然性およびこれによる現実の諸矛盾の解決が実証されていると考うべきではない。唯実践のみがかかる真理に対する証明を与えるのである。社会主義社会が善か悪かを机上で争うことほど愚劣無用なスコラ哲学的論争はない。

(1) 確かに巷間にも「論より証拠」という言葉があります。しかし、では議論には全然意味がないのでしょうか。そんな事はありません。では、議論の意味と限界はどこにあるのでしょうか。その意義と限界を弁えた議論をするにはどういう事に気をつけたらいいのでしょうか。こういう問題には柳田氏は気づいていないようです。氏の哲学が生活から遊離している証拠だと思います。マルクス主義に移行し始めたばかりで、闘争経験がないことも一因だと思います。工学系の人がこの問題に経験から引き出した結論については拙著『哲学の演習』(未知谷)の第一〇問「東芝の三原則はなぜ有効か」で考えてみました。

エンゲルスはかかる立場からカントやヒュームの不可知論に対して答えんとする。いわく「右の意見〔物自体の世界は認識できないという意見〕に対する最も有力な反駁は、あらゆる哲学的幻想に対する場合と同じく、実践すなわち実験と産業とである」と。吾々が或る自然事象に関する吾々の理解が正しいか否かを証明しようとするとき、もしこの自然事象そのものを吾々の手で作り出すことができるならば、カントの物自体という如き問題はそれによってただちに解決することができる。たとえば動植物の体中に生ずる化学的物質は、有機化学が実験によって次々にこれらのものを解明しはじめるまでは、かかる「物自体」であったのであるが、それが有機化学によって説明されるに至ってはじめてそれは「我々のための物」となった。エンゲルスはその具体的な実例として、有名なアリザリンの製造をあげている。我々はもはやアリザリンを原野の茜根《あかね》に生ずるにまかせずに、コールタールから製出している。コペルニクスの太陽系も三百年間は尚仮説たることをまぬがれなかったが、ルヴリェーがそこから未知の二遊星（海王星と冥王星）の存在の必然性と、更にはその位置までをも算出し、ついでガルレがこの遊星を現実に発見したとき、仮説ははじめて仮説ならぬ現実の真理として確証されるに至ったというのである。（もっともエンゲルスのこの実例が果してカントの物自体論に対する批判としてどれだけの意義を有し得るか、それはむしろ彼の批判哲学の理解に対する浅薄さを反証するにすぎないではないかという如き問題もここに生ずるのであるが、認識と実践の関係を当面の問題とする我々はしばらくかかる問題に立ち入ることをひかえておく。）

かくして厳密にいえば単なる理論的認識――いかなる実践、実験的作業、主体的行動性をも含まない純粋な観想的受容的認識という如きものは本質的にあり得ない。いかなる認識といえどもそれが真に実在の客観的認識として具体的な意味をもつべきものであるかぎりに於ては、そこに何らかの仕方で多かれ少なかれ実践的認識というものが基礎的媒介としておりこまれているのでなければならぬ。マルクスによれば五官の形成そのものがすでに全世界史の経験的発展の仕業であるのである（「経済学・哲学ノート」）。「人間は彼の外部にある自然にはたらきかけ、かつそれを変化することによって、同時に彼自身の本性を変化する」（「資本論」）。感性も悟性も我々が外的自然にはたらきかけこれを変化し来たったという長き生命発展の歴史的経験の所産にほかならない。発達した今日の我々の認識を分析すれば、その底に感覚や思惟、ならびにその中に含まれたアプリオリな〔先天的な〕機能が見出され、それが対象的認識の構成原理とさえもなっているように考えられるかも知れないけれども、これらの認識機能そのものがはじめから存在して、これによって自然界が成立するに至ったのではなく、我々の自然に対する不断のはたらきかけ、その実践的経験の無限の集積が五官の機能や悟性的思惟の作用を今日の我々の如きものに形成するに至ったのである。行動、実践というもののないところにいかなる生きた認識というものもあり得ない。

されば認識が行動から引きはなされ、その実在的な根拠を失えば、たちまちにしてスコラ哲学的となり、歴史的生命からはなれた概念的作業として無味乾燥なカプート・モルトゥム〔死んだ頭〕となる。人々は今までこの点に関して十分な反省が足りなかった。「自然科学者も哲学者も、人間の行動が思惟に及ぼす影響を、これまで全然不問にふしていた。彼らはただ一方に自然を、他方に思惟を知るのである。だがそのまま〔の〕自然のみではなく、人間による自然の変化こそ、人間の思惟の最も根本的な、最も密接な基礎である。そして人間が自然を変化せしめることを知る度合に比例して、人知は成長する。自然が専ら人間にはたらきかけるという風に、自然条件がつねにもっぱらその歴史的発展の条件をなすという風に、考えるところの自然主義的歴史観――はそれ故に一面的であり、人間が逆に自然へもはたらきかけ、これを変化せしめ、新しい生存条件をつくり出すという事実を忘却するものである」（エンゲルス「自然弁証法」）。そこから自然が変化するとともに人間も変化する、そしてこれに応じて我々の知性

——思惟能力が発展してくるのである。そして知性はいつもその活動による真理認識の基準を行動の成果にまつのである。かくて、「我々の行動の成功は、我々の知覚と、知覚される事物の対象的本性との、一致を証明する」[1]。

（1）これが第三点なのでしょう。しかし、いかなる実践も特定の認識を完全には証明も否定もしないというエンゲルスとレーニンの言葉は知らないようですね。

しかるにすべての観念論は、認識と実践とを全く別々のものとして扱い、したがって認識論上の根本問題をも全くはなれて、自己自身の中で解決しようと試みるのであるが、フォイエルバッハも言っているように、「世界は〔単なる〕感覚であるかというう問題は、他人は私の感覚であるか、それとも実践上の我々の〔我と汝との〕関係はその反対を立証するか、という問題に比することができる。実に観念論の根本的過ちは、世界は客観的か主観的か、現実的か非現実的かという問題を、理論的立場からのみ提起し解決する点にある」。観念論者といえども、実践の上では私と汝との二つながらの実在をみとめているのである。ただ彼らにとってこれは、生活にのみ通用して思弁には通用しない見地なのである。しかし生活と矛盾している思弁は、それ自身、死んだ偽りの思弁にほかならない。感覚するに先立って我々は呼吸する。我々は空気なしに、飲み食いなしに生存することはできない。かくて生活実践の見地は、認識論の第一のかつ基礎的な見地たるべきものである。そしてこの見地に立つとき我々は不可避的に唯物論に至らざるを得ない（レーニン『唯物論と経験批判論』）。かくしてかの「ドイッチェ・イデオロギー」における「産業と商業なくしてどこに自然科学があるのであろうか、この『純粋な』自然科学でさえ、実にその目的ならびにその材料を商業と産業とによって、すなわち人間の感性的な活動によってはじめて得るのである」という言葉も無理なく理解せられることができるであろう。

かくて人間は環境に対して自ら主体的にはたらくもの行動するものとなればなるほど、これにつれて感性的直観も悟性的思惟も発展し、外界をばより正しくより精確に反映するものとなる、実践の発展が認識の発展を媒介するのである。我々が自然的環境に対して行動的であるということから自然科学が発展し、社会的歴史的環境に対して実践的であるということから社会科学ないし歴史科学が発展する。現代のマルクシズム理論を中心とする社会科学の発展がかくして成立し来たったものであることは今更いうまでもない。このことは要するに認識に対する実践の根源的優先性を意味するものに他ならないのであるが、認識と実践との間にはまたこれとは逆に実践が認識によって深く媒介される面、すなわち実践の発展が理論の発展を予想し、これによって制約される面が存在することも看過されてはならない。近代自然科学の発展がいかに大きく近代の産業と交通とを変革したか、社会主義が空想的から科学的となることによってていかに現代の資本主義社会に対する脅威となりつつあるか、これらのことを思うだけでも我々は認識の実践に対する威力を理解するためにはすでに十分であるということができるであ

ろう。この点においてもマルクシズム理論は他のいかなる哲学にもましてその重要性を深く認めているということができる。(1)

(1)(原注)レーニンはこのことを次の一句によって明確に指示している。「目的(人間の活動)が果たされないのは、実在性が無なるものとして承認され、その(実在性の)客観的現実性が承認されていないということを、その根拠としている」(『哲学ノート』)

かくしてこの両者の間には単純に一方のみを原因、根拠とし、他方をその結果ないし帰結とする如き関係は成立たず、どこまでも相互媒介的、相互作用的なものとしてその関連がつかまれなければならないのであるが、唯物論的立場から見てこの点に関し特に重要なことは認識における反映の主体としての人間と実践における行動の主体としての人間との関係(1)である。我々は節を改めて特にこの問題のために一歩つっこんだ考察を進めることにしよう。

(1)これが第四点なのでしょう。それともこれまでの全体が第一点で、ここからが第二点なのでしょうか。

三、主体的反映――英知的世界(1)(略)

(1)第三節は第二節の最後を受けて「実践における行動の主体としての人間」の立場からその統一を考えるのだろうと予想されます。つまり実践的唯物論が展開されるのかなと期待します。しかし、実際はフォイエルバッハ批判や観念論批判が中心です。唯物史観と自然弁証法の関係についての考察が少しあり、結論として「イデア的英知的世界」の反映ということを述べていますが、ここには倫理学者である氏の願望が出ているのだと思います。本来は、ここでこそ、指導者の意義とか議論の意義とか方法の意義とか実践から離れて勉強することの意義とかを考えるべきだったと思います。少しでも実践という言葉から離れると、誰かに批判されそうで怖いというマルクス主義陣営の一般的な空気を感じます。これでは理論も哲学も無理でしょう。

四、認識と自由(1)（略）

（1）この節ではマルクスの「資本主義社会における自己疎外論」を学ぶことから、では真の自由はどう理解すべきかと論を進めて、必然性の認識であるとする（ヘーゲルに基づく）エンゲルスの考えを学んでいます。そして、自然法則と社会法則を認識して自由になるのが社会主義社会だと公式的な事を述べています。「プロレタリア革命が少数の指導者によって営まれることは、ともすれば社会主義官僚支配をして独裁化せしめ、ファシズム全体主義とえらぶところなき権力国家たらしめる危険をはらむ。そこに我々はきわめて困難な政治的課題の前につきあたるのであるが、この危険を防止するの道は結局全人民の民主主義精神の徹底とその政治的実践的自覚の一般化にまつのほかない」と、社会主義が独裁化し全体主義化する危険を論じているのは立派ですが、その防止策は「単なる当為」に止まってしまいました。民主集中制が全体主義になる危険は気づかなかったようです。マルクス主義の持つ性善説と性悪説の矛盾にも全然気づかなかったようです。

五、階級闘争と行為的直観[1]（略）

（1）物を実体としてではなく相互関係的に把握することから出発しています。ノエマ・ノエシス（フッサールの用語）とか「見るもの」と「はたらくもの」（西田哲学の用語）といった言葉を使っていますが、内容に新味はありません。政治運動の経験が乏しかったこともありますが、理論的には「フォイエルバッハに関するテーゼ」を中心的に参照しているのに、「人間の現実的本質は社会関係の総和である」というマルクスの言葉を見逃しており、この言葉の意味を考えなかったことが致命傷でした。その「テーゼ」の体系的理解までは望む方が無理でしょう。

許萬元「ヘーゲル弁証法の本質」

三　ヘーゲル弁証法の主体的根拠としての理論と実践の統一の問題(1)

（1）これは氏の『ヘーゲル弁証法の本質』（青木書店、一九七二年）の第二篇「ヘーゲル弁証法の三大特色とその根拠」のⅣ「ヘーゲル弁証法の一般的定式化とその根拠」の「三」の全文です。原書の全体の構成は次の通りです。

第一篇　ヘーゲル哲学とその唯物論的読解の可能性

Ⅰ　ヘーゲル哲学の一般的性格

Ⅱ　唯物論的理解へ道

第二篇　ヘーゲル弁証法の三大特色とその根拠

Ⅰ　徹底した内在的考察の態度

Ⅱ　歴史主義的見地

Ⅲ　総体性の立場

Ⅳ　ヘーゲル弁証法の一般的定式化とその根拠

第三篇　マルクス弁証法の本質
Ⅰ　マルクス弁証法の主体的根拠としての実践的唯物論の立場
Ⅱ　唯物論と内在的弁証法との合体
Ⅲ　絶対的歴史主義に立脚した総体性の立場
この本は今では氏の『弁証法の理論』（創風社、一九八八年）の上巻となっています。内容は全然変わっていないようです。なお、氏はヘーゲルやマルクスからの引用に当たって特にその必要のない所でもいちいちドイツ語原文を添えていますが、邦語文献の習慣ではありませんし、その必要はないと思いますので原文は割愛しました。

ヘーゲルの「精神」は、時間的なものと無時間的なものとの「理性の狡知」による統一という構造をもち、したがってそれが、歴史主義と総体主義との統一としての「絶対的方法」の観念論的基礎づけをなすものであった。だからこそ、ヘーゲルも「絶対的方法」を「精神」または「絶対理念」の名において叙述しているのであろう。(1) ところで、注目すべきことは、ヘーゲルが「絶対的方法」を「絶対理念」の名において展開するにあたって、この「絶対理念」を「理論的理念と実践的理念との統一」として規定している事実である。この事実は一体何を意味しているのであろうか？　ほかでもない。それはヘーゲルの弁証法（＝絶対的方法）が理論と実践の統一——ただし、ヘーゲル特有の仕方での統一——を根拠として成立したものであることを意味しているであろう。この点は非常に重要であって、多くの弁証法論者たちはこの重要な点を見落としているように思われる。だが、実際には、マルクスの場合にもヘーゲルの場合にも、弁証法はそれぞれ異なった仕方においてではあるが、理論と実践の統一のうえにきずかれたものなのである。(2) だから、ここではまず、ヘーゲルが理論と実践との統一の問題をいかに取り扱ったかを考察してみなければならないであろう。だが、この問題はヘーゲルの認識の主体的立脚点の問題と直接に関係しているので、われわれもまずヘーゲルの認識の主体的立脚点が何であったか、という問題の考察からはじめなければならない。

(1) 氏は外国人のため日本語の語感が少し我々と違う所があるようです。しっかりした推論に基づいた結論なり命題を述べる時に「であろう」と言うのはかえっておかしな日本語になると思います。ここも「～叙述しているのである」の方が好いと思います。以下何度も出てきますが一々指摘しません。

(2) この指摘は氏の功績と言ってよいでしょう。この事の現実的な意味は拙稿「理論と実践の統一」の「十一、理論と実践の統一の諸段階は何か」と「十三、個人の成長過程における理論と実践の統一の諸段階は何か」だと思います。氏の叙述と私の叙述を対比的に検討すると、氏の「ヘーゲルとマルクスの内部での解釈」と私の「ヘーゲルの現実的意味の追求」との違いを考えるのに役立つと思います。

ヘーゲルの認識の立脚点は、彼の徹底した現在主義の立場のうちに見いだされうる。つまり、あくまで「現在」から出発し「現在」へ帰る、というのが、ヘーゲルの一貫した立場であったろう。というのも、すでに見たように、ヘーゲルにとっては、「絶対者」たる「精神」や「理念」は決して彼岸的なものではないからである。[1] ヘーゲルにしたがえば、「理念は確実にそこにある。これこそ理性の確信なのである」[2]。だから「哲学が取り扱うのは現在的なもの、現実的なものである」[3]と彼はいう。つまり、ヘーゲルは現在のなかに理念が確実にあるという確信[4]にもとづいて、あくまで現在から出発し、かつまた、それに終始すべきだと考えているのである。このことは、「理念」または「精神」の此岸性または内在性を説くヘーゲルの立場からすれば、きわめて当然のことであろう。

（1）この事の現実的な意味については拙稿「『パンテオンの人人』の論理」（前掲『マルクスの〈空想的〉社会主義』に所収）に書きました。

（2）（原注）『哲学史への序論』〔原書〕三二頁。

（3）（原注）同、一八三頁。

（4）なぜ理性はこういう確信を持っているかと言いますと、物心ついた時から、事ある毎にそれを試して、その結果「理念がそこにある」と確かめえた人だけが理性を持っているからです。逆にこの確信を持てなかった人は理性を持っていないのです（この人では理性は潜在したまま）。そういう人も実際には沢山います。

それでは、現在主義の立場に終始するヘーゲルにとって、過去の認識は一体いかなる意義をもちうるのであろうか？　いうまでもなく、現在主義の立場に立つヘーゲルにとっては、過去の認識といえども決して「現在」の立場をはなれるものではありえない。むしろ、過去の認識のうちにあっても、つねに問題となるのはまさに「現在」でなければならないであろう。このことは、ヘーゲルの次の言葉のうちに端的に表現されている。

「われわれは、世界史を概念的に把握する場合に、まず最初には、その歴史を過去として取り扱う。しかし同時に、われわれは、全く現在を取り扱っているのである。[1]」

（1）〔原注〕『歴史における理性』〔原書〕一八二頁。

このように、ヘーゲルは「過去」のうちにあってもつねに「現在」をはなれず、「過去」にたいする歴史的研究をつねに現実問題の究明としておこなうべきことを要求したのである。[1]ヘーゲルが哲学史を彼なりの仕方で一つの有機的全体として生きいきと、主体的に把握することができたのも、彼の現在主義のおかげであったろう。だからフォイエルバッハもこの点をとらえて次のようにいっている。

「ヘーゲルほどの親密さで過去の哲学者たちを取り扱った歴史家は、まだ一人もいない。彼は疎遠な人と頑固な会話の言葉を語るのではない。彼は、彼の先祖たち、彼のもっとも近い親戚たちと哲学のもっとも重要な諸問題について打ちとけた会話をまじえるのである。彼は他所にいながらわが家にいる。パルメニデスやヘラクレイトス、プラトンやアリストテレスのような人たちのもとで、彼は自分自身のもとにいるような調子なのである。(2)」

（1）現在から逃げるために過去の歴史研究をしている学者も沢山います。ですからこのヘーゲルの考えは「要求」なのです。

（2）〔原注〕『フォイエルバッハ全集』第二巻〔原書〕、四頁。

このように、ヘーゲルは哲学の歴史のうちでただ「現在」を問うのであり、自分自身の時代の現実問題を問うたのである。ヘーゲルにとっては、「過去」の歴史全体の目標はただ「現在」に向かって合目的的に進行する点にあった。歴史にとって「現在」はつねに目的因となるものである。だが、「過去」のうちに「現在」が問われるためには、「現在」はつねに、「過去」のうちにも即自的に内在しているものと見られなければならない。したがって、「過去」から「現在」への道は、現在的なもの自身の即自態から対自態への進展であるにすぎず、「現在」は「過去」の全歴史の最高段階であり、歴史の終局と見なされなければならない。かくして、この歴史の終局である「現在」がヘーゲルによって真の主体とされ、はじめからあったものとされ、したがって「絶対的現在」として理念化され、真理とせられるのである。(1)かくしてヘーゲルはいう。

「真なるものは永遠に即かつ対自的なものである。それは昨日でもなければ明日でもなく、絶対的現在という意味での『今』なのである。理念においては、過ぎ去ったと見えるものも永遠に失われない。」「したがってここに次のことがいいあらわされている。すなわち、現在の世界、精神の諸形態、その自己意識は、過去にあらわれた諸段階としての歴史におけるすべてのものを自分のうちにとらえている、ということである。[2]」

（1）こういう論理展開が氏の真骨頂です。

（2）（原注）『歴史における理性』（原書）一八二頁。

かくして「理念」にまで高められた「現在」（＝「絶対的現在」）は、すでに述べた無時間的精神として、過去のあらゆる時代の目的因としてそれらに内在する。そしてこれが「時間の力」として過去の歴史そのものを可能ならしめたものでもあったのである。ここで、われわれは、なにゆえにヘーゲル弁証法において「総体性」、「思弁」、「体系」が絶対的なものとされ、なにゆえに歴史的弁証法がそれに従属した副次的なものと見なされたか、あるいは、なにゆえに、ヘーゲルは過去の事柄についてはあれほど歴史主義的にふるまいながら、終局的には反歴史的に、観想的にふるまったか、という問題について、今や次のように答えることができるであろう。すなわち、それは、ヘーゲルが自分の時代を終局的に完成の時代と考え、「現在」をそれ自身歴史的なものとして、つまり自己否定されるべき有限なものとして考えることができなかった、ということに起因する、と。

ヘーゲルは「現在」をただ「過去」にのみ関係させて、それを回顧的にのみ、ただ「過去」の媒介的産物としてのみとらえるだけで、「現在」をそれ自身歴史的なもの、自己否定的なものとして、つまり「未来」との関係において歴史的に把握しなかったのである。(1)とはいえ、ヘーゲルにおいて「現在」は「絶対的現在」となり、「理念」そのものとなったのである。とはいえ、ヘーゲルが「過去」をただ「過去」としてではなく、現実問題の歴史的反省として、生きいきと、主体的に把握しようとしたことは、きわめて重要な功績であって、このことには何らの誤りもない。そしてもしいかなる哲学も決してその「現在」をはなれえないものだとすれば、哲学は一般にその時代の子と見られなければならないことも、まさにヘーゲルのいうとおりである。ただ問題なのは、彼の歴史把握の前提となっているその「現在」が一面的に絶対化させられている、という点にあるであろう。なるほど、あらゆる時代の人々にとって「現在」とは、つねにそれまでの全歴史の最高段階に位置するものとしての意義をもつものであることは疑いない。そのかぎりでは、歴史を「現在」にいたる合目的的進展として概念的に把握することはもちろん可能であろう。だが、実際にはその「現在」といえども決して絶対的なものではなく、それ自身、自己批判をこうむるべき歴史的に有限なものである以上、人々が「過去」を自己への階梯とすることも、あるかぎられた意味で理解されなければならないはずである。このことを自覚にもたらしめたのはいうまでもなくマルクスの功績であった。すなわち、マルクスはいう。

「いわゆる歴史的発展の一般に基礎にあるものは、最後の形態が過去の諸形態を自分自身にたいする諸段階と見なすということ、そして、その最後の形態はまれにしか、しかも全くかぎられた条件のもとでしか自分自身を批判しないから、——つねに一面的に過去の諸形態を把握する、ということである。[2]」

（1）弁証法についての学説史研究で終わってしまった氏の生き方も事実上同じです。

（2）（原注）『経済学批判序説』（原書全集第十三巻）六三六頁。邦訳、マルクス『経済学批判』国民文庫、三〇二頁。

たとえ「現在」がそれまでの全歴史的発展の「最後の形態」であるにしても、それ自身制限された有限なものであり、したがってそれは「過去の諸形態」を一面的に、つまり自分自身の限界内においてのみ把握しうるだけなのである。だから、「過去の諸形態」が「現在」のうちに何らかの形で保存されるのは、ただ「現在」自身によって必要とされるものに限られるであろう。つまり、ヘーゲル自身のいう「観念化または同化作用[1]」という「現在」自身の働きも、それ自身制限されたものとして理解されなければならないのである。まさにこの点がヘーゲルに欠けていた致命的な欠陥であった、ということができる。

（1）ここは「観念化」で正しい。思考が対象を観念として取り込み自分のそれまでの概念体系の中に位置づけることを、胃が食べ物を消化して身体に同化するのに比しているのです。氏は「観念的」と「観念論的」とをきちんと区別して使っています。

ヘーゲルが「現在」を自己否定の必然性にある有限なものとして考えず、むしろそれを超歴史的なものとして永遠化してしまったという事情は、彼特有の理論と実践との統一の問題として結実した。非実践的な現実観にたつヘーゲルにとっては、両者の統一において実践よりも理論のほうが優位に位置づけられ、かつ絶対化されるのは自明のことである。なるほど、ヘーゲルはその『論理学』において「理論的理念」よりも「実践的理念」の優位を説いてはいる。この点は非常に大事な点である。だが、その場合にいわれている「実践」の立場とは、ほんの一時的な、再び「理論」へ止揚されるべきものとして説かれているものにすぎない。むしろヘーゲルにとっては「理論的理念」を絶対化するためにこそ、「実践的理念」が必要だった、といえるであろう[1]。なぜなら、ヘーゲルにしたがえば、「理論」と「実践」が統一されるのは、ただ「実践」が自分自身を否定して「理論」の立場へ復帰することによってのみ可能だからである。このヘーゲルの統一の論理構造をもっと詳しくたどってみよう。

(1) 同じ事を言っても他の人と氏の違う所はこういう事まで読んでいる点です。

ヘーゲルは「理論」と「実践」との統一を論理的に根拠づけるために、まず「思考」と「意志」とが即自的に(本質的に)同一である、という思想を提唱した。たとえば、ヘーゲルは

『法哲学』のなかで次のようにいう。

「理論的なものは本質的に実践的なもののうちに含まれている。このことは、両者がはなればなれのものであるという考えに反する。なぜなら、われわれは、いかなる意志も知性なしにはこれをもちえないからである。反対に、意志は理論的なものを自己のうちに含んでいる。意志は自己を規定する。この規定はさしあたり内面的なものである。私は私の意志するものを自己に表象し、私にとってそれは対象となる。動物は本能にしたがって行動し、内面的なものによって動かされて実践的にもなる。だが、動物は何らの意志をももたない。なぜなら、動物はその欲求するものを自己に表象しないからである。しかし人間もまた、同様に意志を欠いては理論的にふるまうこと、つまり、思考することはできない。というのも、われわれは思考することによって、まさに活動的であるのだからである。思考されたものの内容は、なるほど存在するものという形式を保持してはいるが、しかしこの存在するものは、一つの媒介されたものであり、われわれの活動によって措定されたものなのである。したがってこの区別された両者は不可分なものである。両者は同一のものなのである。思考の活動においても意欲の活動においても、この両モメントは見いだされるのである。[1]」

（1）（原注）『法哲学』第四節への付録。

このヘーゲルの言葉のなかに、人間における思考と意志との即自的同一性という彼の思想がよく表明されているといえるであろう。つまり、ヘーゲルにおいては、「思考」と「意志」とは、はじめから分離されえないものとして、本質的に同一のものとして説明されているのである。だが、注意すべきことは、この両者の同一性において基礎をなしているものは、ヘーゲルにおいてはあくまで「思考」の側にある、ということである。というのも、ヘーゲルにとっては、人間を動物から根源的に区別する唯一のものは「思考」であるからである。

「精神とは一般に思考である。そして人間は思考することによって自己を動物から区別するのである。(1)」

(1)（原注）同上書。

このようなヘーゲルの見解にたいして、マルクスは次のような唯物論的見地を対置した。すなわち、マルクスはいう。

「人間的諸個人を動物から区別するところの彼らの最初の歴史的行為は、彼らが思考するということにあるのではなく、彼らが自分の生活手段を生産しはじめる、ということにあるのである。(1)」

(1)（原注）『ドイツ・イデオロギー』（原書全集第三巻）二一頁。

したがってマルクスの場合には、ヘーゲルとは反対に、人間を動物から区別する原理が現実的な実践的行為（生産行為）のうちに求められているかぎり、理論と実践との統一において根源的基礎をなすものも決して「思考」ではなく、まさにヘーゲルのいう「意志」におかれなければならないの[1]であるが、ヘーゲルの場合には、「思考」が根源的基礎をなすのであるから、理論と実践とは同じ思考の二つの異なった様式であるにすぎない、ということになろう。だからヘーゲルも次のようにいう。

「思考と意志との区別は理論的態度と実践的態度との区別にすぎない。だが、この両者は決して二つの能力ではない。意志とは思考の特殊な仕方であり、いいかえれば、それは実在のうちへ自己を移すものとしての思考、自己に定在を与えんとする衝動としての思考なのである。[2]」

（1）生産行為の中にある目的意識は思考的性格より意志的性格の方が強いからです。

（2）（原注）『法哲学』第四節への付録。

もし「意志」がヘーゲルのいうように「思考の特殊な仕方」、あるいはそれ自身一種の思考活動であるにすぎないとすれば、実践的活動の本質もやはり認識活動にほかならないということになるであろう。ヘーゲルが『論理学』において「認識の理念」の名のもとに「実践」を論じているのも、そのためではなかったであろうか？　だからヘーゲルにおいては、実践的活動ははじめから理論の立場へ止揚されるべきものとして措定されていたのである。なるほど、ヘーゲルは「思考」（＝「知性」）と「意志」との区別について次のような重要な指摘をおこなってはいる。

「知性は世界をただあるがままにうけとろうとするにすぎないが、これに反して、意志は世界をそのあるべきものに作りかえようとする。意志にとっては、直接的なものや目前にあるものは不変な存在ではなく、即自的に空無なものであり、仮象にすぎない。(1)」

(1)(原注)『小論理学』第二三四節への付録。

これは、理論的態度と実践的態度との根本的な違いをあざやかに指摘した言葉として、重要視されなければならない。だが、それではヘーゲルにおいて「知性」が「意志」へ移行しなければならない理由は、一体どこにあるのだろうか? その答はヘーゲルの次の言葉のなかに見いだされる。

「理論的理念においては、主観的概念は普遍として、即かつ対自的に没規定的なものとして客観的世界に対立し、客観的世界から規定的な内容と充実とを汲みとる。ところが、実践的理念において主観的概念は現実的なものとして現実的なものに対立するのである。しかし主観が、その即かつ対自的な規定においてもつ自分自身の確実性は、自己の現実性の確実性であり、かつ世界の非現実性の確実性なのである。(1)」

(1)(原注)『大論理学』第二巻、四七七~八頁。

つまり、ヘーゲルのいうところにしたがえば、「知性」はただそれ自身としては内容空虚なものなので、まず認識によって「客観的世界から規定的内容と充実とを汲みとる」のでなければならない。だが、客観的世界の認識によって自己を充実化した「知性」は、世界がそのあるべき姿になっていないこと（「世界の非現実性」）、むしろ反対に自分のほうこそがあるべきものであること（「自己の現実性」）を確信して、客観的世界に対立するにいたる。これが実践的な「意志」の立場である、とヘーゲルは説いているのである。というのも、もし「知性」が「意志」によって客観的世界を自分自身と合致させないならば、つまり、主客一致が実現されていないならば、「知性」はどこまでも単なる主観的確実性の範囲を出ることはできないであろうからである。この点を見ても、ヘーゲルが「実践」の立場に移行しなければならないものとした「理論」の立場とは、実はヘーゲル以前の、全く一面的な、単なる主観的確実性にとどまるところの経験論や合理論のような有限な認識の立場をさしているのである。[1] 決して「理論」の立場一般が「実践」の立場へ移行しなければならないものと考えられているわけではない。むしろ反対に、「実践」の立場こそ「理論」の立場へ絶対的に還帰すべきものとされるのである。なぜか？　ヘーゲルは道徳的な「実践」にかんするカントやフィヒテの立場を念頭におきながら、「実践」の立場一般の欠陥を指摘して次のようにいっている。

（1）これは氏の独創的な解釈です。

「この立場によれば、善はわれわれが実現しなければならないもの、その実現のために働かなければならないものであり、意志とは活動しつつある善にほかならない。もし世界があるべき姿になっているとすれば、意志の活動はなくなるのであり、したがって意志はそれ自身、自己の目的が実現されないことをも要求するのである。これは意志の有限性を正しくいいあらわしている。しかし、こうした有限性のもとにたちどまることは許されない。意志の過程そのものが、こうした有限性およびそのうちに含まれている矛盾を止揚する。矛盾の解決は、意志がその結果のうちで認識作用の前提へ帰り、かくして理論的理念と実践的理念とが統一されることにあるのである。意志は、目的を自分自身のものとして知り、知性は世界を現実的な概念として把握する。これが理性的認識の真の立場なのである。(1)」

（1）（原注）『小論理学』第二三四節への付録。

「知性」が世界を真なるものとして、できあがったものとして前提するのにたいして、「意志」は世界をそのあるべき姿へ変革されるべきものとして、即自的に空無なものとして前提する。だが、ヘーゲルによれば、「意志」は自分自身の活動を通して、世界において「善が即かつ対自的に達成されていること(1)」を知るにいたる。だから「意志」は結果において自分自身を止揚して、「知性」の立場へ、すなわち、世界を真なるものとして、無条件的に前提する立場へ還帰するのだ、とヘーゲルはいうのである。かくして、ヘーゲルにおいては、「知性」または

「理論」の立場は、「実践」を止揚されたモメントとして自己のうちに含んだ統一的な、絶対的な立場、つまりヘーゲルのいう「理性的認識の真の立場」となるのである。すでに見たように、ヘーゲルが「現在」を「世界の究極目的」の実現の場とみなしているかぎりでは、彼が自分の時代をもっぱら理論的認識の時代、思弁の時代と考えていたとしても、決して不思議ではないであろう。

(1)(原注)同上書、二三五節。

かくして、今やわれわれは、なぜヘーゲルが弁証法における他のモメントよりも「思弁的なもの」のモメントのほうを絶対視したか、ということの主体的根拠を知ることができる。それは現実にたいするヘーゲルの態度が実践的ではなく、まさに理論的であったにすぎなかった、という点に見いだされうる。彼にあっては、一般に「実践」はただ過去のものとして、「過去」においてのみ意義をもったものとして見なされたであろう。それは、彼にとってはすぎさった「若ものの立場」であったのである。だが、彼は「大人の立場」をそれに対置しなければならなかったのである。

「世界の究極目的が不断に実現されつつあるとともに、まさに実現されている、ということを認識するとき、満足を知らぬ努力というものは消えうせるのである。これが一般に大人の立場なのである。若ものは世界が全く害悪に充ちていて、全く別のものに変革されなければならないと考えるのだ。[1]」

（1）（原注）同上書、二三四節への付録。

ヘーゲルが「大人の立場」に立って「現在」を絶対的なものとして前提し、ただ思弁的にのみ現実にたいしてふるまったこと、したがって、彼において理論と実践との統一があくまで「思考」という基礎のうえにおいて考えられていたことは、まさに彼の弁証法の基本構造の主体的根拠であったといえるであろう。ヘーゲルにおいて「実践」の立場が容認されるのは、ただ「過去」にかんしてか、あるいは世界の表面においてであって、決して真なる次元では容認されないのである。なぜなら、ヘーゲルによれば、「意志」にとって「空無なもの、消滅するものは、世界の表面にすぎず、真の本質ではない[1]」とされているからである。だからヘーゲルにとって「実践」の立場は、それ自身「理論」の立場へ止揚されなければならない一種の「思考」の疎外態にほかならなかったであろう。「実践」にかんするヘーゲルのこうした考え方が、彼の弁証法における歴史主義を最後まで徹底しえなかった主体的根拠であったであろう。しかも、ヘーゲルのいう「実践」が一種の「思考」の疎外態であるかぎり、それはあくまで現実的な実践ではなく、ただ精神が自己を認識する観念的な活動であり、いわば理論的実践であるにすぎない。[2]だが、もしわれわれがヘーゲルとは反対に、弁証法における歴史主義の側面を最後まで徹底するためには、ヘーゲルにおいて疎外化せられた「実践」の立場を救出して、「理論」

の立場よりも真に優位なるものとして、それを現実的に確立することができなければならない。「実践」の立場を根底にすえることによってのみ、弁証法のヘーゲル的形態は真に止揚されるであろう。マルクス主義的弁証法は、物質的な現実的実践の立場を根底にすえ、弁証法における歴史主義の側面を絶対化することによって確立されたものであろう。つまり、マルクス主義的弁証法は総体主義を自己のうちに含んだ絶対的歴史主義として確立されたものなのである。このことをわれわれは次に詳細に検討してみるであろう。(3)

（1）たしかにヘーゲルの実践は「理論的実践」でした。しかし、ヘーゲルは理論的実践（哲学者という生き方）を論理的に最高のものであると説明した（ヘーゲルの哲学体系の最後は哲学となっています）上で、自分自身それを生きたのです。つまりヘーゲルは道徳的な意味でも「言」と「行」とを一致させていたのです。それに対して許萬元氏はどうでしょうか。大学教員という生き方をどう考えるかどこにも書いていません。

（2）（原注）同上書、二三四節への付録。

（3）氏の大功績は、マルクスとエンゲルスとレーニンがヘーゲル哲学、特にその論理学について語ったことを、ヘーゲルの原典にあたって確かめ、考え直した点です。ほとんどの人が自分でヘーゲルが読めず、ヘーゲルにあたって確かめることなしに、あるいは確かめることが出来ずに、マルクスやエンゲルスやレーニンのヘーゲル論をオウムのように繰り返しているだけなのと比較すると、その違いは根本的です。この点で氏を越える人は今後も出ないかもしれません。しかし、氏の場合でも、現実的な問題意識から出発するという哲学の根本は欠けていましたし、共産党を理論的に検討するということも欠けていました。そのために氏の研究も所詮は学説史研究の域を出ず、哲学とはならなかったのです。論より証拠、一九七八年に（つまり四五歳の働き盛りに）『認識論としての弁証法』（青木書店）を出してレーニンの弁証法を検討し、よってもってヘーゲルとマルクスとエンゲルスとレーニンの弁証法の学説史的研究を終えるとその後はさしたる理論的活動もしていません。社会的実践についても何も聞こえてきません。実践といえば喫茶店で談論風発しただけだったのではないでしょうか。私が一九七七年に「サラリーマン哲学の本質」（拙著『哲学夜話』鶏鳴出版に所収）で予言した通りになりました。『ヘーゲル弁証法の本質』が一万部売れたと自慢しています（創風社版上巻への「まえがき」）が、それはただ「知識としての弁証法」を求める講壇学者が多いということを証明しただけだと思います。許萬元氏の本を読んでも自分の生き方に反省を迫られる心配はないと分かっているから氏の本は安心して読めるのです。

最後に、マルクスの立場が「総体性弁証法」であるという氏の主張はどういう意味かについて少し説明しておきます。これはソシュールが言語について発見したのと同じことだと思います。ソシュールは言語は体系の中でしか意味を持たないということを言ったのですが、そのために言語の変化は一定の体系が他の体系へと変化するのだと考えました。ですから、通時的観点（歴史的観点）よりは共時的観点（論理的観点、体系的観点）の方が先だとして、言語の歴史的変化を考える前に所与の時点での言語体系を確認するべきだと主張したのです。歴史と論理の一致とやらを振り回して、論理的検討が出来ない無能力を隠すために歴史的始元を叙述の出発点にする「マルクス主義者という名の実証主義者」に聞かせてやりたい考えです。

では、その時、「ミネルバのフクロウは夕暮れになってから飛び立つ」「人間の解剖がサルの解剖に鍵を与える」「終わりが真の始めである」という円環的叙述はどうなるのか。過去の歴史についてなら現在が目的（基準）になりますが、現在を反省する時の基準はどこから得られるのか。未来は分かっていないのにどうしたら好いのか。結局、確かな答えはないのです。いや、ありえないのです。『パンテオンの人人』の論理」に書きましたように、過去の歴史の再構成から見直した現在を基準にして未来を生きていくしかないのです。その時、その認識は不完全です。仕方ありません。不完全性の程度の違いはあります。少しでも完全に近づけようと努力するしか人間にはできないでしょう。それを自覚しつつ生きていくしかないのです。その自覚が不十分でしたので、自称社会主義運動は間違えました。マルクスの予言（社会主義革命の必然的到来）も間違いでした。許萬元氏にはやる気がなかったようです。これだけの才能がありながら惜しいことでした。

理論と実践の統一

一、理論と実践の統一とは理論と実践は一致させなければならないという意味か

読者　牧野さんは「理論と実践の統一」ということを言わないようですが、マルクスの思想を考えていく上には、やはりこの問題は根本的な重要性を持っているのではありませんか。

牧野　ええ、そうですよ。しかし、私がそれを言わないとどうして言えるのですか。私の説はどこでもこれを問題にしているつもりですがね。

読者　しかし「理論と実践の統一」という言葉は出てこないのではありませんか。

牧野　ええ、「言葉」は出していませんね。

読者　で、今夜はその「言葉」を出して説明してほしいのですが。

牧野　分りました。では御希望通り、言葉の分析から始めましょう。そこで、「理論と実践の統一」と言う時の「統一」という言葉の意味ですが、皆さんはこれを「統一すべきだ」、「理論と実践は一致させなければならない」という風に、当為命題と解釈しているのではありませ

んか。

読者　もちろんそうです。

牧野　「もちろん」では困るんですよ。どうして「もちろん」なんですか。

読者　いや、そんなことは考えたことありません。

牧野　それだから私がこれを問題にしていないと誤解するのです。大体「統一」という語はドイツ語のEinheit（アインハイト）の訳語ですが、このアインハイトというのは元々「統一すべきだ」という意味を持っていません。それは「一つであること」で、訳せば「一性」ということです。分りやすく言うなら、先の命題の意味は「理論と実践は事実一つである（一致している）」ということです。つまりこれは事実命題です。

読者　いや驚きました。夢にも考えなかった解釈です。

牧野　「解釈」だなんて、まるでほかの解釈もありうるかのような言い方をしないで下さいよ。私の上の推論のどこに間違いがあると言うんですか。

読者　失礼しました。余りにびっくりしたものですから。

牧野　こういうことすら気づいてないから困るのです。この点では既成左翼でも新左翼でも同じです。これらの両左翼はいずれも悟性の立場に立っているということが、ここにもよく出ています。こういう話をした人でこれに気づいていた人は、これまで一人もいませんでした。ですから、あなたもそう悪いわけではありません。

読者　では、今夜はこれで終りですか。

牧野　いや、ここから始まるのですよ。理論と実践は事実一致している。それではそれはどういう風に一致しているのか、一致してないように見える事態はどう考えたらよいのか、とまあ、こうなって考えが深まっていくのです。それを頭から「統一すべきだ」と、道徳的な当為命題と取るから、そこで思考はストップして「実践！、実践！」ということになるのです。

二、「フォイエルバッハ・テーゼ」の第十一テーゼはどういう意味か

読者　あんまりびっくりしたのでどう考えていいのか分からなくなってしまいましたが、少し戻ってきたようです。しかし、あのマルクスの『フォイエルバッハに関するテーゼ』の第十一テーゼで、「哲学者たちは世界を解釈してきただけだ。世界を変革することが大切だろうに」という言葉は、やはり理論と実践を統一すべきだという意味ではありませんか。

牧野　「統一すべきだ」と言ったり、大衆を実践に引きずりこんでいこうとしている引回し主義の自称活動家は、あのテーゼを引用するのが好きですね。しかもそういう人が「弁証法とは発展と相互連関のうちで物事を見るものだ」と、これまた聞きかじりの理論を振り回すのですから、まったく困ったものです。大体あの十一テーゼは「フォイエルバッハ・テーゼ」の最後に出てくる言葉ですね。

読者　ええ。

牧野　それなら、それはあの「テーゼ」全体の結論になるわけですから、それまでの十個のテーゼを論理的体系的に捉えて、その上で最後のあの第十一テーゼを解釈するべきではありませんか。これが「物事を発展と連関のうちで見る」ということではありませんか。

読者　いちいちもっともです。

牧野　それでは伺いますが、これまでに私の論文「フォイエルバッハ・テーゼの一研究」（拙著『労働と社会』鶏鳴出版に所収）以外に、あのテーゼの論理的再構成をしてそれの体系的解釈を試みた人がいますか。

読者　私は知りません。

牧野　それなら、あの「一研究」の中で、あのテーゼの意味がどう理解されているか、それを読み直してほしいですね。あなたほど私の本をよく読んでいる人でもこんな調子だから困るのです。

読者　参りました。

牧野　あれは、ですね。理論と実践を統一すべきだという意味ではなくて、理論と実践は一致しているから、古い唯物論はその理論に忠実に、現実を変えるのではなく現実についての新しい考え方を打ち立てる実践に向うし、新しい唯物論は、やはりこれも自分の理論に忠実に、現実の見方を変えるのではなく現実自身を変える実践へと向う、ということなのです。要するに、理論と実践は一致しているものだから、理論が違えば実践も違うということです。

読者　ああ、そうでしたね。思い出しました。やっぱりマルクスも理論と実践は一致しているという考えなんですね。
牧野　当り前ですよ。だってヘーゲルがそうなんですし、唯物論というものは認識（理論）が存在（実践）を事実反映していると見るものであり、唯物史観というものは、社会的意識（理論）は社会的存在（実践）を事実反映しているという事実認識に立っているものですから。
読者　すると、理論と実践の統一という句を統一すべきだという意味の当為命題に解釈している人は、と言ってもほとんど全ての人がそうなのですが、そういう人はみな唯物論も唯物史観も分かっていない、ということになるのですか。
牧野　残念ながら、そうです。まあ、全然分かっていないとまでは決めつけませんが、どうみても十分に分かっているとは言えませんね。

三、毛沢東の「実践論」の意義と限界はどこにあるか

読者　今思い出したのですが、毛沢東の『実践論』にも「理性的認識から実践に向わなければならない」というような、当為的解釈があったのではありませんか。
牧野　ええ、そうなんです。自称マルクス主義の哲学では昔から当為的解釈が無自覚に通用していたのですが、戦後の日本でこの当為的解釈を強めた力の一つは、私も毛沢東の『実践論』だったと見ています。断っておきますが、私は『実践論』の意義を全面否定するものではあり

ません。あれはまだまだ水準の低いものですが、中国革命の当時においてはあれでも巨大な実践的意義を持ったこと、理論内容の点でも唯物論的認識論の根本はかなりしっかりおさえた原則性の高いものであること、それが普通は「認識論」と呼ばれているテーマに「実践論」という名前を付けたことに端的に現われていること、この三点はしっかりおさえておかなければなりません。

しかし、毛沢東はやはりヘーゲルを直接研究していないので、細かい点にはいくつか問題があり、この理論と実践の統一の問題についても問題を残しています。毛沢東は要するに、あの本の前半ではこれを「一致している」という事実命題に取り、後半では「統一させるべきだ」と当為命題に取っているのです。ということは、この問題について毛沢東は首尾一貫していないということであり、なぜそうなったかと言うと、こういう問題があることすら自覚していなかったからです。私の今夜の話をよく聴いて、それからもう一度『実践論』を読み直してみるとはっきりするでしょう。(1)

(1) 毛沢東がこれを発表した本当の目的についてはこの論文を書いた当時は気づいていませんでしたが、本書所収の「毛沢東『実戦論』を読む」に書きました。

四、理論と実践の統一が両者は事実一致しているという意味だとすると、言行不一致をどう考えるか

読者　ありがとうございました。『実践論』についての批評まで伺えるとは、思わぬ収穫でした。さて、これで「統一」とは「統一すべきだ」ということではなく、「統一している」ということだということは分りましたが、しかし、現実には言行不一致ということはあるわけですね。

牧野　ええ、「一応は」ありますよ。

読者　すると、唯物論が「事実一致している」と主張するのは間違いなんですか。

牧野　だからそこから問題が始まると言ったのです。頭から「一致させるべきだ」と持ってくるのは観念論なのです。「事実一致していること」を認めるのは唯物論一般で、その上で、「一致しないように見えることもある」ということを認めて、その「一致しないように見える」事実を説明するのが弁証法的唯物論なのです。俗流唯物論はこういう問題に気づいてすらいないのです。

分かりやすくするために結論を先に言っておきますと、①理論と実践の一致は直接的一致ではなく、媒介をへていく過程的一致であること、②その媒介過程は大きく分けて三つのレベルに分けられる、ということです。

読者　その一致が媒介的一致だということが、つまり「言行の不一致があるように見える」ことになるわけですね。

牧野　ええ、そうです。

読者　その媒介過程の三つのレベルとは何と何と何ですか。

牧野　直接的現象的レベルと反省的本質的レベルと、それら二者を克服した概念的レベルとです。

読者　一つ一つ説明してくれませんか。

牧野　第一の、直接的現象的レベルでの理論と実践の統一とは、人間の行為は目的意識によってコントロールされているということです。ここでの理論とは、その人のその時の行動を実際に導いている観念つまり目的意識です。このレベルでは両者が原則として一致していることは分かるでしょう。なぜなら、もし両者が分裂していたら、目的通りに手足が動かないとか、今やろうとしていることとは別の事を考えたりしていることになり、目的は達せられないからです。しかし、もちろんこういうことも実際には起きているわけで、それは自分の能力を過大に考えていた場合や精神に障害がある場合などがそうです。

読者　例えば車を運転しながら前を見ていないでわき見をしたり別の事を考えていたら事故を起こすということですね。

五、理論と実践の分裂の意義とは何か

牧野　ええ。第二の反省的本質的レベルでの統一の問題とは、その人が自分の行動について反省によって作り上げた理論とか思想とその人の実際の行動との関係の問題です。

読者 すると、普通問題にされるのはこのレベルでのことなのですね。
牧野 ええ、そうです。
読者 なるほどよく分かります。で、このレベルでの統一にはどういう問題があるのですか。
牧野 このレベルでの理論は反省的理論であるが故に、実践との不一致が原理的に現われるのです。
読者 それはなぜですか。
牧野 それは思考の媒介的性格、つまり直接性を断ち切るという性質によるのです。
読者 『労働と社会』に書いてある、あれですね。
牧野 ええ。思考の媒介的性格だけなら実践との分離の「可能性」にすぎませんが、思考はそれ以前の実践を総括して、それ以後の行動に指針を与えるという性格を持っていますので、それは「必然的に」実践から離れることになるのです。理論が実践より先に行っていなければ実践に指針を与えることはできませんから、これは分かるでしょう。計画を立てるというのがそうですが、それも小さな計画なら第一のレベルに入れてもいいのですが、少し大きな長期的計画はこの第二のレベルの理論に入ります。
読者 すると、何だか牧野さんは、理論と実践が分裂した方がいいと言っているみたいですね。
牧野 そうですよ。これを「理論と実践の分裂の意義」と言うのです。驚きましたか。
読者 はあ、驚きました。そんなことは夢にも考えたことがありませんでした。

牧野　それほど一般の水準は低いのです。「理論と実践の統一」を道徳的当為命題として捉え、ナントカの一つ覚えに繰り返しているから、その「分裂の意義」なんてのは全然思い浮かばないのです。そしてその統一とやらも低級なものになってしまうのです。そうですねえ、ウソをつくことにも意義があるということは分かるでしょう？

読者　ええ、それは分かります。「ウソも方便」と言いますからね。

牧野　それですよ、それ。一歩を進めて、ウソの一つもついたことのないようなマジメ人間というものは一般にもあまり高く評価しないでしょう？

読者　ええ。

牧野　それなら、ウソというのは要するに理論と実践の分裂ということを大衆的な言葉で表わしたものですから、大衆はその分裂の意義を認めていることになるわけです。私の哲学は、ヘーゲル哲学もそうですが、それを純化しただけなのです。

読者　しかし、言行の不一致を軽蔑することも大衆の感情ではないのですか。

牧野　ええ、そうですよ。ですから、ウソの意義を無条件的全面的なものに拡大するのは間違いなわけで、あとはその場の具体的条件に依るわけです。

読者　すると、第二のレベルは理論と実践の分裂のレベルと言ってもいいわけですね。

牧野　ええ。むしろそう特徴づけるべきでしょうね。この段階で見れば、誰でも両者は分裂しています。

読者　そうでしょうか。言行の一致している人もいるのではないでしょうか。実践しているマルクス主義者もいるわけですし。

牧野　普通の人が言行の一致と思い込んでいるものは、このレベルに関して言えば、直接的レベルの一致が外に現われただけのものです。「実践しているマルクス主義者」とやらは、このレベルで言える限りでは、理論と実践の統一ではなくして、理論と実践の二元性ないし平行にすぎません。

六、理論と実践の二元性とは何か

読者　何ですか、その「理論と実践の二元性」というのは？

牧野　これは理論と実践の分裂の一種なのですが、その統一のように見える分裂をその二元性と言うのです。普通一般には、マルクスをかじってマルクス主義とやらを振り回し、かつ「実践」という名前の政治活動をやっている人のことを、理論と実践の統一した姿と思い込んでいるのですが、こういう考えでは、この「統一」の反対の姿として、マルクス主義を口にはするが、実践つまり政治活動をしていない人が考えられているのです。

しかしこれは誤まりで、世の中に実践していない人はいないのです。まあ、実践を政治活動に限る見方も狭すぎますが、一歩譲ってそう取ったとしても、いわゆる政治活動をしないことも実際は一種の政治行動だからです。従って問題は、実践するかしないかではなく、どういう実践をしているかであり、どういう理論とどういう実践とがどう関係しているかということなのです。

このように考えると、実践しないという事態に対置された概念としての「理論と実践の統一」というのは無意味になります。なぜなら、人間は誰でも実践しており、従って誰でも両者を統一しているからです。従って、この統一に関するそういう低い理解は先に述べた本当の問題から目をそむけさせるというマイナスの役割を果すことになるのです。実際にも、理論と実践の統一とやらを振り回して人を脅しつけている人たちは、きわめて低級な実践しかしていませんが、その理由はここにあるのです。

従って、統一を本当に問題にするためには、それを真の統一と真の分裂とに分けて、その真の分裂を現象的にも分裂している姿と現象的には統一しているように見える分裂、つまり二元性ないし平行とに分けて考えていくという態度が必要になるわけです。

読者 すると、その理論と実践の二元性というのはどういうものなんですか。

牧野 どういうものって、ほとんどすべての人がそうですよ。大体人間は自分のやっている行動を全て完全には自覚してやってはいませんし、また自覚しているつもりの部分でも、実際には誤解していることが多いわけです。こう言えば分かるでしょう。みんなが自分のやっていることを正確に自覚していたら、私が「生活のなかの哲学」なんてのを言い出す必要はないでしょう。

読者　なるほど。しかし、例のマルクス主義の活動家はどうなるのですか。
牧野　マルクスをかじって政治運動をやれば統一になるなんて、あなた、真理の道はそんなに甘くないですよ。例えば、弁証法的唯物論を口にしている人が活動しても、その活動方法自体は、あの「本質論と戦術論」（拙著『ヘーゲルからレーニンへ』鶏鳴出版に所収）に書いたような弁証法的唯物論の立場に立った方法になっていることは稀です。
読者　そうですねえ。あの牧野さんの日韓闘争に比べると、私の経験した運動はみな実証主義的で、「政治ごっこ」みたいでした。
牧野　ですから、言葉としては弁証法的唯物論だが、実際の行為はたとえ革新的運動をやるにしても、事実上実証主義で、結局はその目的に役立たない、ということになっているわけです。ですから、自称活動家の運動は青年時代に華々しくやってもすぐ壁にぶつかって砕けてしまい、尻切れとんぼになっているではありませんか。運動が継続的組織的に発展している例はほとんどありません。これは実に、弁証法的唯物論を口にして実践とやらをやっても、その実践は弁証法的唯物論的ではないということで、理論と実践が分裂しているということです。
　逆に又、理論的には観念論者や実証主義者でも、実際の行動では唯物論的または弁証法的に振る舞うという場合もあります。要するに、自分の行動を本当に正確に理解するというのはとても難しいのです。この「難しい」と言うのは、何も道徳的に言うのではなくて、論理的ないし認識論的に難しいと言うのでして、自分の行動を本当に理解する立場が次の概念的レベルなのです。

読者　すると、第二の本質的レベルでは理論と実践は統一されないというのは、何か同語反復みたいですね？

牧野　深い理解ですね。そうなのです。統一される時にはもう第三の概念的レベルに達しているのです。しかしその前に言いたいことは、第三のレベルから見れば、第二のレベルの分裂も結局はやはり統一されているということです。

読者　それはまたどういうことですか。

七、「〇〇の思想と行動」という見方はなぜ可能か

牧野　理論と実践が分裂していたり、二元的にバラバラになっているから、結局は実践も低いし、理論もお粗末である。全体として見れば、やはりその人の理論はその人の実践の反映にすぎず、その人の実践はやはりその人の理論の結果にすぎないということです。

読者　評伝なんかでは「〇〇の思想と行動」という形で捕らえることが多いですが、ああいうことが可能になる根拠はこの辺にあるのですね。

牧野　いい例を出して下さいましたね。もっとも評伝の場合には、その評者（著者）自身が概念の立場に立っているとは言えない場合が多いので、内容上は概念のレベルから捕らえているとは限りませんが、ともかく、「〇〇の思想と行動」という発想は、御説の通り、第二のレベ

ルではどんなに分裂している理論と実践でも、全体として見ればやはり統一しているということです。

読者　しかし、牧野さんのこの「理論と実践の統一の三つのレベル」という考えは、あの「子供は正直」（『生活のなかの哲学』鶏鳴出版に所収）にまとめられた思考の意義についての考えと、とてもよく似てますね。

牧野　似てるのではなくて同一の事柄なんです。ですから、上の三つのレベルでの統一という説も事実上ヘーゲルにあると言ってよいと思います。

読者　それはどこにあるのですか。

牧野　目的意識のことは目的論にありますし、反省的思考の分裂的性格はヘーゲルの思考論の中心ですし、概念の立場におけるあらゆる矛盾の解決もヘーゲルのものです。

読者　なるほど、そうでしたね。すっかりヘーゲルにやられてしまった形ですが、マルクスにおける理論と実践の統一についてはどう考えたらいいのでしょうか。

牧野　これまでに述べた点はマルクスにとっては大前提です。これをまずおさえておいて下さい。その上で、その中にマルクスは唯物史観の観点を入れて深めたのです。具体的に言うと、第一の直接的レベルでの理論と実践の直接的統一はマルクスでも同じです。この辺のことは拙著『ヘーゲルの目的論』所収の「労働過程論」と「目的論」とを比較して読んでいただくことにしましょう。

第二の反省的レベルは、ヘーゲルでは単に思考の本性からしか捕らえていないのに、マルクスでは社会的観点が入ってきます。つまり分業論です。分業論は理論と実践の分裂の問題です。

八、マルクスはこの問題に何を加えたか

読者 なるほど。そう言えば「英雄やーい」(『生活のなかの哲学』所収)で分業の意義と限界を論じる際に、理論と実践の分裂の意義に触れていましたね。

牧野 あの意義を論じる時の観点は何でしたか。

読者 生産力と社会の進歩ということではありませんか。

牧野 そうです。何事も生産力を高め社会の発展に役立つか否かで決まるのです。分業になぜ意義があったのか。それは分業が生産力を発展させたからです。では、今やなぜ分業(固定した分業)を廃止する方向にもっていかなければならないのか。それは、分業を廃止する方向によってしか生産力を一層発展させることができない所まできているからです。道徳的な問題ではないのです。

理論と実践の統一の問題を考える時でもそうです。コドモたちはいつまでたっても道徳的にしか考えられないのです。だから何も出てこないのです。

読者 しかし、第二のレベルは分裂の段階でしたが、社会的に見るとその点はどうなのですか。

牧野 個人が分業体制下におかれ、根本的には精神労働と肉体労働とが分裂して、肉体労働を

しない学者か、精神労働をしない労働者ないし経済人に分けられていて、いずれも片端であることが第一です。第二に、分業があれば産業の諸部門間で、例えば農業と工業との間にアンバランスの出ることは避けられません。又思想や科学と産業とのギャップも当然出てくるでしょう。

読者　なるほど。この点ではヘーゲルの場合より分かりやすいですね。

牧野　そうかもしれません。個人の思想と行動における分裂は、いわゆる「言行不一致」の場合でないと分かりにくいので、人々が普通は言行の一致と見ている事態ですら本当は分裂しているのだと言っても、分かってもらえないかもしれません。

それはともかく、それより大切なことは、この分業による社会の諸部門間の分裂も、全体として見れば、あるいは概念のレベルから見れば、統一されているということです。

第一の分裂、つまり個人が肉体労働をしない学者か精神労働をしない経済人に分けられているということについて言うと、それにもかかわらずその学者の思想内容はその時代の経済関係をその学者の立場から反映しているわけで、そこにはやはり「理論と実践の統一」があるわけです。

又、第二の分裂、つまり産業諸部門間のアンバランスについて言うと、いくらアンバランスがあるといっても、全社会的に見ればいろんな必要物がそれなりに「一応」生産されているからこそ人々は生きていけるわけで、その意味でもそのアンバランスは大きな枠内でのアンバランスにすぎないのです。そして、その枠が分業社会を成立させている実際の絆であり、「理論と実践の統一」に当たるわけです。

ですから、第二のレベルでの分裂も第三のレベルから見るとやはり統一しているということも、社会について見ると一層分かりやすいかもしれません。

読者 すると、結局、社会の諸部門のつながり、特に思想（理論）と経済（実践）の反映関係（統一）を主張しているのは唯物史観ですから、唯物史観はヘーゲルのその第三の概念的レベルにある考え方になるのですか。

牧野 そうなんですよ。要するに、ヘーゲルが概念の立場を打ち立てて近世哲学を論理的に完成させたのですが、それは社会観に不十分さがあった。そこでマルクスは唯物史観によって概念の立場を社会観でも貫徹させて本当に完成させた、ということなのです。この人類思想史の核心を正確に掴んでおかなければなりません。

読者 よく分かりました。そして、もう一つは分業に包摂されていない個人がヘーゲルの「概念の個別」に当るということですね。

牧野 ええ。それは磁石と自由意志の問題などのエピソードでも十分説明しましたし、まあ「全人」という人間の理想像を考えれば容易に分かるでしょう。

九、通俗的見解のどこがどう間違っているのか

読者　これで大体尽きているようですが、まあまとめとして、「理論と実践の統一」についての通俗的見解のどこが間違っているかをまとめておいて下さいませんか。

牧野　第一に、「統一」という言葉を「統一している」という事実を指すものと取らないで、「統一すべきだ」という当為を意味すると思い込んでいることでした。

第二に、理論と実践の分裂の意義が分かっていないどころか、こういうことを考えたことすらないということです。そして、この点は実践を政治ごっこに矮小化することを暗黙の前提として、実践唯一論になり下っていることです。

読者　それはどういうことでしょうか。

牧野　「理論と実践の統一」とか「理論と実践は一致させるべきだ」という言葉は、もっぱらインテリとか学生などに向けられていて、それらの人たちに政治運動、しかも自分たちと同じ政治運動を強要するための果し状みたいになっていて、理論をやらない活動家とやらに向っては、そのスローガンは投げつけられないのです。「忙しくて勉強するヒマがない」という言葉が、自称活動家から聞かれることがよくありますが、このことほど彼らの運動の低級さを表現するものはありません。この言葉は要するに、理論は活動のヒマにやることだということであり、いや、そもそも、「活動」の中に理論活動が含まれていないことを意味しています。

ですから、政治団体の幹部が経済的社会構成体論争について一文を書いたりすると、それが翻訳で考えたもので大した内容がなくても、「忙しいのによくやった」となるのです。

昔、都立大学で一緒だった人で今はある大学の哲学講師をしているある人（その後教授になった）は、「研究は実践じゃない」などと言って、わけのわからない「主体的必然性」なんてのを振り回していましたが、その人が今では大学教員になり、何の業績もないサラリーマン研究者として保身を計っています。「理論と実践の統一」を振りまわす人にはろくな人はいません。

読者　左翼系の人々の間では、政治運動から少しでも離れたり、それに参加しなかったりすると、もうそれだけで肩身が狭いという雰囲気がありますね。

牧野　そうですね、年がら年中「実践！、実践！」で、内容は少しも進歩していないのに、よくあれでおかしいと思わないですね。総評の春闘が二〇年余りもだらだら続きながら大した進歩もしてないのも同じですね。

読者　どうしてなんでしょうね。

牧野　人の心の中までは分りませんが、おそらくやる気がないのだろうと思います。ベルンシュテインがいみじくも言った「運動が全てで、結果はどうでもいい」ということではないでしょうか。だから私はああいうのを「政治ごっこ」と呼ぶのです。

十　或る行為が実践か理論かを判定する基準は何か

読者　それはともかく、さっきの「研究は実践ではない」という言葉はどう考えたらよいのですか。

牧野 ここでおさえておかなければならないことは、理論とは実践の反省形態であり、したがって理論と実践の関係は、本質的には、ヘーゲル論理学の本質論の問題だということです。と言うと、認識の理念や実践の理念は概念論で扱われているではないかと反論されそうですので、断っておきますが、私がここで言いたいのは、ある行為、それは最も広い意味での行為を言っているのですが、ある行為が理論に属するか実践に属するかは、他の行為との関係で決まることであって、それ自体として決まっているのではない、ということです。

読者 それはどういうことでしょうか。

牧野 例えば、ある哲学論文を書くという行為についてみると、その論文を書くという行為は、論文はこういう風に書くものだというその人の文章論とか、哲学とはこういうものだというその人の哲学観との関係では、その文章論なり哲学観なりを「実践」することになるのですが、その哲学を実際に生きることとの関係では「理論」ということになるのです。

読者 なるほど。牧野さんが「弁証法の非弁証法的叙述」と言って批判し、それも言行不一致の一種だと言うのは、思考の内部での言と行との関係でしたね。しかし、生産活動などは絶対的に実践と言えるのではありませんか。

牧野 そうとも言えますが、実験的にあるやり方をしてみるというような場合は、反省形態の一種と見る方が妥当ですし、ともかくどんな活動にも目的意識が働らいていますから、「絶対的に実践」というのはどうかと思います。まあ、それはともかくとして、一般的に言って「理論とは実践の反省された形態である」ということは、しっかり憶えておいて下さい。

昔ある人が、読書会をやっても実践の話をすると会が分裂してしまってうまく行かないので、その会の綱領（これも大げさですが）に「実践の話はしない」という一条を入れて、レーニンの『哲学ノート』の読書サークルを作った、という話をしてくれました。この人は日本共産党の学生党員で、今は大学講師（その後教授）になっていますが、ゆくゆくは「党の理論家」になるのでしょう（実際は辞めたらしい）が、私はこの話を聞いた時、こういう人の頭は一体どうなっているのだろうかと思ったことでした。というのは、「実践の話をしない」と言うけれど、実践の話以外にどんな話があるのか、どんなことでもそれを対象化して反省すれば、そのことはその反省＝理論に対して実践になるからです。

読者　論理的には正確な推論ですね。

牧野　こういうことは論理的思考の初歩に属することですが、これすら分かっていない。もちろんこの「研究会では実践の話はしない」と言う場合の「実践」とは狭義の政治運動のことなのですが、政治を実践と言い換えているようだからまたどうしようもないのです。つまり、コドモの三段論法は次の通りです。

大前提——理論と実践は統一すべし
小前提——狭義の政治だけが実践である

結論――狭義の政治（政治ごっこ）をやれ

読者　そういう人にはどうしたらいいのですか。

牧野　これはハシカみたいなもので、誰でも一度はかかるものですし、時がくれば自然に治るものですから、放っておくことです。私もこのハシカにかかりました。問題はこのハシカをどう克服していくかということで、たいていの人は世の中の大勢に従って、自然に無自覚的に自分もその実践とやらをしなくなるのです。それに対して、上の三段論法のどこがどう間違っているかを一つ一つ反省して、ヘーゲル研究まで行った人だけが本当のものをつかむことになるのです。

読者　第二点が長くなりましたが、第三点は何ですか。

牧野　理論と実践の分裂の意義を認めないこととは裏腹に、今度は、理論と実践の統一を（固定した）分業の止揚にまで徹底させて理解しないこと、これが第三点です。ですから、この「統一すべきだ」というのが道徳的になってしまうのです。他人である大工さんに家を建ててもらったり、農民に作ってもらった野菜を食べていることを何とも思わないような人が、「理論と実践の統一」を叫んで、そのことに何の矛盾も問題も感じない、というのは、無神経というより理論水準が低い、と言うか、そういう人は自分の言っていることの意味を本当には考えたことがないのではありませんか。

要するに、分業の止揚という観点は根本的な点です。なぜなら、理論と実践の分裂は精神労

働と肉体労働の分裂に本当の原因があるからです。これまでの運動では特にこの点が欠けていたようです。(1)

（1）私はかつては「分業の止揚」ということを安易に考えすぎていたようです。一つの事に一生をかけなければそれを究めることができないという側面を軽視していたと思います。では、それを認めた上で、片端人間にならないようにするにはどうしたら好いか、これが本当の問題だと思います。

十一　理論と実践の統一の諸段階は何か

読者　第四点は何ですか。

牧野　マルクスを口にして政治運動をやれば、それでもう「統一」だと考える低級さ。統一と二元性との違いを理解していないことです。

読者　それは実践唯一論と結びついているようですね。

牧野　その通りです。二元性ではない本当の統一は、世界と自分についての概念的認識と、それに導びかれた概念的行動との間にしかありえないのです。

読者　すると、その一度分裂した両者を再統一する道においては、理論が先行するのですか。

牧野　ええ、そうです。まあ、レーニンの「革命的理論なくして革命的運動なし」というのがこれですがね。もっとも、ここで断っておきますが、これを考えるには自然の歴史を人間発生以前の時期（第一期＝人間以前の歴史）と、生物学的人間が発生してから社会的関係でも人間が人間になるまでの時期（第二期＝人間の前史）と、本当の人間になってから後の時期（第三期＝人間の本史）とに分けて、それぞれの時期で別々に考えてみなければなりませんがね。

読者　ひとつそれを説明して下さい。

牧野　第一期、つまり人間が発生する以前の時期には、人間がまだいないのですから、当然意識（狭義の）がなく、したがって理論と実践との統一は問題になりませんが、それは存在論的な意味での概念が物質の中にまだ潜在している時期として、自然の盲目的実践の時期とも言えます。

読者　その「存在論的な意味での概念」とは何ですか。

牧野　普通には自然法則と考えられているものを、ヘーゲルの概念の立場から捉え直した時に理解されるものです。それは自然法則の全体を包括的に見、かつそれを自然史の発展という観点から主体的に捉え直した時に得られるものです。こういうものは人間の発生以前からあったのですが。と言うのは、これがあったからこそ自然はその概念に従って運動した結果、人間を生み出したのであって、もしこういう概念がなかったら人間は発生していないはずなのです。しかし、その概念は、人間がいないので意識されてはいなかったのです。

第二期に入って人間が発生し、意識＝反省＝理論が生まれました。しかし、この人間の意識も初めからすぐにこの存在論的概念を十分に認識したわけではなかったのです。それはヘーゲルにおいて初めて明確に意識されたのですが、ヘーゲルは、ブルジョアジーが概念の立場に立つ階級だと半無意識的に思い込んでいました。それをマルクスが正して、賃労働者階級の立場こそ概念の立場を貫徹するものだと見抜いて、完成させたのです。

読者 この辺は、内容的には、あの「ヘーゲルの概念とマルクスの賃労働者階級」（拙著『ヘーゲルからレーニンへ』鶏鳴出版に所収）に書いてあることですね。

牧野 ヘーゲルとマルクスの基本的関係についてはそうです。しかし、今は自然史の三つの段階における理論と実践の関係が問題なのです。

そこで、この第二期は、この概念の立場が基本的に認識される前と後とに、更に二分されることになります。第二期の前半は、したがって、意識は発生していますが概念の立場は認識されていないのですから、個々の行為の場面では目的意識によって「意識が行為を導く」という「理論主導型の理論と実践の統一」はあっても、理論的反省のレベルではつねに「行為を追認する理論」しか作れず、「実践主導型の理論と実践の統一」だったのです。

今でも、概念の立場が分っていない大多数の人々ではこれと同じ状態が続いています。しかし、人類の発展段階は、その最高位にいる人のレベルで考えるものですから、人類の発展段階としては、現在は第二期の後半に入っています。これは、先にも述べました通り(1)、ヘーゲルとマルクスが切り開いた段階です。この段階の使命は第二期を終らせて自然史の第三期を打ち立てることですから、そういうことを目的とした運動においては、理論主導型の理論と実践の統一でなければならないということになるのです。そして、これを保証するものは、その運動をしている人が自覚的に概念の立場に立つということであり、先に述べた存在論的な概念を概念的に認識するということです。レーニンの「革命的理論なくして革命的運動なし」という言葉の真意はこういうことだったのです。

（1）例えば百メートル走について言いますと、九秒台の世界新記録が出ると、「人類は九秒台の時代に入った」と言われます。

十二「革命的理論なくして革命的行動なし」という言葉はどう理解するべきか

読者　その第二期、つまり人間の前史が前半と後半に二分されて、それぞれ、実践主導型の統一と理論主導型の統一になるということは、何かあのレーニンの言う「自然発生性に拝脆した運動」と「意識的運動」とパラレルになるみたいですね。

牧野　鋭い感覚ですね。全くその通りです。ヘーゲルとマルクス以降は第二期の後半に入ったわけで、その第二期の後半の使命は第二期を止揚して第三期に入ることでした。しかるに、第二期を止揚しうるものは、ヘーゲルとマルクスが明らかにした概念的認識に指導された実践以外になく、これだけが真の革命運動なのです。ところが、人類の最高位は第二期の後半に入ったと言っても、大多数の人々の水準はまだ第二期の前半の、しかもかなり低い所に止まっているわけです。それだけでなく、更に悪いことには、そういう大衆を指導しようという人々までが第二期の前半の水準にいることを自覚せず、それでいいんだと自己満足している。これをレーニンは「自然発生性への拝脆」と呼んだのです。ですから、自然発生性とは実践主導型の理論と実践の統一のことであり、その拝脆とは「それでいいんだ」と自己満足していることです。

逆に、レーニンの主張した「意識的運動」とは理論主導型の統一のことであり、そういう理論は、ヘーゲルとマルクスの明らかにした「存在論的な意味での概念を認識する概念的認識」でしかありえないのです。

読者　すると、レーニンもやはり、理論と実践は事実一致しているという考えなんですね。

牧野　もちろんです。そうだから、どういう理論を持つかで実践が変わってくる。つまり、根本的には、実践の後からくっついていく理論か、それとも実践を導びく理論かということです。

読者　それで、その「実践の後から付いていく理論」と「実践を導びく理論」とは、ヘーゲル的な意味での悟性と理性に対応させていいんですか。

牧野　ええ、結構です。よくそこまで理解して下さいましたね。

読者　しかし、牧野さんはあの『思想』論文（「ヘーゲルの概念とマルクスの賃労働者」）で、レーニンは事実上概念の立場に立っていたのであって、自覚的に理論的にそうだったのではない、と言っていましたね。

牧野　ええ。ですから、今述べたレーニンの立場は、概念の立場から自覚的に明らかにするとそうなる、ということなのです。レーニンは理論家としてもとても優れていましたが、ヘーゲル論理学を大衆の生活の立場から捉え直す所までは行きませんでした。しかし、自分の活動経験の理論的反省の中から自分でその立場に立ったのだと思います。

読者 すると、ヘーゲル研究は不十分でもよいということになりますか。

牧野 いや、レーニンはヘーゲルをものすごく深く理解していますが、やはり概念の立場に自覚的に立てなかったことから来る欠点は出ていまして、それはあの「革命的理論なくして革命的運動なし」という正しい考え方が、前衛党の組織原則における絶対的な考え方に結びつかず、ソ連共産党の組織原則における相対主義に気づかなかった、という所に集中的に出ています。しかし、あの時代にレーニンにそこまで要求することは、私は無理だと思います。やはりレーニンでも時代の制約を免れることができなかったということではないでしょうか。

いやいや、自然史の第二期の問題がずいぶん長くなってしまいましたが、それはやはり現在が第二期の後半に入っているからです。残るのは第三期ですが、ここでは「固定した分業」もなくなり、理論と実践の概念的レベルでの統一が実現されるわけですから、この時期には問題はないでしょう(1)。

読者 大体分かったつもりです。まとめてみますと、理論と実践の統一を事実命題と取ることが大前提で、次いでその統一に三つのレベルが考えられ、しかもその三つのレベルが個人についてと社会についてそれぞれ考えることができるということですね。

牧野 ええ。

（1）私はその後、社会主義者ではなく社会民主主義者になりました。今では、この第三期としては、完備した社会保障制度を前提した自由競争の社会と考えています。

十三　個人の成長過程における理論と実践の統一の諸段階は何か

読者　そして、この統一の歴史的考察として、自然史の三段階のそれぞれにおける理論と実践の統一を考察したのだと思います。しかし、こうまとめてみますと、最後にもうひとつ、個人の成長過程のいろいろな段階においてこの統一はどう現れるかという問題が残っているように思うのですが。

牧野　鋭い質問ですね。御説の通りで、私も最後はそれで締めくくろうと思っていました。しかしこれはそう難しいことではありません。というのは、この場合でも「個体発生は系統発生を繰り返す」ということが言えるからです。つまり、自我に目覚めるまでの時期は自然史の第一期に当ると言えましょう。もっとも個人の成長過程の場合には、この段階でも広義の意識はあるのですが、子供の思考は行動に埋没した思考ですから、まあ、自然史の第一期に対比させていいでしょう。自我に目覚めてからは半自覚的思考が始まりますが、これは自然史の第二期に当ります。そして、絶対的理念の立場に立った自覚的思考が自然史の第三期に当るのですが、「恋人の会話」（拙訳『精神現象学』未知谷の付録に所収）に書きましたように、この絶対的理念の立場には誰でもが行きつくというわけではなく、ほとんどすべての人が第二段階の半自覚的思考で終わってしまうのです。

読者　自然史の場合には第二期が前半と後半に二分されましたが、個人の場合にはその点はどうなるのですか。

牧野　要するに、自然史の場合でも個人の場合でも第二期は理論と実践が分裂する段階で、従ってここでこそ両者を統一させるということが問題になるのですが、第二期の前半は実践主導で、後半が理論主導だと言いましたね。

読者　ええ。

牧野　これは個人の場合でも完全に同じです。自我に目覚め、社会問題に目覚めることは、人間とは何かという思索に向うことと同じことですが、それは人間はどう生きるべきかという実践のための反省ですので、初めの内はとかく行為＝実践こそが大切だという考えになりがちで、「どんなことを言ってもやらなきゃダメだ」となるわけです。これの極端に走ったものがかけ出し左翼の「実践！、実践！」という例の代物なのです。

しかし、こういう実践はきわめて浅薄なものでしかありえませんから、すぐに行きづまります。ここで人間は大きな岐路に立つのです。この時、「世の中ってのはこんなものさ」と悟り顔をして体制に順応していくのが大多数の人の道です。断っておきますが、ここで言う「体制」にはいわゆる反体制の組織も含まれるのです。

皆さんが自分の囲りに多くの例を持っているように、学生運動家が会社に入り、教授になり、組織に入ったりして保身を計るようになっていくわけです。
しかるに、こういう大多数の人々とは違った道を歩む少数の人がいて、この人々は自分の実践の反省から出発して、人間とは何か、社会とは何かから始まって、こまごましたことに至るまで、逐一納得いくまで考えぬこうとするわけです。まあ、いくら考えぬくと言ってもそれを最後まで貫き通す人は更に稀ですが、ともかくこういう反省をもって先人の思想、とりわけヘーゲルとマルクスに取り組んだ人だけが初めて、自然史の第二期の後半に対比される段階に入るわけです。そして、言うまでもなく、この道を貫徹した人が第三期に当る段階に入るのです。

読者　すると、かけ出し左翼の「実践！、実践！」というのも、体制に順応した「生きた屍」みたいな人も、理論と実践の統一という面から見ると、実践主導型の統一で、本質的には同じものだということでしょうか。

牧野　ええ、深い理解ですね。この証拠としては、かけ出し左翼がサラリーマン教授と仲良くやっているという事実を指摘すれば十分でしょう。友を見れば人が分かるのです。従って、逆に言うと、実践に行きづまってからの反省、そしてその反省が先人の思想の研究と結びついてからの統一が、理論主導型の統一になるわけです。

十四　実践の根源性とは何か

読者　いやぁ、しかし、理論と実践の統一の問題がこんなにいろいろな面を持ち、深いものだとは、全然知りませんでした。

牧野 何度も言うように、あれを当為命題として道徳的に取るから悪いのです。

読者 しかし、牧野さんの説はやはり理論重視ということでしょうね。すると、しかし、実践の根源性ということはどうなるんですか。

牧野 実践の根源性ということは、まず第一に、いつまでも理論なき実践（第一段階）に止まっていてはいかんということです。なぜなら、根源とはそこから派生したものに対してのみ根源なのですから、出発点に止まっていては根源にならないからです。

第二に、第二段階（理論と実践の分裂する段階）に移行した後でも、いつまでもそこに止まっていてはならず、根源に帰らなければならないということです。つまり、第二段階が最高ではなく、理論と実践の真の統一である第三段階にして初めて終局なのです。そして、この第二段階から第三段階に高まる運動においては理論主導でなければならないということです。

読者 なぜなのでしょうか。

牧野 なぜと聞かれても困りますが、そもそも自然が人間を生んだこと自体、そういう意味ではないですか。人間は自然の頭ですから。頭というのは人体全体を指導する部分のことですから、「頭が体を指導する」とか「人間が全自然を指導する」とか「理論が実践を指導する」という言葉は、みな同語反復なのです。

読者 最後に、かねてから考えていたことを伺いたいのですが、学生、特に自称マルクス主義の学生は、何かその、労働者にひけ目みたいなものを持っていて、そのひけ目の裏返しとして「実践!、実践!」と叫ぶのではないかと思うのですが、どうでしょうか。そして、ある人はその「実践」に踏み切れないので煩悶するということになるのだと思うのですが。

牧野 それは私も前からそう思っていました。マルクス主義は労働者「階級」の立場に立つものだということを、個々の労働者の現象上の立場なり行為と混同しているのではないかと思うのです。「労働者、労働者」と、まるで労働者が神様みたいになっている、と言うより実際には「労働者という言葉」が神様みたいになっているんですね。それなら学生なんか辞めて働きに出ればいいと思いますがね。

そう言えば、昔、大学院時代に一緒だった人にも、「インテリの弱さ」ということばかり口にしている人がいましてね。それ以外には問題意識がないかのような人でしたが、「インテリの弱さ」ということに対しては「インテリの強さ」ということも考えなければならないと思います。又労働者についても、その強さと同時にその弱さも見なければならないでしょう。

こういう風に現実の問題を冷静に科学的に考えられない人がマルクス主義なんて言っても、何の意味もありません。現にその人は今では完全にサラリーマン講師、つまり「弱いインテリ」になっていますがね。

読者 牧野さんの道場では、この統一の問題について、実践的にはどう指導しているのですか。

牧野 やはり「実践の根源性」ですから、どんなに優れた学生でも、社会生活(経済的に自立した生活）をある程度以上経験していない人は入れないとか、入門後でもやはり色々な実地経験をさせることを第一に考えます。そして、その経験の中から生れた問題意識を追求していくわけですが、その時には、ヘーゲルの論理学を大衆の生活の立場から読めるようになることこそ一切のことの論理的大前提である、という考えに立って、ヘーゲルの読み方を徹底的に訓練します。

こういう方法をとってもやはり個人には素質というものがありますから、みながみな一級道場員になれるわけではありませんが、与えられた素質を真理の立場で十分に生かし切って生きたということにはなると思います。(1)

読者 そうですねえ。人間には与えられた条件下でベストを尽す以上のことはできないのですから、それが自分を生かす道となるわけですね。いやいや、今夜は本当にありがとうございました。

（1）牧野道場の構想はその後放棄しました。今では「自立した仲間のネットワーク」という考えでやっています。

（一九七六年秋頃執筆。二〇〇四年加筆）

付記

理論と実践の統一についての基本的な点については今でも考えが変わっていませんが、それに付随するいくつかの点では考えが変わりました。注にも少し書きましたが、大きな点としてはマルクスとその社会主義思想の評価が変わりました。今では、社会主義社会の到来の必然性はないと考えています（拙著『マルクスの〈空想的〉社会主義』論創社）。今では、社会の経済構造としては基本的には福祉社会というかヨーロッパ型資本主義が適当だと考えています。それを公正なものにするためには、公務員のあり方を是正する必要（そのためのシステムの必要）があると思います。従って、上に述べました「第三期」は人間には無理なのではないかと思うようになりました。むしろ第三期に向かって努力する点に「第三期」を見るしかないと思っています。又、自分の思想運動についてもその後の曲折をへて考えが変わりました。団体なり集団なりの内部民主主義の実行の技術については、私は基本的に「本質論主義」を提唱していますが、それを発展させることはできたと思っています（拙著『哲学の授業』未知谷）。

（二〇〇四年一二月三一日）

付録一　舩山信一「唯物弁証法」(1)〈日本における唯物弁証法小史〉

日本の唯物論者としては明治になってから加藤弘之《かとうひろゆき》と中江兆民《なかえちょうみん》とがある。前者はイギリス的、とくにホッブス的であり、思想的内容も国権主義的であり、後者はフランス的であり、思想的内容も民権主義的である。唯物弁証法は遠く中江兆民の唯物論につながるものであるが、日本の社会主義運動は久しい間独自の哲学的支柱をもたなかった。日本の観念論哲学も移植哲学であるといわれているが、このことは唯物論哲学も同様である。そして注意すべきことは、日本の移植唯物論が移植観念論から直接発展したものではなく、別々の流れによって、しかも唯物論は観念論よりも遥かにおくれて入って来、そして両者が連絡したのはずっと後に昭和になってから、即ち三木清《みききよし》氏によってであるということである。唯物論者の観念論者批判が具体的に行われたのはおそらく昭和七・八年〔一九三二、三三年〕以後のことであろう。(1)

（1）舩山信一『日本哲学者の弁証法』（こぶし文庫、一九九五年）から取りました。
（2）新人会の結成は一九一八年一二月、日本共産党の成立は一九二二年七月です。

唯物弁証法が日本のマルクス主義において自覚的に取上げられたのは福本和夫《ふくもとかずお》氏によってであろう。その前にも佐野学《さのまなぶ》氏による唯物論哲学の研究はあったがそれはとくに弁証法的唯物論ではなかった。そのほかにも、倫理学的唯物論や生理学的唯物論はあったが哲学的唯物論、認識論としての唯物論はなかった、いわんや唯物弁証法においておやである。

福本氏によってたしかに唯物弁証法はマルクス主義の中で意識された。然し厳密にいえば福本氏が導入されたものは唯物史観ではあったが唯物弁証法ではなかった、少なくとも方法論としての唯物弁証法であって、論理学としての、又認識論としての弁証法でなかった。当時の唯物弁証法はヘーゲルの観念弁証法のうちから弁証法を引離してそれを唯物論と結びつけるという状況のものであった。したがって弁証法そのものは唯物論と観念論とに対してニュウトラルであり、その弁証法が唯物論に適用されたものが唯物弁証法であるという具合であった。社会的意識が社会的存在を決定するのではなく、逆に社会的存在が社会的意識を決定するのであるという命題や、水を熱しても百度までは液体であるが、それに達すると突然気体に転化するとか、生産力と生産関係との矛盾が社会的発展の原動力であるとか、対立物の闘争というようなことが、断片的に、公式的に主張されたに過ぎない。それは社会認識の方法論としての、戦略戦術の方法論としての弁証法であって、哲学的科学としての弁証法ではなかった。マルクスの『資本論』等における言葉が盛んに引用され、恰《あたか》も唯物弁証法とはそれによってつくされるかの如くであった。「その合理的な姿においては、弁証法は、ブルジョアジーおよびその空論的代弁者たちにとつて、一の苦悶であり恐怖である。なぜなれば、弁証法は、現存事物の肯定的理解のうちに、同時にまた、その否定の、その必然的没落の理解を含め、あらゆる生成した形態を運動の流れにおいて、それゆえにまたその暫時的な方面から把握し、何物によつても畏伏せしめられず、その本質上、批判的であり、革命的であるから。」マルクス、エンゲルス、レーニン、それからヘーゲルのあれこれの文章を引用すればそれで充分であるというのが当時の唯物弁証法の偽らざる姿であった。(1)

(1) これはその後も基本的には変わらなかったと思います。本書で指摘した通り、唯物弁証法にとっては一番重要なヘーゲルの論理学について言うならば、ヘーゲルの原典に当たってマルクス、エンゲルス、レーニンのヘーゲル論を追体験しようという態度も不十分であり、それを試みはしたが能力的にヘーゲルが読めなかったという人ばかりでした。その典型が本書に収めました松村氏の論文です。許萬元氏が初めてそれをなし遂げましたが、氏の研究は学説史研究でしかありませんでした。根本的に哲学者ではなかったのです。論より証拠、「理論と実践の統一」を対立物の統一の特殊事例と捉えて考えた人は一人もいません。「理論と実践の統一」は当為命題なのか事実命題なのかという問題に気づいた人も一人もいません。現実的問題意識が無さすぎたと思います。

当時の哲学界においては、マルクス主義と観念論哲学とは没交渉であった。マルクス主義者が観念論哲学に対して自己の哲学を理論的に定位づけなかったと同様、観念論哲学者もマルクス主義の哲学と対決しなかった。マルクス主義者にとっては観念論は理論的批判の対象ともならず、又観念論哲学者にとってはマルクス主義の哲学は常識の哲学、「素朴実在論」の哲学に過ぎなかった。

かようなマルクス主義と哲学との没交渉を打破された人は三木氏である。三木清氏は実に従来のアカデミー哲学界に、マルクス主義が哲学的に意義あるものであること、むしろそれと真剣に取組むことが哲学を活気あらせ、さらにそれが哲学の義務であることを悟らせた人なのである。三木氏はマルクス主義者でも唯物論者でもなかったが、マルクス主義、唯物論の歴史的、哲学的意義を最も鋭く把握した人であり、そういう点ではマルクス主義者、唯物論者以上であった。三木氏はマルクス主義、唯物論をその反対のものと折衷した人、又はその修正者でもなかった。マルクス主義、唯物論を歴史的状況においてとらえて、その中において充分な意義を認めたのである。

三木氏が哲学界にマルクス主義を引入れられた影響は大きかった。三木氏はそれによって単に三木氏よりも若い層にマルクス主義の哲学的意義を明らかにし、更に彼らをマルクス主義へ導いただけでなく、従来マルクス主義を哲学に無縁であると考えていたような先輩哲学者にもマルクス主義の哲学的意義を明らかにし、それと真剣に取組むべきことを反省させたのである。西田博士も田辺博士もこの点ではかえって三木氏の影響を受けておられるのである。

三木氏はこのように哲学者にマルクス主義、唯物論の哲学的意義に対して眼を開かせたと同様、マルクス主義者、経済学者にもマルクス主義の哲学たる唯物弁証法、ひいてはいわゆるブルジョア哲学を真面目に研究すべきことを教えられた。之《これ》らの人々が哲学的反省を欠いているということはもはや決して見逃すことのできない欠陥となっていた。例えばマルクス主義経済学者としての河上肇《かわかみはじめ》博士がいわゆる福本イズムの流行を見、又福本氏の批判を受けられて、唯物弁証法、哲学の研究を始められたが、その際三木氏の影響を受けられたのはたしかであった。もっとも河上博士が三木氏の影響を受けられたのはほんのしばらくに過ぎない。

然し三木氏はマルクス主義者でも唯物論者でもなかった。三木氏がそう自称されたこともなかったろうが、三木氏をマルクス主義者、唯物論者と思っていたマルクス主義者、或いは三木氏がそう自称していると思っていたマルクス主義者は、三木氏がマルクス主義を歪曲するものと見て批判を開始した。そのようなものとして始めには佐伯俊平《さえきしゅんぺい》氏や秋山次郎《あきやまじろう》氏があった。然し之らの人々は三木氏がマルクス主義者、唯物論者でないという自明のことを明らかにするには役立ったが、哲学を前進させること、いなマルクス主義及びその理解を深化させることには役立たなかった。之らの人々は要するに公式社会主義者であったのである。このような三木氏の批判者はその後もたくさん出たが之以上に出るものではなかった。

三木氏の後に、三木氏の影響を受けて、三木氏と似た道を歩まれた人に戸坂潤《とさかじゅん》氏がある。三木氏が歴史哲学や人間研究から出発されたとすれば、戸坂氏は科学論や空間論から出発された。

三木氏が存在論者、メタフィジシャン〔形而上学者〕であるとすれば、戸坂氏は論理家であった。三木氏がロゴス的であると同時にパトス的であるとすれば、戸坂氏はもっぱらロゴス的であった。三木氏ははなやかであるに対し、戸坂氏は地味であったが、三木氏には幾度かの曲折があったに対し、戸坂氏は一筋道を進まれた。そして三木氏は後に唯物論から遠く、むしろそれと反対の方向に進まれたが、戸坂氏は唯物論になり切り、日本の最初の唯物論哲学者といわれるようになった。

戸坂氏は論理家であり、唯物論に対する独特の解釈、即ち唯物論《マテリアリスムス》とは形相《フォルム》に対する質料《マテーリエ》の優位を主張する哲学であるという解釈を下されたこともあったが、弁証法についてはあまり書かれていない。之は戸坂氏が多分に悟性的であるといわれる所以でもあるが、然し論理学、弁証法は戸坂氏にとって実際の認識のオルガノンであったということにもよるのである。戸坂氏は弁証法についてあれこれ議論するのではなく、それを実際に行使されたのである。この意味で、公式的といわれた戸坂氏は、かえって現実的な思想家であった。弁証法家であった三木氏が又メタフィジシャンであったに対し、論理家であった戸坂氏がかえって弁証法家であったともいえよう。しかしそれだけ戸坂氏の弁証法には特異なものがなかったのである。之は戸坂氏が唯物論者であったことを示すものであるが、又唯物論の公式性を示すものであることも否定できない。

弁証法の見地からは三枝博音《さいぐさひろと》氏を逸することができない。三枝氏はヘーゲルの研究家であり、弁証法における悟性的契機を強調される。その意味で三枝氏はカントも高く評価されるのである。三枝氏は又日本思想史の研究家であり、その中に科学的な考え方、さらには弁証法を発見される点に特色がある。いわば非合理的といわれる日本思想の中に合理的なものを見出されている。

三枝氏はさらに『資本論』の弁証法の研究家であり、ヘーゲルの『論理学』とマルクスの『資本論』との間に弁証法のパラレルを見出されたことがある。

ついでに現在このような見地からのヘーゲルの『論理学』とマルクスの『資本論』との研究家には武市健人《たけちたてひと》氏がある。之は「ヘーゲルの唯物論的改作」という見地からたしかに意義あることであるが、その際注意しなければならぬことは、ヘーゲルの哲学とマルクスの哲学との性格を根本的に対比することである。ヘーゲルの『論理学』が彼の体系においてどのような地位を占めておるか、『論理学』の各カテゴリーがどの段階にあるかをしることが必要である。そうでないとヘーゲルとマルクスとに共通なものが単に引出されるおそれがある。

唯物論哲学者としては大森義太郎《おおもりよしたろう》氏もあげておかねばならぬ。大森氏は唯物弁証法を前進させたとか、又はその独特な解釈というものはないが、『唯物弁証法読本』というような啓蒙的な書物や、『唯物史観防衛のために』というような形で、ブルジョア哲学者ないし思想家の批判、それからそれらの人々の唯物弁証法批判に対する反批判を活発に展開されたのである。

日本ではソ連の唯物弁証法ないし史的唯物論の教程の多くの翻訳がなされた。永田広志《ながたひろし》氏はそういう仕事を最も多くなされた人であった。然し永田氏は単に翻訳家ではなかった、自分自身の『唯物弁証法講話』や『唯物史観講話』を出され、さらに唯物弁証法や唯物史観の各方面を前進させ、さらに日本思想史、日本唯物論史の研究も行った。永田氏は西田博士、田辺博士、三木清氏の哲学、弁証法の最も果敢な批判者であった。

唯物論史の研究、唯物論の立場からの哲学史の研究は極めて稀であるが、この方面で最も多く仕事をしておられるのは古在由重《こざいよししげ》氏であろう。

唯物弁証法において問題になるものの一つに自然弁証法がある。この方面は戦後武谷三男《たけたにみつお》氏、原光雄《はらみつお》氏等によって進められつつあるが、とくに戦前におけるヴェテラン岡邦雄《おかくにお》氏を忘れることはできないであろう。

「哲学におけるレーニン的段階」という言葉がある。之は哲学における党派性、実践への従属、具体的知識への方向転換、模写論としての唯物弁証法、弁証法・認識論・論理学の同一性、哲学的科学としての弁証法等をいうのであるが、之らは充分に展開されないうちに、軍国主義のために唯物弁証法の発展は中絶せざるを得なかった。

終戦後の唯物弁証法に関する注目すべき研究には、松村一人《まつむらかずと》氏及び武市健人氏のヘーゲル弁証法及び唯物弁証法に関する研究があるが、両者の立場は同じでないが、さきに三枝氏についてのべたと同様のことがここでもいえよう。

弁証法的唯物論の認識論において心理学や生理学を決して無視することはできない、そういう意味で山田坂仁《やまださかじ》氏の研究は顧みらるべきであろう。

終戦後哲学一般にとってそうであるが、とくに唯物論者にとって、主体の問題が大きくなっている。之は私も唯物論の運命にとって重要なものであると思う。戦争中、或いは戦争前、唯物論が挫折したのは、単に外的な弾圧によるものではなく、この点に問題があることは率直に認めらるべき点である。戦後復活した唯物論も期待されたほどの力がなく、又広汎な層をとらえ得ないのは、やはりこの問題を解決しないからだと思う。戦争中の体験は深く反省さるべきである。実存哲学が盛んになっているということは、唯物論にとっては単にそれを批判するだけではすまされない問題である、それはかえって唯物論に対する批判でもあるのである。主体性はここから問題になった。之に関しては、唯物論者であるかどうかは別として、真下信一《ましたしんいち》氏や高桑純夫《たかくわすみお》氏の労作が注目を引く。そして図らずも私はここで以前このような問題に取組まれた本多謙三《ほんだけんぞう》氏を思い出す。

私は真に主体的な立場は絶対的な主体によってではなく、かえって同時に客観的でなければならぬと思うが、客観主義の立場では解決されないであろう。それは主体的唯物論、新唯物論とでもいうものであるか、或いは従来の唯物論の立場で解決し得るか、それとも又は唯物論を否定するものであるか、問題は根本的であり、唯物論の死活に関係する。唯物弁証法はもちろん唯物論と弁証法との不可分を主張するものであるが、弁証法ははたして唯物論的であり、又唯物論は弁証法的であるか。問題は唯物弁証法の真理性如何に帰着する。(1)(2)

（1）日本における唯物弁証法の歴史を述べた手頃な論文としては、このほかに古在由重氏の論文「日本におけるマルクス主義哲学の研究と普及」（『著作集』勁草書房、第三巻に所収）があります。これを主題的に扱ったものとしては岩崎允胤《ちかつぐ》氏の大著『日本マルクス主義哲学史序説』（未来社）があります。なお、この論文の資料となっているものはいまではこぶし文庫で入手しやすくなっているのはありがたいことです。しかし、どれだけの人がこの歴史を主体的に学んでいるかは定かではありません。たんなる懐古趣味ならば意味はないでしょう。

（2）この舩山氏の論文に欠けている根本的なものは政治との関係であり、哲学と政治運動（これが「実践」の名の下に理解されていた）との関係であり、共産党との関係だと思います。「理論と実践の統一」とは、「マルクス主義を口にする者は政治運動をしなければならない、あるいは共産党に入らなければならない」という意味であるという理解が、公理として前提されていたことも見逃されています。

付録二　主義を糧とする人々――映画『追憶』を見て――

ＮＨＫのラジオ深夜便でアメリカ映画「追憶」のテーマ音楽を流しました。その時、映画の粗筋も話してくれました。曰く。「政治にかかわらざるをえない妻と脚本家を目指す夫とがどうしても一緒にやっていけず、愛し合っているのに別れなければならない。マッカーシズムの吹き荒れる一九五〇年頃の時代を背景にして」と。

「へえ、そんな映画があったんだ」と、俄然興味を持ちました。幸い、地元の図書館にビデオがありました。借りてきて見ました。自分の考えをまとめようと思って、二回目は大事なセリフのメモを取りました。

まず、私が理解した限りでストーリーをまとめます。(1)

（1）どうも私の理解には少し誤解もあるようですが、この文章の趣旨には関係ないことです。

主役の女性の名はケィティ、その相手たる男性の名はハベルです。場所はニューヨークですが、時はスペイン内戦の一九三七年ころです。二人は同じ大学の学生でした。ハベルはスポーツ万能で有名な学生で、ケィティはアルバイトをしながら勉強している貧乏学生ですが共産党系の活動家としてこれ又有名でした。

二人が一緒になるのは短編小説を書く授業でです。ハベルの作品が先生から褒められます。猛勉強して書いたのに評価されなかったケィティはがっかりして自分の作品をごみ箱に投げ捨てて帰る途中、ハベルがビールを飲んでいる所を通り掛かるというわけです。

さて、そうして知り合ったのですが、ハベルは卒業後海軍に入ります。時は過ぎて第二次大戦末期の一九四四年、ニューヨークで情報局に勤めているケィティは仕事の後、レストラン（バー?）に行きます。するとそこにハベルが休暇か何かで来ていたのです（映画はここから始まっていて、学生時代のことは回想として描かれたことでした）。

酔っぱらったハベルを自分のアパートに連れて行ったケィティ。二人の間には当然の事が起きます。その後、戦争が終わってからでしょう、一緒になるのですが、政治狂いのケィティとは一緒にやっていけないとして、いったんは別れるのですが、ケィティの方が頼んでハベルは戻り、二人してハリウッドに行きます。ハベルが小説を映画の世界に売って生きていくためです。

これは成功して、そこで楽しくやっていくのですが、一九五〇年頃、マッカーシズムの嵐がハリウッドにも及んできます。ハベルはケィティと一緒にワシントンまで抗議に行ったりはするのですが、やはり結局二人は合いません。

ハベルは元の恋人（金持ちの娘）と一緒になってニューヨークに行ってテレビの脚本家になろうとします。ケィティはハベルとの間に生まれた女の子と共に又別の男性と結婚して原爆反対の運動を続けています。駅頭で出会った二人は別れを惜しみます。

下手な説明でしたが、こんな所です。さて、私が考えた事を箇条書きにまとめます。最初に私の観点を申し上げておきますと、私はケィティを私の言うところの「チンピラ左翼」の典型と見て、ハベルは自由主義的な市民の典型と見ます。もちろんこの「チンピラ左翼」というものの本性について、その純粋な心情と幼稚な言動を考えるのが本稿の目的です。私自身もその一人でしたから。

第一に問題にしたい事はスペイン内戦とソ連の評価についてです。

ケィティは三七年の学生の頃共産青年同盟の委員長で、もちろんソ連かぶれです。スペイン内戦における共和派支持の学生集会で「スペイン内乱で市民を援助しているのはソ連だけだ」とか「ソ連は人民を救おうとしている」などと演説します。

当時のアメリカやヨーロッパの知識人や青年にとってスペイン内戦がいかに大きな問題だったかは、日本人の我々には想像できないほどのようです。多分、ベトナム戦争が当時の日本人にとって持った意味と同じ程度だったのでしょう。

しかし、今でははっきりしていることは、ソ連は必ずしも十分に共和派を応援したわけではないことです。そして、共和派の中にも義勇軍に馳せ参じて戦った人々と共産党系の人々との間には大きな溝があったということです。この問題に焦点を当てて描いた作品がオーウェルの「カタロニア讃歌」(一九三八年)であり、ケン・ローチ監督のイギリス映画「大地と自由」(制作年は知りませんが、日本で公開されたのは一九九七年だと思います)のようです。

当時のケィティにこういった判断を要求するのは無理でしょうが、しかし、アメリカでは既にスターリンの暴政は伝えられていたのです。学生たちがジョークで「スターリンの粛清」などという言葉を口にする場面が出てきます。

つまりチンピラ左翼はレーニンの言う「左翼小児病患者」であるだけでなく、左翼信仰者なのです。ですから大人にもそういう人は沢山いるのです。問題は、「科学的」社会主義を自称する運動なり人々がなぜ信仰的になったのかということです。

第二のそして最大の問題は、そのチンピラ左翼というものはどう考えたらよいのか、です。ハベルはケィティを批評してまず「君は何でもそう確信があるのか」と批評しています。つまり、チンピラ左翼の特徴の一つは、自分の、あるいは自分たちの考えを事実上「絶対的真理」と思い込んでいることです。これは弁証法的唯物論の立場からはもちろん、どんな哲学上の立場に立っても間違いなのですが、人間誰しも一つの事を信じると、とかくこういう信念を持ちがちです。

それと一緒になっている傾向は「君は美しい。だがムキになりすぎる」、「革命家にもユーモアが必要だ。〔君達は〕まるで清教徒だ」、「努力しすぎる奴も困ったもんだ。いつも本ばかり抱え込んで」と批評されています。

それは更に話題の乏しいことと結びついています。ハベル曰く。「話題はいつも政治か？」。ハベル達は「最高のバーボンは？」とか「最高のアイスクリームは？」とか「最高の美女は？」といった「下らない」ことを言い合っては笑い転げています。もう少し高尚だとしても、せいぜいファッションの話とかクルマの話とかでしょう。

更に言い換えるならば、「君はひたむきすぎる。生活を楽しむゆとりがない。遊びが無さすぎる」という批評になります。これに対してケィティは答えます。「世の中をよくしたいからよ。私もあなたも好くなるのよ。戦いよ、そして理想に向かって進んでいくのよ」と。

そうなのです。この「世の中をよくしたい」という気持ち、理想に向かって進む人生にしか意義はないという考え、ここにこそチンピラ左翼の本性がよく出ていると思います。その時、「世の中をよくする」とはどういうことか、現在の生活は零点なのか、自分たちと違うやり方で「世の中をよく」している人はいないのか、「理想に向かう」にも世の中の仕組みを知らなければならないし、個人個人でやり方は違っていいといった反省は全然ないのです。

ワシントンへ行って抗議行動をして傷ついた後、ハベルは「民衆は臆病なのだ」といった事を言います。そして、更に「〔こんな事をしても〕自分たちが傷つくだけだ。〔世の中は〕何も変わりやしない」と言います。

それに対してケィティは「虐げられている人々を見殺しにする気？　仕事ほしさに」と反問

します。ここにもチンピラ左翼の特徴が好く出ていると思います。

「大切なのは人間だ。主義主張が何だ」と言うハベルに対して、ケィティは「主義こそ人間の糧よ」と答えます。

これらの問答は言葉こそ違え、多くの青年の間で、特に戦後の学生運動華やかりし頃、交わされたのではないでしょうか。

最後に取り上げたい特徴は、「敵」ないし支配階級の人々より、それと戦わない中間の人々を敵視する態度です。ケィティ曰く。「恐ろしいのは平和のために立ち上がらない人々」だ、と。

或る事柄で対立しているとすると、世の中には「悪」を押し進める人々とそれに反対する人々の中間に「中立的な人々」がいるものです。その時、悪を押し進める人ないし勢力より、この中間派が悪を助けているから悪いのだと考える、これもチンピラ左翼の特徴の一つだと思います。

スターリンはかつて「〔帝国主義ではなく、帝国主義に対して軟弱な〕社会民主主義に主要な打撃を集中する」という間違った「理論」を展開しましたが、スターリンはまさにチンピラ左翼の権化だったのです。

こうしてまとめてみて気づいた事は、ハベルからのケィティ批評の言葉は沢山あるのに、ケィティのハベル批評は少ないということです。この事も特徴的なことです。つまり、チンピラ左翼は自分の主観の中に閉じこもっていて、外を見る余裕がないということです。

しかし、少しは感想を述べています。ケィティはなぜか分かりませんが、ハベルの小説が好きなのです。最初の先生に褒められた作品については「あなたの小説が大好き」と言っていますし、第二作については「小説、最高よ」と褒めています。しかし、具体的な理由は述べていません。

ハベルから悪い所は言ってくれよ、と要求されて、「突き放している」、「人間を遠くから見ている」と批評しています。その具体的な根拠を求められて、ただ「全体として」と答えています。

これはやはりケィティの低さではないでしょうか。そして、こういうのがチンピラ左翼の特徴ではないでしょうか。

外を見る余裕がないということは、自分の事を反省する力も乏しいのだと思います。逆に、ハベルは最初の小説の主人公の口を借りて、自分の事をこう言っています。

「彼〔登場人物〕は自分の育った国と似ていた」、「万事が安易、彼自身それをよく知っていた」、「自分をいいかげんな人間だと思うことがある」、と。

「何事にも確信を持っている」ケィティとの対照は鮮やかです。

これだけの事を考えさせてくれただけでもこの映画には感謝しています。しかし、私の哲学的な観点からは、ケィティの共産党の仲間たちの集まりの様子を少し描いてほしかったな、と思います。それがどの程度本当に民主的な話し合いになっていたか、ということです。最後に、二人はその後どうなったのでしょうか。この映画の主題ではありませんからもちろん描かれていませんが、私は勝手に創作しました。

ケィティは戦いを続けるが、一九五三年のスターリンの死、特に五六年のスターリン批判とそれに続くハンガリー事件で共産主義に疑念を持つようになる。五九年のキューバ革命の成功は喜ぶが、戦後のヨーロッパの社会民主主義の発展を知り、社会主義国の内情が分かるようになって、スペイン内戦でのソ連の役割も考え直すようになる。六〇年前後の公民権運動に参加し、六〇年代末の学生騒動には共感し、ベトナム反戦に加わる。

ハベルはテレビの世界で脚本家として成功するが、「これだけでいいのか」と反省するようになり、やはり公民権運動に参加し、学生騒動には共感し、ベトナム反戦に加わる。この過程のどこかで二人は三度出会って、又結ばれる。

一九五一年頃に生まれたことになっている娘のレイチェル（これはケィティの母の名をもらったもの）は自分の名が『沈黙の春』の著者であるレイチェル・カーソンと同じであることに気づき、その偶然を単なる偶然と思わず、環境保護運動の活動家となる。

一九三七年頃に学生生活の最後を送ったことになっているから、二人の生まれたのは一九一五年頃であり、二〇〇四年の現在、二人は生きているとすれば八九歳であり、レイチェルは五三歳である。

二人はアメリカのイラク侵略に反対しただろう。レイチェルは環境保護運動の先頭に立っているだろう。

（メルマガ「教育の広場」第一六四号、二〇〇四年四月二日発行）

あとがきにかえて

掲載と批評を予定していました文章のうち、次の二つは掲載を見送りました。第一は、勤労者通信大学編『あなたの疑問に答える哲学教室　第一集』（学習の友社、一九七三年）の問答四二「学習だけでもダメ、実践だけでもダメ？」です。第二は、『科学的社会主義』（新日本出版社、一九七七年）の上巻（その歴史と理論、岡本博之監修）の第二課「科学的社会主義の哲学」の第三節「人間と世界の認識」の前の方にある「認識とはなにか」及び「認識と社会的実践」と見出しの付いた部分です。いずれも日本共産党系のもので、特に後者は事実上、共産党の理論そのものです。その後この『科学的社会主義』は品切れのようで、改訂して出版する予定は「今のところない」とのことでした。理論を重視すると言われている党がこれでは退潮も止むを得ないでしょう。

これらに対する私の批評の主たる点は以下の通りです。

『哲学教室』の問四二は「学習だけしていてもダメだといいますし、実践だけしていてもダメだといいます。どうどうめぐりのような気がしますが」となっています。答えは、もちろん、どちらか一辺倒ではだめだ、というものです。結論は「ただしい実践であるならば、かならず学習の必要性が生じます。学習の必要性を感じさせないような実践はただしい実践ではありません。また、学習にとじこもるような学習はほんとうの学習ではありません。ただしい学習の成果はかならず実践のなかで生かされるものです。学習と実践は、このようにたがいに結びついており、学習から実践へ、さらに実践から学習へと進むなかで、学習も実践もいちだんとたかまっていくのです」というものです。

こんなお説教をしていないで、この筆者たちがどのように「学習から実践へ、さらに実践から学習へと進むなかで、学習も実践もいちだんとたかまって」きたのか、自分たちの事を具体的に書いてくれたら少しは説得力があったと思います。例えば執筆者たちの仲間の一人である（あるいは執筆者の一人であったかもしれません）仲本章夫氏が共産主義者同盟支持からどのような学習をへて共産党支持に高まったのかといったことを書いてくれたらよかったと思います。あるいは寺沢恒信氏がスターリン信者から自己批判してフルシチョフ信者になり、その後自己批判なしに毛沢東信者になり、さらに自己批判なしに宮本路線支持者になった過程を分析してみせてもよかったと思います。とにかくこの説明には事例研究が全然なく、これでは参考にならないと思います。

なお、「理論なき実践」主義のことをこの文は「実践第一主義」としていますが、「第一」とは「第二」以下があるということです。ですから、これは実践の根源性ということで正しい観点になります。実践だけを主張する主義は「実践唯一論」と言うべきでしょう。言葉は正確に使ってほしいものです。

『科学的社会主義』の方も粗雑な文です。まず最初に、「客観的世界、その事物と現象をわたしたちの知識の唯一の源泉と見ることは、弁証法的唯物論の前提です」と言っていますが、違います。普通は、唯物論は認識の源泉としては感覚を挙げ、外界は認識の対象とします。私もこれでいいと思います。

間違った前提から出発した文ですが、この文ではその後いろいろな言い換えや用語が関係づけも説明もなく出てきて、頭が混乱します。即ち、「認識の源泉」を断りもなく「認識の対象」と言い換えています。更に、「認識の基礎」と「認識（の検証）の基準」という言葉が出てきます。そしてこの両者は共に実践だとしています。五番目は「認識の過程」です。更に「認識（の発展）の原動力」と「認識の目的」が出てきます。全部で七つです。もう少しきちんと整理して出してほしいものです。

この文の結論は次の言葉です。「こうして唯物論的弁証法の認識論は、人間の理論活動の面でも、古くなった理論を新しい理論でとりかえ、古い理論を正確にすることによって、認識を前進させ、現実のあたらしい側面をつぎつぎにあきらかにしていく武器になっています」。しかし、この説明自身の中にこれまでの通説以上の「新しい側面」がありません。これはどうしたことでしょうか。

どうしてこのような「言行不一致」になったかと言いますと、「実践は理論を決して完全には証明しない」というエンゲルスとレーニンの言葉の意味と意義の検討がなかったからだと思います。これが致命的な欠陥でした。

なお、この文の中でも他の自称「弁証法的唯物論」の本と同様、「弁証法的」と「形而上学的」とを対置して使っていますが、これはエンゲルスだけの独特の用語法です。一般的な用語法ではありません。特殊な用語法を使う場合にはきちんと説明してからにするべきです。自称科学的社会主義の方々は他の世界を知らなさすぎるようです。川上徹氏はその『査問』（筑摩書房）のなかで、共産党の外の世界に出てみて初めて、自分の考えや言葉がいかに世間一般のそれと食い違っていたかを知ったという旨のことを書いています。一般的に言って、或る思想を持つと、その思想自身を勉強するだけでも大変な事ですから他の思想や世間の事に目が向かなくなる傾向があると思います。ですからこういう狭さは思想を持つ全ての人の自戒するべきことなのでしょう。だからこそ、指導的な立場に立つ人や教科書的なものを書く人の責任は重いのです。

本書のように、一つのテーマに関して他者の文を詳しく批評するということで理論の発展に寄与しようとしたものは少ないと思います。しかし、賢明な読者はこの方法が学問にとって必要なことだと認めて下さると思います。こういう本に共産党の公認の見解を引用して（相手の文章をきちんと紹介して）批評することが出来なかったのは残念です。

二〇〇五年五月一〇日

編著者　牧野紀之

編著者紹介

牧野紀之（まきののりゆき）

1939年、東京に生まれる。1963年、東京大学文学部哲学科を卒業。1970年、東京都立大学大学院を卒業。1960年の安保闘争の中で直面した問題と取り組み、ヘーゲル哲学を介して考える中で、生活を哲学する方法を確立。明快な論理と平易な文章で知られる。ドイツ語教師としての活動の中で、関口存男（つぎお）氏のドイツ語学を受け継ぐ。言葉を科学するということを主張している。最近は教科通信を武器とした授業で教育活動にも新境地を拓く。メルマガ「教育の広場」で活発な社会的発言を続けている。

主たる著書

『生活のなかの哲学』『哲学夜話』『先生を選べ』『囲炉裏端』『関口ドイツ語学の研究』（以上、鶏鳴出版）、『哲学の授業』『哲学の演習』『辞書で読むドイツ語』（以上、未知谷）、『マルクスの〈空想的〉社会主義』（論創社）

主たる訳書

『対訳初版資本論第1章及び付録』（マルクス著、信山社）、『小論理学』（上下巻、ヘーゲル著、鶏鳴出版）、『精神現象学』（ヘーゲル著、未知谷）、『西洋哲学史要』（波多野精一著、未知谷）

ＷＥＢ上の仕事

ＨＰ「哲学の広場」（1998年11月公開）

ＨＰ「ヘーゲル哲学辞典」（2001年12月公開）

メルマガ「教育の広場」（2000年10月創刊）

理論と実践の統一

2005年5月20日　初版第1刷印刷
2005年6月20日　初版第1刷発行

編著者　牧野紀之
発行者　森下紀夫
発行所　論創社
東京都千代田区神田神保町 2-23　北井ビル
tel. 03（3264）5254　fax. 03（3264）5232
振替口座 00160-1-155266

装幀　奥定泰之
印刷・製本　中央精版印刷
ISBN4-8460-0308-6　2005 Printed in Japan

転載をお許しくださいました著作権者、出版社の皆様に厚く御礼申しあげます。また、広島定吉氏、柳田謙十郎氏の著作権者をお知りの方は大変恐縮ですが御一報ください。